古代歷史文化 研究輯刊

二 編

王 明 蓀 主編

第 2 冊

北亞遊牧民族與中原國家之關係研究
——以突厥爲例

陳 欽 育 著

國家圖書館出版品預行編目資料

北亞遊牧民族與中原國家之關係研究——以突厥為例／陳欽育　著 — 初版 — 台北縣永和市：花木蘭文化出版社，2009〔民 98〕

目 4+204 面；19×26 公分

（古代歷史文化研究輯刊 二編；第 2 冊）

ISBN：978-986-6449-79-6（精裝）

1. 突厥　2. 民族關係　3. 北朝史　4. 隋唐史

639.4　　　　　　　　　　　　　　　　　　　　98014030

ISBN - 978-986-6449-79-6

9 789866 449796

古代歷史文化研究輯刊

二 編 第二 冊　　　　　　ISBN：978-986-6449-79-6

北亞遊牧民族與中原國家之關係研究——以突厥為例

作　　　者	陳欽育
主　　　編	王明蓀
總 編 輯	杜潔祥
出　　　版	花木蘭文化出版社
發 行 所	花木蘭文化出版社
發 行 人	高小娟
聯絡地址	台北縣永和市中正路五九五號七樓之三
	電話：02-2923-1455／傳眞：02-2923-1452
網　　　址	http://www.huamulan.tw 信箱 sut81518@ms59.hinet.net
印　　　刷	普羅文化出版廣告事業
初　　　版	2009 年 9 月
定　　　價	二編 30 冊（精裝）新台幣 46,000 元

北亞遊牧民族與中原國家之關係研究
——以突厥爲例

陳欽育　著

作者簡介

陳欽育，民國 42 年（1953）生，臺灣雲林縣人，文化大學史學博士。目前任職於國立故宮博物院專門委員（曾分別於民國 69、73 年，通過國家考試——普考、高考「博物館人員」類），並兼任大同大學通識教育中心副教授，專攻歷史、藝術及博物館學。曾發表多篇與臺灣史、中國史及博物館學等相關文章，為學界所引用。近年來，更熱衷於臺灣鄉土踏查，包括臺灣史蹟、文化活動及原民後裔等探訪，以貼近鄉土，想像及還原、復振臺灣昔日人文風情。自認為接觸及研究文、史、藝術等，係其人生最踏實且永不渝的志業。

提　要

　　西元六世紀中葉，中北亞掘起一個空前強盛的突厥遊牧行國，它是繼匈奴、鮮卑、柔然等族之後，所興起的一個橫跨歐亞的大汗國，疆域遼闊，南疆正與中國接壤，因此在中古時代，中原國家皆與之發生密切的關係；尤其突厥不時南侵，嚴重影響中國之安全，其降附歸化者，遍居中國，並深入中國核心區，與北魏為鞏固國家安全而加以設限者迥異，加以中國對外政策並未嚴夷夏之防，視「華夷如一」，以至中唐時代爆發安史亂階，盛唐乃逐漸步入衰運，斯則與唐之安邊等外交政策，有密切的關係。

　　本論文內容共分六大章，都二十萬餘言，內容如下：

　　第一章緒論：敘述本論文研究動機、研究方法及範圍，兼及內容大要。

　　第二章中古時期北亞遊牧民族之新形勢：中世紀時代，突厥未掘起前，柔然乃塞外草原遊牧區的霸主，兼併諸部，南與拓跋魏相抗衡，成為北魏嚴重之邊害。柔然末年，因內部分立及羈屬之諸部相繼叛離，國力漸削，乃予突厥有機可乘，成為塞外草原遊牧世界的新主人。

　　第三章突厥與中原國家之軍事衝突及我方備邊之道：自突厥掘起後，不時南侵中國，其南侵動機主要可歸諸於經濟、環境、政治、地理及意識型態上的差異等因素，而其中以「冀得財貨」的經濟因素為主因，中原國家為防患胡族入寇，所採行的備邊之道，以修築長城、設置烽堠及移民實邊等措施為主，亦頗能收到防禦之效。

　　第四章突厥與中原國家之互動關係：突厥立國後，即與中原國家往來頻繁，其原因在華夷雜處，接觸頻繁，乃造成對彼此事物之好奇與興趣，因而發生文化上之融合。第四章突厥與中原國家之互動關係：突厥立國後，即與中原國家往來頻繁，其原因在華夷雜處，接觸頻繁，乃造成對彼此事物之好奇與興趣，因而發生文化上之融合。

　　第五章突厥系族入居中國之分布及其管理：中原國家對胡族一向棄持「華如一」的外交政策，故胡族徙居中國者眾，其徙居中國之地理分廣，華夷雜處嚴重，其結果形成許多弊端，得窺中國之民情及國力虛實等，更是嚴重威脅到中國的安全。

　　第六章結論：在中國歷史上，胡漢關係誠至為複雜，處置方法上，如何拿捏得宜，適得其要，洵屬至為重要的課題。為期知所因應，庶免備預無方，勢須先瞭解胡漢間之關係及彼方盛衰之策略運用，俾免偏執一方而不知所權變，斯為董理夷務之要也。第六章結論：在中國歷史上，胡漢關係誠至為複雜，處置方法上，如何拿捏得宜，適得其要，洵屬至為重要的課題。為期知所因應，庶免備預無方，勢須先瞭解胡漢間之關係及彼方盛衰之策略運用，俾免偏執一方而不知所權變，斯為董理夷務之要也。

目次

第一章　緒　論

第一節　研究動機

西元六世紀中葉，中北亞崛起了一個空前強盛的突厥遊牧大帝國，它是繼匈奴、鮮卑、柔然等民族之後，所興起的一個遊牧國家，也改變了當時亞洲內陸地區人類的歷史，中北亞霸權乃迅速落入突厥人之手。傳至木杆可汗時，國勢臻於至盛，「西破嚈噠，東走契丹，北幷契骨，威服塞外諸國。」〔註1〕其疆域遼闊，「東自遼海以西，西至西海萬里，南自沙漠以北，北至北海五、六千里，皆屬焉。」〔註2〕正式建立起一個橫跨歐、亞的大汗國，堪與西元前二、三世紀匈奴所建立的遊牧大帝國，前後輝映。

突厥（Türk 或 Türük），乃一部族名稱，〔註3〕其以「突厥」爲名，首見

〔註 1〕　令狐德棻等，《周書》（臺北，鼎文書局，民國 76 年 2 月出版）卷五十〈突厥傳〉，頁 909。

〔註 2〕　同上。

〔註 3〕　「突厥」一族，近代學者認爲係一古老的民族，且擁有龐大的土地。在中國的編年史上，紀元前二千年以前出現的狄（Tik），從發音的觀點而言，頗與「Türk」相近似，故被視爲首見於中文的「突厥」名稱。
法國學者伯希和（M. Paul Pelliot）則認爲：「突厥名稱見於歷史之時，就在中國史書著錄六世紀中葉，突厥破滅柔然（Avar）之時。」同時，他認爲突厥（Turuska）名稱出現於印度之時間，亦同。在此以前，古籍或中國載籍所發現著錄突厥之名稱，他認爲皆不可靠。以上資料，詳見：
Ibrahim Kafesoğlu 原著、陳慶隆譯註，〈歷史上的突厥名稱〉（臺北，《大陸雜誌》，民國 58 年 11 月發行）收錄於《大陸雜誌》三十九卷第九期，頁 12。
伯希和（M. Paul Pelliot）著、馮承鈞譯，漢譯「突厥」名稱之起源（臺北，臺灣商務印書館，民國 61 年 8 月發行）收錄於《西域南海史考地證譯叢》乙集，頁 58～59。

於中國史籍記載且有年代可稽者，當始於西魏文帝大統八年（542），〔註4〕傳至西魏廢帝元年（552），阿史那土門發兵擊敗柔然，始正式稱汗建國，自號「伊利可汗」，終於唐玄宗天寶四載（745），白眉可汗爲回紇所殺滅亡爲止，立國期間所發生的政治、軍事、外交等活動，對中國甚至於世界歷史，都發生了極爲深遠的影響。即以隋與突厥在軍事外交上之關係而言，隋以突厥日漸強大，恐威脅及中原朝廷之興衰，乃採取「遠交近攻，離強合弱」〔註5〕之外交策略，卒使突厥於文帝開皇二年（582）分裂成東西二部，伏下突厥汗國步入衰亡之先兆。法國學者沙畹（E. Chavannes）有鑑於此，曾感嘆地說：「中國始終用其『遠交近攻，離強合弱』之政策，是爲妨礙突厥建設一持久帝國之要因，設無此種反間政策，突厥之國勢，不難推想得之，數百年後，蒙古之得勢，可以例已。」〔註6〕換言之，沙畹意謂若隋上述之政策推展不成功，則中國之歷史，勢將完全改寫，突厥恐將爲中國歷史憑添新的一頁。歷史之具有不可預測性，沙畹之言，允爲持平之論。其次，西突厥室點密可汗在位時，極力交好波斯、東羅馬等國，以便轉販絲貨於西方牟利，然爲波斯王所拒。室點密可汗乃又遣使轉向東羅馬，求一銷場。上述絲貨來源，實即中國所生產的。因此在西元六世紀中葉，突厥同時與中國、波斯、東羅馬等國交往，居東、西交通上之樞紐地位，其因販售絲、鐵而致富，國勢強盛，爲當時中國及東羅馬所不及也。〔註7〕因此突厥之興亡發展史，也就一直爲中外學者所矚目，形成一股研究的熱潮，也引起筆者研究的興趣。

　　中世紀時代，突厥之所以能建立起如此偌大的遊牧行國，其崛起的時代背景與遊牧社會的特性如何？其與中原定居型農業國家軍事衝突的眞正原因何在？彼此間如何遂行攻防戰及中原國家的備邊之道？彼此間的互動關係以

〔註4〕令狐德棻等，前引書，卷二十七〈宇文測傳〉，頁454。載云：

　　（西魏文帝）大統八年（542），宇文測加金紫光祿大夫轉行綏州事。每歲河冰合後，突厥即來寇掠……。是年十二月，突厥從連谷入寇，去界數十里，測命積柴之處，一時縱火，突厥謂有大軍至，懼而遁走，自相踐踏，委棄雜畜及輜重不可勝數，自是突厥不敢復至。

〔註5〕魏徵等，《隋書》（臺北，鼎文書局，民國76年5月出版）卷五十一〈長孫覽傳附長孫晟〉，頁1331。

〔註6〕沙畹（E. Chavannes）著、馮承鈞譯，《西突厥史料》（臺北，臺灣商務印書館，民國53年4月發行），頁155～156。

〔註7〕張星烺，《中西交通史料彙編》（臺北，世界書局，民國72年5月出版）第一冊，頁103～114。

及突厥系族入居中國的地理分布情形？及其管理和影響等，在中古時代皆屬極爲重要的問題。本論文即是根據中國史籍突厥本傳之記載、出土的蒙古古突厥碑文，及先賢和近人對此問題研究的成果，加以綜合、分析，並試圖提出個人之管見，藉以說明這些問題之眞象。惟中外學者對突厥史之研究，雖成績斐然，但仍有部分受限於突厥歷史本身的複雜性，復局限於突厥史料之不足，至今仍有許多問題，尚待解決。

　　中國遠在上古時代，即有所謂「蠻夷戎狄」等邊疆民族，不時伺機侵擾中國，爲禍之烈，可謂至深且鉅。例如：上古時代的鬼方、混夷、獯鬻、玁狁、戎、狄，及繼起的匈奴等，均是其顯例。其後，魏晉南北朝及隋唐時代，則有鮮卑、柔然、突厥、回紇、契丹、吐蕃等族。宋元以後，則有女眞、蒙古等，上述諸民族，均曾先後入侵中原，或在某一地區發生其影響力，並威脅中國的興衰與存亡。可見中國的邊疆問題，幾乎無代無之，其中尤以唐代爲甚。唐以前，邊患大都集中於東北及北部地區，而唐代的邊疆問題，除東北之奚、契丹、室韋、靺鞨及北方的突厥以外，尚有西北的西突厥、回紇，西部的吐蕃及西南的南詔等問題。〔註8〕故宋代歐陽修、宋祁在《新唐書》中，曾感慨地說：「夷狄爲中國患，尚矣！……唐興，蠻夷更盛衰，嘗與中國亢衡者有四：突厥、吐蕃、回鶻、雲南是也。」〔註9〕其中同屬突厥系的外患，即有突厥、回鶻。可見突厥族系的民族帶給中原國家，無窮禍患，故《周書》卷五十〈異域傳〉史臣亦云：「四夷之爲中國患也久矣！而北狄尤甚焉……。」〔註10〕洵非虛言，而其中「爲中國患害者，無過突厥」，〔註11〕故中國歷代之外患中，突厥一族，頗值得吾人加以重視。正因爲邊疆遊牧民族一波又一波地帶給中原國家予很大的壓力，刺激中原國家起而奮戰、反抗，進而影響中原朝廷的更替興衰。從而促使漢民族愕然發覺「天下」除了自己的定居型農耕文化體系之外，同時還存在著足以和中原朝廷相抗衡的另一類型文化，即草原經濟的遊牧文化，此時漢民族已幡然覺悟與邊疆民族和平相處的重要性，進而接納、融合涵化於中華民族之

〔註 8〕 侯林伯，《唐代夷狄邊患史略》（臺北，臺灣商務印書館，民國 61 年 3 月發行）
　　　　第二章東突厥邊患，頁 8。
〔註 9〕 歐陽修、宋祁，《新唐書》（臺北，鼎文書局，民國 74 年 2 月出版）卷二一五
　　　　〈突厥傳〉，頁 6023。
〔註10〕 令狐德棻等，前引書，卷五十〈異域傳〉，頁 921。
〔註11〕 吳兢，《貞觀政要》（臺北，宏業書局，民國 72 年 9 月出版）卷九〈議征伐〉，
　　　　頁 419。

大熔爐之中。正因爲中原國家與邊疆民族不斷地接觸、交流與融合，進而共同組成一個大的「中華民族」，彼此發生共存共榮的關係，這是中國歷史最偉大的一面，也正是推動中原朝廷歷史的一股動力，故不研究邊疆民族活動的歷史，是無法真正瞭解中國的歷史。〔註12〕沙畹（E. Chavannes）在《西突厥史料》一書中，曾愷切地指出：「僅考各國之歷史，似漫不相關，其實皆息息相連，足使人憶及連續性爲宇宙之定律，而在互相連帶之無限連環之中，無一環能爲人所忽者也。」〔註13〕沙畹上述至切之論，可謂發自肺腑之言。驗之於中國歷史，在北朝周、齊及隋、唐時代，皆曾與突厥發生密切的關係，雙方接觸頻繁，舉凡經由移民、軍事行動、和親締盟、使節往返、朝貢賞賜、宗教傳播及互市通商等方式，皆發生了一定程度的影響。上述所言各方面，彼此的交流關係與影響層面，皆是本論文所要探討和研究的內容。

　　蒙古草原遊牧部族，原無自有的文字，有之則自突厥汗國始，在此之前的匈奴、鮮卑和柔然等，皆不曾創造自己的文字，此乃突厥劃時代的特色，也是突厥高度文明與文化發展之表徵。一國獨特的語言和文字，往往透過文化的交流而傳播至另外一個國家，彼此相互採借和使用。然因時過境遷，留存於史料上的記載，後人往往不得其解。即以突厥爲例，突厥之語言、文字、官制等名稱，大量地載錄於中國史籍中，例如：特勤（Tegin）、葉護（Yabghu）、匐（Bäg）、及設（Säd 又譯殺、察）……等，上述專有名詞，若僅望文生義而不深諳其實際涵義，恐將不得其解。相反地，若瞭解突厥之語言或文字，則往往可以糾謬中國史籍之誤譯者，而還其本來之面目。故研究與瞭解邊疆民族之語言、文字等，勢將有助於中國史籍之解讀，及增進彼此間之溝通與瞭解。因而張光直曾明示：「研究中國史而不研究世界史這種作風，不但使我們成爲世界史的文盲，而且常常使我們不能充分了解中國自己的歷史。」〔註14〕誠爲至當之論。

第二節　研究方法及範圍

　　本論文所採用的史料，以兩唐書、資治通鑑、全唐及、冊府元龜、唐會要、

〔註12〕姚大中，《古代北西中國》（臺北，三民書局，民國 70 年 5 月出版），頁 3～8。
〔註13〕沙畹（E. Chavannes）著、馮承鈞譯，前引書，頁 221。
〔註14〕張光直，〈中國古代史的世界舞台〉（臺北，歷史月刊雜誌社，民國 77 年 11 月發行）收錄於《歷史月刊》第十期，頁 25。

唐六典、通典、金石文字等爲主，並參考唐、宋人所著筆記小說、詩文集及其他有關史料。另外，國內、外代學者對突厥之研究成果，儘量予以參酌採用，以作爲本論文若干理論之基礎。研究突厥的史料，以中國正史最爲豐贍翔實，而中外研究突厥之學者，莫不以中國的史料爲基礎，借重中國有關突厥方面之記載，並參酌近代出土的蒙古古突厥碑文等史料，始得以順利的解讀。

近代對突厥學貢獻最大的，莫過於西元 1889 年俄國人雅德林采夫（N. M. Yadrintsev），於外蒙古鄂爾渾河畔發現了轟動當時學術界的「闕特勤碑」和「苾伽可汗碑」。〔註15〕碑文分爲漢文和突厥文兩大部分，此二碑主要是敘述後突厥汗國苾伽可汗和闕特勤及其大臣的生平事功，在這新發現材料的基礎上，經過丹麥著名的語言學家湯姆森（V. Thomsen）等人，積極從事碑文的解讀工作，終於解開了不解之謎，〔註16〕從此世人始得以明瞭蒙古古突厥碑文的內容。嗣後更在不同地區、不同時期又發現了一些古突厥碑文，例如：翁金碑、塔拉斯碑、暾欲谷碑及雀林碑等，其他尚有用古突厥文寫成的屬於回鶻汗國的文獻，〔註17〕它們皆同屬於研究突厥的歷史、語言及文化等方面的第一手史料。上述蒙古古突厥碑文史料，正可彌補我國正史等有關突闕本傳之不足，彌足珍貴，它也是全世界人類共同的文化遺產，頗值得吾人珍視。

此外，中國方面，韓儒林則根據德、英等國突厥學者翻譯出土之古突厥碑文轉譯爲漢文，并加以解釋，題爲「突厥文闕特勤碑譯注」，及重譯丹麥突厥學家湯姆森之《蒙古古突厥碑文及導言》，包括闕特勤碑、苾伽可汗碑及暾欲谷等三碑，並譯湯姆森之《蒙古古突厥碑文 —— 術言及專名詞表》等文，對突厥學之研究，貢獻甚大。此外，岑仲勉對於中國正史等有關突厥本傳之校註、突厥屬部傳校註及突厥部人列傳碑誌校註、突厥文碑註釋及其他散篇論著等大作，彙輯成一部《突厥集史》〔註18〕等，均足供吾人參考與研究。

〔註15〕 馬長壽，《突厥人和突厥汗國》（上海，人民出版社，1957 年 5 月出版），頁 1～2。

〔註16〕 上述碑文，既不屬於匈奴人的，也不屬於蒙古人的，更不屬於古代芬蘭人的，而是屬於曾建立強大突厥汗國的突厥人所遺留下來的珍貴遺產，其所使用的古突厥文，皆歷歷在目。

〔註17〕 例如：回紇英武威遠毗伽可汗碑（一稱葛勒可汗碑或磨延啜碑）、九姓回鶻愛登里囉汩沒密施合毗伽可汗聖文神武碑和蘇吉碑等。詳見：
耿世民，〈古代突厥文碑銘述略〉（北平，中華書局，1987 年 7 月出版）收錄於《突厥與回紇歷史論文選集》（上），頁 573～574。

〔註18〕 岑仲勉，《突厥集史》（北平，中華書局，1958 年 10 月出版）全二冊。

　　本論文研究的範圍，因首論及突厥崛起的時代背景，故在時間上必須上溯至突厥先世傳說時代，歷經阿史那土門正式建國至頡利可汗被俘的「突厥汗國」時代（552～630），及唐高宗永淳元年（682）突厥餘部骨咄祿可汗所重建的「復興汗國」時代，亦稱「後突厥汗國」時代，國祚斷斷續續維持至玄宗天寶四載（745），白眉可汗被殺爲止。在空間上，則兼及整個東、西突厥的此一完整的汗國爲對象，〔註19〕然在比重上，仍以東突厥汗國爲立論的重點。而論文中所提及的「中原朝廷」，則包括東、西魏及北齊、北周、隋、唐等朝代，其繫年方式，則兼及上述各朝代。至於本論文所研究的「突厥」，則兼以廣、狹二義的突厥爲研究的對象。凡與「突厥」有血緣關係，以及在文化上發生融化現象者，皆可稱爲廣義突厥，或稱之爲突厥族系；〔註20〕狹義突厥，則指歷史上世居金山，首以「突厥」爲稱之部落，而在南北朝末期、隋唐間，在鄂爾渾河一帶所建立的強大汗國，統稱爲狹義突厥。而「西突厥」乃指分居於汗國西方之突厥，突厥國內本無東、西之分，蓋中國史家爲求治史語意明確，乃因其一在中原北方，故稱之爲北突厥或東突厥；一在西方，而稱之爲西突厥，但西突厥本身則自號爲「十姓突厥」（On Oq）。

第三節　內容大要

　　本論文除緒論與結論外，正文共分爲四大部分：

〔註19〕一般謂隋文帝離間突厥之政策成功，乃迫使突厥分爲東、西二部，故西突厥世系有以阿波爲始者。沙畹《西突厥史料》則謂：東、西突厥之分，實肇始於土門及室點密二可汗之時，土門（即布民或伊利可汗）爲東突厥之始祖，室點密可汗則爲西突厥諸可汗之始祖，然至室點密之子達頭可汗之時，始見確定。因東突厥沙缽略可汗與大邏便（即阿波可汗）不和，大邏便走依達頭可汗，自是以後，西突厥開始獨立。詳見：沙畹（E. Chavannes）著、馮承鈞譯，前引書，頁1。

〔註20〕胡秋原，《丁零、突厥、回紇——其起源、其興衰、其西遷及其文化史意義》（臺北，世界文化出版社，未著出版年、月），頁3～4。
　　近代學者嘗將秦漢時代之丁靈、烏揭、堅昆、月氏、烏孫，南北朝時代之高車、鐵勒，及隋唐時代之突厥、回紇、薛延陀、沙陀……等，皆歸屬於突厥族系，故近代所稱之突厥族系，種類至爲繁雜。胡秋原甚至於將今日西伯利亞之雅庫特、新疆之維吾爾、中亞之哈薩克、吉爾吉斯、土庫曼、烏茲別克、塔吉克、巴基斯坦之突厥族，以及小亞細亞之土耳其共和國，甚或早與鮮卑和契丹，或西遷以後與吐蕃和高加索族，伊朗、印度和希臘，以及阿拉伯和蒙古族大量混血之產物，皆稱之爲新突厥民族，亦即廣義之突厥也。

一、探討中古時期，中北亞遊牧民族的遞嬗情形，及草原遊牧社會的特性；其次闡述突厥崛起的時代背景，及其如何建立一個橫跨歐、亞的大帝國。

二、探討突厥與中原國家軍事衝突的真正原因，及統計突厥經常南侵的時間和地點，以為中原國家因應之參考，並提出中原國家備邊之道。

三、從政治經濟、軍事外交、文教、宗教信仰及葬俗、曆法等方面，根據國內、外史料的記載，探討突厥和中原國家經過接觸、學習、交流之後，相互間的影響，期能更深入的瞭解彼此間的互動與依存關係。

四、最後探討、統計突厥系族入居中國的地理分布，以其分布廣泛，而為中國對外政策 —— 華夷如一的見證；次述中原國家對蕃胡之管理與種種優惠措施，以及蕃胡犯法之處置和華夷雜處之弊等種種問題。以上所述的四大部分，即為本論文的主要架構及主旨所在。

第二章　中古時期北亞遊牧民族之新形勢

第一節　北亞遊牧民族之遞嬗

一、柔然之興起

　　西元四世紀初，經過西晉末年的喪亂，造成匈奴、鮮卑等族相繼入侵，並在中國北方建立許多「漢地式」和「半漢地式」〔註1〕的外族政權，小國林立。當時統一並結束華北的長期分裂，建立穩固而強大的政權，〔註2〕乃是拓跋氏一族。而在近乎同一時期，稱雄於漠北地區的柔然，直威脅及拓跋氏的政權，造成雙方緊張對立的關係，其間和戰之關係不斷。傳至六世紀中葉，即西魏恭帝二年（555），柔然之主鄧叔子終爲突厥所滅，突厥遂取柔然之地位而代之，成爲另一統一塞外的遊牧汗國。因此在敘述本論文之主角——突厥以前，爲明瞭北亞遊牧民族之興衰遞嬗情形，有必要先詳述柔然之族屬、崛起及其與北魏和西域等國家之關係。

　　柔然一族，不見著錄於魏晉以前之史籍，即使遠在柔然之先祖木骨閭時代，亦未見柔然之名。傳至其「子車鹿會雄健，始有部眾，自號柔然，而役

─────────────

〔註1〕札奇斯欽，《從北亞史觀點看拓跋與柔然對立時代的歷史關係》（國立政治大學《邊政研究所年報》，第七期，民國65年7月出版），頁1。

〔註2〕北魏登國元年（386），太祖拓跋珪入主中原，即代王位，改稱魏王，正式建立拓跋魏政權。其政權之形式，可歸類爲「征服王朝」類型。

「征服王朝」一稱，乃是美籍德裔的東洋史學者魏復古（Karl A. Wittfogel），對於亞洲史上與中原國家相抗衡而屢經加以征服、支配的北方民族所建的諸王朝，所給予的名稱，拓跋魏即是一例。詳見：

村上正二著、鄭欽仁譯，「征服王朝（上）」，《食貨月刊復刊》第十卷第八期，臺北，食貨月刊社，民國69年11月出版，頁39～52。

屬於國。」〔註3〕此「國」乃指拓跋魏而言。一般而言，某部族「役屬於國」，係指與宗主國有較爲密切的關係，故柔然並不排除族屬於鮮卑別種的可能。近代學者根據史料記載，考證柔然即源自鮮卑拓跋氏，〔註4〕謂柔然初起時，即是以鮮卑爲核心，以後始漸發展成爲塞外強大的遊牧帝國，役屬其他不同部族，而柔然的統治階層，仍是鮮卑，不過自號「柔然」而已，以別於其同源同種的另一統治政權，其說甚是。惟柔然所統諸部，則不純爲鮮卑種，當包含其他部族在內，則無疑義。塞外遊牧行國組成分子複雜，這是一種普遍的現象。另外，部分學者從語言、國號及可汗稱號上，考證出與蒙古語之音、義相同，確定柔然語純然爲蒙古語，進而認定柔然即爲蒙古種，〔註5〕恐有待商榷。因種族間之接觸、往來和融合、同化，語言往往爲彼此間學習、模仿的對象，而成爲人類溝通的主要工具，並漸成爲不同種族間的共通語言，這是一種表象的普遍現象，不能驟然認爲係同源同種之說，其理甚明。蓋欲研究是否同源同種，語言只是其中之一而已，若純然用幾個詞字的語言比較，去研究並決定古代某少數民族之人種，似有失客觀。

「柔然」之異名甚多，除柔然一名外，尚有蠕蠕、蝚蠕、茹茹、芮芮〔註6〕

〔註3〕魏收，《魏書》（臺北，鼎文書局，民國76年5月出版）卷一〇三〈蠕蠕傳〉，頁2289。

〔註4〕《魏書》卷一〇三〈蠕蠕傳〉載：「蠕蠕，東胡之苗裔也……。」鮮卑、烏桓、柔然，俱出於東胡，柔然當與鮮卑同源，此其一。崔鴻《十六國春秋》又云：「時河西鮮卑社崙獻馬八千匹於秦……。」社崙爲柔然主，乃「河西鮮卑」人也。崔鴻《十六國春秋》南涼錄又載：「禿髮烏孤，河西鮮卑人也」。柔然與禿髮氏既同爲河西鮮卑，而禿髮氏又與拓跋氏同源，故禿髮傉檀之子自樂都降魏，世祖拓跋燾曰：「卿與朕源同，因事分姓，今可爲源氏。」（《魏書》卷四十〈源賀傳〉）拓跋既與禿髮同源，而柔然與禿髮又同爲河西鮮卑人也，則柔然爲鮮卑無疑。詳見：
王吉林，〈柔然與北魏關係之探討〉（台北國立政治大學，民國74年4月出版）國際中國邊疆學術會議論文集，頁326。

〔註5〕主張柔然是屬於蒙古種的學者，如：R. Grousset、法人伯希和（P. Pelliot）、日人藤田豐八、羽田亨及馮國鈞等均是。詳見：
潘國鍵，《北魏與蠕蠕關係研究》（臺灣商務印書館，民國77年3月發行），頁26～27。
西方史家有人認爲柔然即是出現於歐洲史上的Avar一族，同時推而廣之，就是嚈噠（Hephtalite）的同族。筆者認爲似有待商榷，因柔然與嚈噠之間，雖存有婚姻和同盟關係，然不得驟認爲同族之說。詳見：
札奇斯欽，前引文，頁7、11。

〔註6〕柔然，是我國北方古老的遊牧民族之一，稱號不一。《魏書》、《北史》皆稱爲

等各種不同的名稱，恐均係一音之轉及含有輕蔑之意味。柔然之先世木骨閭，約出現於北魏始祖拓跋力微（卒於西元 277 年）時代，本為拓跋力微之騎奴，率眾逃亡於塞外大漠谿谷間，投依高車紇突鄰部，〔註7〕自成一股勢力。木骨閭死，其子車鹿會部眾益多，勢力愈大，但仍役屬於拓跋氏，與拓跋部族維持著主從的關係，「歲貢馬畜、貂豽皮」。〔註8〕從車鹿會起，這種關係曾繼續維持至第五代地粟袁時代。其後因柔然國力強盛，遠非昔比，故須分部而治，「地粟袁長子匹候跋繼父居東邊，次子縕紇提別居西邊」，〔註9〕頗具實力，膽敢與拓跋氏相抗衡，可見柔然之國力，已發展至相當的程度。北魏太祖拓跋珪於登國中（約386～393），率兵討擊，大破之於南宋山，匹候跋收拾餘落遁走，後為魏將長孫肥追及之，跋乃舉落請降。西路縕紇提諸子亦為太祖所擒，縕紇提本人西遁，至跋那山為太祖追及之，縕紇提請降。雖太祖撫慰如舊，但柔然仍與魏處於對立的狀態，不時想擺脫魏之掌握。登國九年（394），縕紇提子曷多汗與社崙率眾棄其父西走，長孫肥輕騎追及之，至上郡跋那山，斬曷多汗。社崙率眾奔附匹候跋，後又叛殺匹候跋，社崙深懼魏師來討，「乃掠五原以西諸部，北度大漠」，〔註10〕欲重整旗鼓，整軍備戰。

　　社崙遠遁漠北以後，入侵高車，兼併諸部，國勢益張，強盛之關鍵在於社崙始立軍法，創設制度，嚴明賞罰。其軍事制度，係採十進位法，以「千人為軍，軍置將一人，百人為幢，幢置帥一人……。」〔註11〕軍隊編制，採小單位建置，分層負責，領軍作戰，而統於可汗一人。社崙對外作戰，為鼓舞士氣，以求勝戰，乃制定「先登者賜以虜獲，退懦者以石擊首殺之」，〔註12〕作為賞罰的方式。社崙的軍隊，既有組織，又能重賞重罰，紀律嚴明，故能征服塞外，

蠕蠕，北魏太武帝（拓跋燾）以其無知，狀類於蟲，故改其號為蠕蠕。（詳見《魏書》卷一○三〈蠕蠕傳〉，頁 2289，及《北史》卷九十八〈蠕蠕傳〉，頁 3249。）南朝人（《宋書》）稱其為芮芮；北朝人（《北齊書》、《周書》）稱其為茹茹。（詳見《宋書》卷九十五索虜傳，頁 2357。《北齊書》卷四〈文宣帝紀〉，頁 54。及《周書》卷五十〈異域突厥傳〉，頁 908。）

《晉書》卷一二五馮跋載記云：「蝶蠕斛律為其弟大但所逐，盡室奔跋，乃館之於遼東部，待之以客禮。」（頁 3132）故知《晉書》稱柔然為蹂蠕。

〔註 7〕同註3。
〔註 8〕同上。
〔註 9〕同上。
〔註10〕魏收，前引書，卷一○三〈蠕蠕傳〉，頁 2289～2290。
〔註11〕魏收，前引書，卷一○三〈蠕蠕傳〉，頁 2290。
〔註12〕同上。

威脅北魏。拓地「其西則焉耆之地，東則朝鮮之地，北則渡沙漠，窮瀚海，南則臨大磧。其常所會庭則敦煌、張掖之北。」〔註13〕可見柔然羈屬領地，廣達東亞、北亞及西域等地。

　　柔然之能崛起塞外，並爲魏患，顯然當時漠北並無強大部族，柔然乃得以擁有自由發展的空間。當時在塞外的主要民族尚有高車，然高車亂離，各自爲政，尚未發展爲統一的政權，國內無統一領導部帥，各有君長，無法統合諸部，一致對外。《魏書》卷一〇三〈高車傳〉云：

> （高車）無都統大帥，當種各有君長，爲性粗猛，黨類同心，至於寇
> 難，翕然相依。鬥無行陣，頭別衝突，乍出乍入，不能堅戰。〔註14〕

高車國內之軍政情形如此，正給柔然一個崛起的機會，征服高車，役使高車，以爲己用。當太祖拓跋珪派遣材官將軍和突，襲擊高車之黜弗、素古延諸部時，社崙竟遣騎援救素古延，可見柔然此時係以高車之保護者自居，助高車拒北魏，高車自易歸心柔然。

　　社崙征服高車後，又併吞西北之匈奴餘種，遂成爲塞外遊牧大國。《魏書》卷一〇三〈蠕蠕傳〉云：

> ……其西北有匈奴餘種，國尤富強，部帥曰拔也稽，舉兵擊社崙，
> 社崙逆戰於頰根河，大破之，後盡爲社崙所并。號爲強盛……。小
> 國皆苦其寇抄，羈縻附之，於是自號丘豆伐可汗……。〔註15〕

柔然之崛起，社崙在位時期恐是個關鍵，他「立法置戰陳」，〔註16〕爲人兇狡又多權變，軍事素養必爲他人所不及，致使柔然國力達於全盛。這樣一個統一塞外的遊牧強權，自然會與由遊牧轉入「漢地式」國家的拓跋魏，發生正面衝突，縱然魏發動反擊，但因機動力不及純遊牧的柔然迅速，結果多半是「追之，不及」〔註17〕而已，卒成魏嚴重之邊患。

二、元魏之立國

　　塞外遊牧民族，隨水草遷徙，行動飄忽不定，當一民族衰敗滅亡以後，

〔註13〕魏收，前引書，卷一〇三〈蠕蠕傳〉，頁2291。

〔註14〕魏收，前引書，卷一〇三〈高車傳〉，頁2307。

〔註15〕魏收，前引書，卷一〇三〈蠕蠕傳〉，頁2290～2291。

〔註16〕同註13。

〔註17〕如《魏書》卷一〇三〈蠕蠕傳〉云：「天興五年，社崙聞太祖征姚興，遂犯塞，入參合陂，南至豺山及善無北澤。時遣常山王遵以萬騎追之，不及……。」（頁2291）

遷徙他處，當地頓成虛空狀態，另一新興民族轉又徙據其地，統一塞外。魏之先世情形，即是如此。當東漢末年，匈奴衰敗分裂，或西走或降漢，鮮卑乃入居其地，成為塞外地區的新主人，匈奴未遷者，「尚有十餘萬落，皆自號鮮卑，鮮卑由此漸盛。」〔註 18〕留居原地未他遷之匈奴，為求自保，乃依附鮮卑，「自號鮮卑」，故鮮卑雜有匈奴種，至為明顯，這是遊牧民族慣有的現象。東漢桓帝時（147～167），「勇健有智略」的檀石槐被推為大人，其初起的情形，《後漢書》卷九十〈鮮卑傳〉云：

> ……檀石槐乃立庭於彈汗山歠仇水上，去高柳北三百餘里，兵馬甚盛，東西部大人皆歸焉。因南抄緣邊，北拒丁零，東卻夫餘，西擊烏孫，盡據匈奴故地，東西萬四千餘里，南北七千餘里，網羅山川水澤鹽池。〔註 19〕

檀石槐為便於統治如此遼闊之疆域，乃採劃疆分治的原則，而自總其成。其方式「乃自分其地為三部，從右北平以東至遼東，接夫餘濊貊二十餘邑為東部，從右北平以西至上谷十餘邑為中部，從上谷以西至敦煌、烏孫二十餘邑為西部，各置大人主領之，皆屬檀石槐。」〔註 20〕這種分部而治，乃是塞外遊牧君長統治的通例。

　　當西晉末年，北魏建國以前的昭皇帝拓跋祿官時代，亦採行分部而治，「帝自以一部居東，在上谷北，濡源之西，東接宇文部；以文帝之長子桓皇帝諱猗㐌統一部，居代郡之參合陂北；以桓帝之弟穆皇帝諱猗盧統一部，居定襄之盛樂故城。」〔註 21〕這種分國為三部，名義上雖不統一，然實質上並未分裂，仍一統於拓跋祿官。即使在猗㐌、祿官死後，猗盧復統領三部，這種分部而治的方式，主要考量即在因應實際上統治的需要。

　　拓跋猗盧統一三部後，部分重心即轉向中原發展，部眾徙居塞內。西晉永嘉四年（310），拓跋猗盧從劉琨處索得句注山、石徑關以北之地，並將樓

〔註 18〕 范曄，《後漢書》（臺北，鼎文書局，民國 76 年 1 月出版）卷九十〈鮮卑傳〉，頁 2986。
〔註 19〕 范曄，前引書，卷九十〈鮮卑傳〉，頁 2989。
〔註 20〕 范曄，前引書，卷九十〈鮮卑傳〉，頁 2989～2990。
　　　　 劃疆分治，乃是塞外草原遊牧民族的通例，自匈奴、鮮卑、高車、元魏、突厥等族以還，莫不皆然。有關突厥方面，詳見：
　　　　 拙作，〈前突厥汗國實施四部分國制之探討〉（臺北，中國歷史學會，民國 83 年 9 月出版）《中國歷史學會史學集刊》，第二十六期，頁 71～84。
〔註 21〕 魏收，前引書，卷一〈序紀〉，頁 5～6。

煩、馬邑、陰館、繁時、崞等五縣之地，劃予拓跋氏，猗盧因徙十萬戶於此地區。〔註22〕拓跋猗盧以此五縣之地，作爲其四向發展的根據地，由是猗盧實力益盛。拓跋猗盧雖南徙十萬戶於陘北五縣之地，然並未放棄塞外之地，他是以塞外地區作爲後方，而將晉北地區當成前方。有前、後方，始能經得起考驗，一旦失敗，自不會全盤瓦解；另一方面，拓跋氏將塞外地區當成後方，故可在有限度的範圍內，仍保持其遊牧民族的特性，而未在民族大融爐之潮流中被同化；淝水戰後，拓跋氏能在群雄中脫穎而出，建立後魏，其關鍵即在此。〔註23〕北魏太和十九年（495），孝文帝由平城遷都洛陽，全面實行漢化以後，北魏乃漸失其遊牧強悍的本性，國力大不如前，以致於在孝武帝永熙三年（534）時，分裂爲東、西魏，即是一顯例。

傳至昭成帝什翼犍，他是北魏建國以前最後的一位領袖，也是奠定北魏的根基者，後被尊爲「高祖」。〔註24〕然而建立獨立政權，進而染指華北，則有待其孫 —— 太祖拓跋珪。他是北魏第一代君主，於登國元年（386）春正月，即代王位，同年夏四月，改稱爲魏王，〔註25〕拓跋魏的歷史，才正式展開。太祖即位初期，內部不協，危機四伏，先有劉衛辰、劉顯之抗命，後有高車、柔然等外患，故太祖爲求內部穩定，首先對付聽命於劉衛辰之柔然，以及連年討擊高車諸部，〔註26〕目的在斷絕如劉衛辰等人之想法，欲利用塞外民族摧毀拓跋氏之政權，〔註27〕故當時太祖對高車、柔然戰事頻繁，尙不急於進軍中原，統一華北當言之過早。以上所言，即是元魏建國前、後的概況，而太祖拓跋珪建國後的歷史發展，亦極緩慢，直至太武帝拓跋燾時，方始統一

〔註22〕魏收，前引書，卷一〈序紀〉，頁7。

〔註23〕王吉林，〈北魏建國時期與塞外民族之關係 —— 北魏平城時代與塞外民族關係之一〉（臺北，中國文化大學出版部，民國67年10月出版）《史學彙刊》，第九期，頁51。

〔註24〕魏收，前引書，卷一〈序紀〉，頁16。

〔註25〕魏收，前引書，卷二〈太祖紀〉，頁20。

〔註26〕如《魏書》卷二〈太祖紀〉載，太祖自登國三年（388）12月，至五年（390）冬，太祖拓跋珪連年討伐高車。首先是登國三年（388）十二月，太祖西征「至女水，討解如部，大破之，獲男女雜畜十數萬。」次年（登國四年，389）正月「襲高車諸部落，大破之。二月癸已，至女水，討叱突鄰部落，大破之。」登國五年（390）春三月，魏太祖拓跋珪西征，「次鹿渾海，襲高車袁紇部，大破之，虜獲生口，馬牛羊二十餘萬。」同年（登國五年，390）十月，又「討高車豆陳部於狼山，破之。」（以上詳見頁22～23）。

〔註27〕王吉林，前引文，頁55。

華北，奠定元魏國力強盛的基礎。

三、西域之情勢

　　柔然首領社崙，自於魏道武帝天興五年（402）稱汗自建尊號以來，至西魏恭帝二年（555）爲突厥所滅爲止，共約一個半世紀，中北亞的國家大抵以柔然爲最強，許多「小國皆苦其寇抄，羈縻附之」。〔註28〕在此期間，柔然除不斷南侵中原以外，還向西域擴張，其目的似在爭奪西域商道霸權，壟斷和掠奪絲路貿易，以滿足遊牧經濟本身發展的需要。以下僅敘述當時羈屬於柔然的一些西域小國家，藉明當時西域國家之現況及其分布情形。

（一）伊　吾

　　柔然在社崙時代，已南下威脅敦煌，敦煌以北的伊吾（即今哈密）自當在其控制之下。《魏書》卷四十三〈唐和傳〉云：

　　　　……（西涼）李氏爲沮渠蒙遜所滅，和與兄契攜外甥李寶避難伊吾，

　　　　招集民眾二千餘家，臣於蠕蠕，蠕蠕以契爲伊吾王。〔註29〕

當時伊吾臣於柔然，是極爲明顯旳，柔然「以契爲伊吾王」，不過是樹立一傀儡而已，實際上柔然仍直接操縱和控制該地區，柔然對伊吾的控制，一直持續到五世紀末，史載北魏孝文帝太和十二年（488）十二月，「蠕蠕伊吾戍主高羔子率眾三千以城內附」，〔註30〕伊吾戍主高羔子恐在不堪柔然的壓迫和剝削的情況下，率眾南下歸附於魏。

（二）高　昌

　　柔然在控制伊吾的同時，還控制伊吾以西的高昌。唐和兄弟曾遣使降附於魏，以致爲柔然所逼，遂擁部落攻高昌，高昌城主闞爽乃告急於沮渠無諱，無諱自將家戶赴援，未至，而柔然先已遣軍前往救援，殺唐契。〔註31〕柔然儼然以高昌的保護者自居。高昌城主闞爽當是柔然扶立的傀儡，故唐氏西攻時，柔然即往馳援，高昌役屬於柔然至爲明顯。北魏文成帝和平元年（460），高昌爲柔然所併，柔然乃以闞伯周爲高昌王，〔註32〕闞伯周應是闞爽族人，

〔註28〕同註13。

〔註29〕魏收，前引書，卷四十三〈唐和傳〉，頁962。

〔註30〕魏收，前引書，卷七〈高祖紀〉，頁164。

〔註31〕沈約，《宋書》（臺北，鼎文書局，民國73年1月）卷九十八〈大且渠蒙遜傳〉，頁2417。

〔註32〕魏收，前引書，卷一〇一〈高昌傳〉，頁2243。

說明柔然再次假手於闞氏，控制高昌。要之，柔然自立國伊始，即從敦煌、張掖以北的汗庭，不斷向河西地區發展，控制伊吾、高昌兩地，主要目的即在控制絲路東端的兩個重要據點。

（三）烏孫、悅般

時位於龜茲西北的赤谷城一帶，有烏孫國，其國數為柔然所侵，乃西徙蔥嶺山中，無城廓，隨畜牧逐水草而居，〔註33〕柔然向西發展的結果，便與烏孫發生衝突，乃勢所必然的。烏孫西遷後，其故地隨即由悅般所佔嶺。悅般王嘗遣將數千入柔然，與柔然結好，然亦無法免除來自柔然的壓力，故曾遣使朝魏，企圖聯合北魏夾擊柔然，〔註34〕惟在柔然的強大壓力下，終不堪柔然的侵擾而被迫西遷。〔註35〕悅般西遷後，西域重又成了柔然、嚈噠和高車角逐的場所。

（四）焉耆、鄯善、龜茲等國

自從柔然興起後，歲時遣使詣京師，或與中國抗禮，其間之和戰關係頗為頻繁。除此之外，尚與西域國家發生密切的關係。西域諸國除前述伊吾、高昌和烏孫、悅般等國臣屬於柔然外，「焉耆、鄯善、龜茲、姑墨等東道諸國，並役屬之。」〔註36〕其役屬之時間，應早在社崙可汗時代。因「役屬」並不表示直接佔領，而是表示勢力所及的地方，尤其社崙可汗時代，「號為強盛」，〔註37〕曾拓地「其西則焉耆之地……。小國皆苦其寇抄，羈縻附之。」〔註38〕故伊吾、高昌、焉耆、鄯善等西域小國家，於社崙可汗時代應已役屬於柔然無疑。

（五）嚈噠

當時活躍於中亞和西域等地的，尚有嚈噠、大月氏、高車等國。嚈噠，亦稱為滑國，元魏時，「滑猶為小國，屬芮芮」。〔註39〕這是現存有關柔然與

〔註33〕魏收，前引書，卷一○二〈烏孫傳〉，頁2267。
〔註34〕魏收，前引書，卷一○二〈悅般傳〉，頁2268～2269。
　　　　悅般，住於烏孫西北，其先，匈奴北單于之部落也。為漢車騎將軍竇憲所逐，北單于度金微山，西走康居，其羸弱不能去者，住龜茲北。可知，悅般乃匈奴種。
〔註35〕余泰山，〈柔然與西域關係述考〉（新疆社會科學，第四期，1985年出版），頁70。
〔註36〕沈約，前引書，卷九五〈索虜芮芮傳〉，頁2357。
〔註37〕同註11。
〔註38〕同註13。
〔註39〕姚思廉，《梁書》（臺北，鼎文書局，民國75年10月出版）卷五四〈諸夷滑

早期嚈噠關係的唯一史料，可知嚈噠也曾役屬於柔然。《魏書》卷一〇二〈西域嚈噠國傳〉又云：

> 嚈噠國，大月氏之種類也，亦曰高車之別種，其原出於塞北。自金
> 山而南，在于闐之西，都烏許水南二百餘里……。〔註40〕

嚈噠之族屬，甚難究明。要之，其屬於阿爾泰語系的民族，〔註41〕源出於塞北，經由金山（即阿爾泰山）南遷至中亞，而都於烏滸（即今阿姆河）之南，曾號爲大國，「西域康居、于闐、沙勒、安息及諸小國三十許，皆役屬之。」〔註42〕可見，嚈噠在當時曾一度爲中亞之強國。而從嚈噠本身的歷史而言，其役屬於柔然的時間，只可能在南遷中亞之後，因這一段時間正是柔然積極向西方發展的時期。

（六）大月氏

大月氏國，本居敦煌、祁連之間，至匈奴冒頓單于攻破月氏後，月氏乃遠遁，都於嬀水（即今錫爾河）之北，〔註43〕部分未隨同遷離，仍留居原地者，號爲小月氏。當柔然控制位於阿姆河北之嚈噠的同時，即數侵大月氏國。故《魏書》卷一〇二〈西域大月氏國傳〉載，大月氏「北與蠕蠕接，數爲所侵，遂西徙都薄羅城……。其王寄多羅勇武，遂興師越大山，南侵北天竺，自乾陀羅以北五國盡役屬之。」〔註44〕上述正說明柔然之勢力，曾一度伸向阿姆河流域一帶，大月氏數爲所侵，乃南侵北印度，勢力向南伸展，而無法在中亞與柔然等國爭強。

（七）高　車

「高車」之族名，最早出現於魏晉南北朝時期。據《魏書》卷一〇三〈高車傳〉云：

　　國傳〉，頁 812。

〔註40〕 魏收，前引書，卷一〇二〈西域嚈噠國傳〉，頁 2278～2279。

〔註41〕 嚈噠，若屬大月氏種，那它就應屬於漢藏語系的氐羌系統的民族；然它源出於塞北，應屬高車種，屬於氐羌系統的可能性就很小。此外，尚有謂嚈噠族屬康居、匈奴、柔然、蒙古、突厥、伊朗、悅般等多種說法。近代學者則較傾向於嚈噠應屬於突厥種。詳見：楊建新，《中國西北少數民族史》（寧夏人民出版社，1988 年 12 月出版），頁 257～258。

〔註42〕 魏收，前引書，卷一〇二〈西域嚈噠國傳〉，頁 2279。

〔註43〕 班固，《漢書》（臺北，鼎文書局，民國 75 年 10 月出版）卷九六〈西域大月氏國傳〉，頁 3890。

〔註44〕 魏收，前引書，卷一〇二〈西域大月氏國傳〉，頁 2275。

高車，蓋古赤狄之餘種也，初號爲秋歷，北方以爲敕勒，諸夏以爲

高車、丁零……。〔註45〕

可見高車乃當時南朝的稱呼，因其所乘之車，車輪高大，輻數至多之故；北朝稱其爲敕勒，古代則稱其爲丁零。拓跋魏時，高車曾遷徙於鹿渾海（即今鄂爾渾河）西北一帶，部落強大，常與柔然爲敵，亦每侵盜於魏。惟高車仍不敵拓跋魏，魏太祖拓跋珪屢破其部，獲其生口及馬牛羊無數。〔註46〕

當柔然社崙可汗爲北魏太祖擊敗以後，轉徙於大漠之北，亦曾侵入高車，故漠北高車部落相繼成爲魏及柔然侵奪的對象。高車部族眾多，以部爲氏，〔註47〕其中副伏羅部曾役屬於柔然。五世紀末，高車不堪柔然之誅求，乃叛離柔然，西遷中亞。高車因部族分散，嚈噠復來侵擾，高車不僅承受來自東面柔然的壓力，西面還有嚈噠的入侵，嚈噠並首度操縱高車王位之廢立，殺阿伏至羅從弟窮奇，並迎立窮奇之子彌俄突，其目的在利用高車，維持商道之暢通，並可阻止柔然勢力之西進。〔註48〕可見高車受外力之干預甚深，這也是造成高車一蹶不振的主要原因。高車之中衰、亂離，正予柔然崛起的機會。

高車主彌俄突尋與柔然主伏圖戰於蒲類海之北，後爲伏圖所敗，西走西域。北魏孝明帝初年，彌俄突復與柔然主醜奴戰，戰敗被俘，其部眾悉入嚈噠，嚈噠乃扶立其弟伊匐，反叛柔然，終爲柔然所敗。〔註49〕此時高車雖屢爲柔然所敗，惟柔然本身之國勢亦每況愈下，高車餘部與柔然時相攻擊，如西魏文帝大統十二年（546），「鐵勒將伐茹茹，土門率所部邀擊，破之，盡降其眾五萬餘落。」〔註50〕柔然幸賴突厥阿史那土門率兵相助，終倖免於亡，惟因柔然末年，「國土大亂，姓姓別住，迭相抄掠。」〔註51〕終於不堪新興之突厥一擊，國遂滅亡。突厥乃繼之而起，成爲中北亞草原遊牧地區

〔註45〕魏收，前引書，卷一○三〈高車傳〉，頁2307。

〔註46〕魏收，前引書，卷一○三〈高車傳〉，頁2308。

〔註47〕高車初起時，其種有狄氏、袁紇氏、斛律氏、解批氏、護骨氏、異奇斤氏等，後又有十二姓，即泣伏利氏、吐盧氏、乙旃氏、大連氏、窟賀氏、達薄干氏、阿崙氏、莫允氏、俟分氏、副伏羅氏、乞袁氏、古叔沛氏等。詳見：
魏收，前引書，卷一○三〈高車傳〉，頁2307、2310。

〔註48〕余泰山，前引文，頁77。

〔註49〕魏收，前引書，卷一○三〈高車傳〉，頁2311。

〔註50〕令狐德棻等，《周書》（臺北，鼎文書局，民國76年2月出版）卷五十〈異域突厥傳〉，頁908。

〔註51〕魏收，前引書，卷一○三〈蠕蠕傳〉，頁2301。

的新主人。

第二節　突厥崛起的時代背景

　　西元六世紀中葉，中北亞崛起的突厥遊牧大帝國，其疆域遼闊，國勢強盛，「威服塞外諸國」，〔註52〕乃一橫跨歐、亞的大汗國，其崛起的時代背景，頗值得吾人加以深入的探討。茲謹分為如下三點，加以說明。

一、柔然之衰亡

　　柔然，於西元五、六世紀南北朝之際，乃興起於漠北草原的一個遊牧民族。北魏道武帝時，傳至郁久閭社崙，自號丘豆代可汗，始漸強大。入侵高車，併吞諸部，國力益振，並不時南寇魏邊。其俗隨水草畜牧，無城廓，以氈帳為居，隨所遷徙。〔註53〕

　　北魏初年，柔然國內迭生內亂，大檀自立，率眾南犯，太武帝親討，部落四散。子吳提繼位，號敕連可汗，遣使朝獻，時漠北大旱，無水草，軍馬多死。吳提死，子吐賀真立，號處羅可汗。北魏太武帝及文成帝時，相繼北伐，吐賀真遠竄，國遂衰弱，不復南犯。吐賀真死，子予成立，率部侵塞，後遣使朝貢請婚。北魏孝文帝太和九年（485）予成死，子豆崙立，號伏古敦可汗。豆崙殘暴好殺，部眾離心，部內高車復叛離，阿伏至羅率眾十餘萬落西走，自立為主，〔註54〕國力大削。國人乃推其叔那蓋襲位，北魏宣武帝正始三年（506），那蓋死，子伏圖立，遣使朝獻通和，國內不時遭高車侵暴，乃西征高車，後為高車王彌俄突所殺，子醜奴立，寵信女巫地萬，後為其母與大臣所殺。醜奴弟阿那瓌繼立，其族兄示發，帥眾擊之，阿那瓌戰敗，與其弟乙居伐輕騎南走魏，阿那瓌母候呂陵氏及其二弟，均為示發所殺，柔然內訌亂起，致伏衰亡之兆。

　　阿那瓌來奔後，眾推婆羅門為主，會為高車所逐，率眾詣涼州歸降，柔然眾又迎立阿那瓌，阿那瓌眾大飢，入塞寇掠。嗣後阿那瓌士馬稍盛，遣使請尚公主，魏丞相高歡乃以常山王妹樂安公主許之，後改封為蘭陵郡長公主，賞賜豐渥，阿那瓌大喜，自是朝貢東魏。乃齊受東魏禪後，亦歲時往來不絕。

〔註52〕令狐德棻等，前引書，卷五十〈異域突厥傳〉，頁909。
〔註53〕同註36。
〔註54〕魏收，前引書，卷一○三〈蠕蠕傳〉，頁2296。

齊宣帝天保三年（552），阿那瓌為突厥土門可汗所敗，自殺而死。不久，國人立阿那瓌從弟登注俟利為可汗，登注繼又為其大人阿富提等所殺，國人乃立其子庫提為主，柔然別部則立阿那瓌叔父鄧叔子為可汗。因此當時柔然二可汗並立。其後齊廢庫提，立阿那瓌子菴羅辰為主，自是柔然仍朝貢不絕。

齊宣帝天保五年（554），菴羅辰叛齊，齊宣帝親將出擊，大破之。嗣後柔然屢犯齊，均為齊所敗。次年（齊宣帝天保六年，555），突厥木杆可汗擊柔然主鄧叔子，滅之。鄧淑子收其餘眾奔關中，木杆恃其強盈，恐柔然遺類依憑大國，為後日之患，乃藉與西魏通好，請盡殺柔然，太師宇文泰許之，遂收縛柔然，付突厥使者盡殺之，柔然遂亡。〔註 55〕柔然因內部分立，屢為齊人所敗，更頻遭漠北之強族突厥所襲擊，導致部落離散，終為突厥所滅。

二、鍛鐵業之發達

突厥在未崛起以前，原是柔然統治下的「鍛奴」，〔註 56〕精於鍛鐵業。原因即在於突厥曾遷居於古高昌國北之貪汗山附近，〔註 57〕這一帶的山脈及其以西的白山，自古即以產鐵、銅礦、鋼砂、煤炭馳名。在突厥人未遷此以前，已有許多鐵勒族人在此「取此山石炭，冶此山鐵」，從事鍛鐵業。《水經注》卷二河山篇敘述龜茲以北的北大山時，引釋氏《西域記》云：

> 屈茨北二百里有山，夜則火光，晝日但煙。人取此山石炭，冶此山鐵，恒充三十六國用。〔註 58〕

屈茨，即龜茲，位於白山之南。突厥人遷居此地以後，在此優良的地理條件之下，亦從事於以鍛鐵和畜牧業為主的生產活動。其從事於冶鐵鑄器，產量極豐，除自給自足外，尚可供應當時西域「三十六國」等諸部族使用。

西元五世紀中葉，位於高昌國北山之突厥部落，為柔然汗國所侵襲，遷於阿爾泰山之陽。《周書》卷五十〈異域突厥傳〉云：

> （突厥）子孫蕃育，漸至數百家，經數世，相與出穴，臣於茹茹，

〔註 55〕李延壽，《北史》（臺北，鼎文書局，民國 74 年 3 月出版）卷 98〈蠕蠕傳〉，頁 3257～3267。

〔註 56〕令狐德棻等，前引書，卷五十〈異域突厥傳〉，頁 908。

〔註 57〕李延壽，前引書，卷九十四〈西域高昌傳〉，頁 3212。云：「（高昌）北有赤石山，山北七十里有貪汗山，夏有積雪。此山北，鐵勒界也。」貪汗山，即位於今新疆吐魯番盆地北界的博格多鄂拉山一帶。

〔註 58〕無名氏撰、酈道元注、楊守敬、熊會貞疏，《水經注疏》（江蘇古籍出版社，1989 年 6 月出版）卷二〈河水〉，頁 108～109。

居金山之陽，爲茹茹鐵工。〔註59〕

金山，即阿爾泰山。由上述記載，可知這是突厥有史以來的第二次大遷徙，遷居於阿爾泰山之南，役屬於柔然，並爲其鍛鐵工。鍛鐵手工業原爲突厥之所長，並已相當的發達。

其後由於柔然等族鐵器需求量大，阿爾泰山山麓礦苗顯然不敷使用，乃從葉尼塞河一帶點戛斯地區運來大量的「迦沙」鐵苗，經過鍛冶以後，製爲「絕犀利」的兵器和用具。《新唐書》卷二一七〈點戛斯傳〉云：

（點戛斯）有金、鐵、錫，每雨，俗必得鐵，號迦沙，爲兵絕犀利，

常以輸突厥……。〔註60〕

由上述，可知在西元五、六世紀時，北亞地區除劍水流域和天山南北麓的鍛鐵業外，在阿爾泰山之陽，突厥人又發展出另一個鍛鐵業的中心。六世紀初年以前，由於突厥仍役屬於柔然，在這種剝削的從屬關係下，也就限制突厥鍛鐵手工業的發展。但自從脫離柔然的羈絆以後，突厥在鍛鐵手工業方面發展迅速，其產品除供應國內所需以外，更已作爲商品，而與西魏等中原國家及西域等國進行交易。如《周書》卷五十〈異域突厥傳〉云：

（突厥）其後曰土門，部落稍盛，始至塞上市繒絮，願通中國。（西

魏文帝）大統十一年，太祖遣酒泉胡安諾槃陁使焉。其國皆相慶曰：

「今大國使至，我國將興也。」十二年，土門遂遣使獻方物。〔註61〕

突厥阿史那土門始與西魏發生貿易關係，至魏邊塞「市繒絮」，並遣使貢方物，顯見當時兩國互市，係「以物易物」之方式進行，突厥以其馬、牛、羊等畜產品，及鍛鐵製品等，交換中國之繒絮等絲織品。

《周書》卷二七〈宇文測傳〉又云：

每歲河冰合後，突厥即來寇掠……。（西魏文帝大統八年）十二月，

突厥從連谷入寇，去界數十里。測命積柴之處，一時縱火，突厥謂

有大軍至，懼而遁走，自相蹂踐，委棄雜畜及輜重不可勝數。測徐

率所部收之，分給百姓。〔註62〕

上文所述突厥遁走沿途拋棄之「輜重」，即包括南侵西魏所用之鐵製兵器及戰

〔註59〕令狐德棻等，前引書，卷五十〈異域突厥傳〉，頁907。

〔註60〕歐陽修、宋祁，《新唐書》（臺北，鼎文書局，民國74年2月發行）卷217〈點戛斯傳〉，頁6147。

〔註61〕同註56。

〔註62〕令狐德棻等，前引書，卷二十七〈宇文測傳〉，頁454。

具等，而突厥與中原國家交易的商品，即包括其鍛製的鐵器和牲畜等，輸入的商品則有中原國家的絹、帛等絲織品。這種交易行爲是互利的，故當西魏遣使通好突厥時，突厥上下皆額手稱慶相告曰：「大國使至，我國將興也」，這意謂著突厥鍛鐵製品、牲畜等，將銷售於中國，致富可期。同時這種交易對於中原國家也是有利的，所以西魏即於文帝大統十一年（545）遣使至突厥，正式答應他們互市的要求。

其次，關於當時突厥的鍛鐵製品，如何銷售於西域各國，史籍殊少記載，惟自突厥建國以後，尤其是西突厥人經常攜帶他們鍛製的鐵器，到中亞各地兜售，此事正巧爲東羅馬帝國的使臣蔡馬庫斯（Zemarchus）於途中遇到。東羅馬史家梅南寶（Memander Protector）記載西突厥可汗與東羅馬皇帝通聘事甚詳，梅氏載其事云：

> （西突厥）既遣使哲斯丁皇帝（Emperor Justin），願與羅馬定約修好。皇帝乃亦決意遣使往彼國報聘。於簡選……蔡馬庫斯當其任。行裝既備，乃於哲斯丁即位第四年（568）之末……，起程往東方。行多日，蔡馬庫斯及其從人抵索格底亞。既下馬，有突厥人攜鐵來求售，其意蓋欲示其國有鐵礦也。在彼國製鐵極不易，售鐵者，或欲誇示吾人，惟彼國爲產鐵國也。〔註63〕

索格底亞（Sogdia），意指粟特人居住之處。時突厥兵馬強盛，嚈噠已爲西突厥所征服，故粟特人現轉而臣屬於西突厥。當時西突厥室點密（Sizibul）可汗在位，國內盛產鐵器，又精於鐵作，故除自給自足外，尚可供銷於中國及西域各地。可見突厥的鐵產量必甚爲可觀，故常攜帶鍛鐵製品四處交易求售，以增加其國家收入，突厥汗國遂逐漸興盛起來。

三、交易互市獲利

突厥精於鐵作，國內除盛產鐵製品外，尚有無數的畜產品，包括馬、牛、羊等牲畜，尤以後者爲國內生產及輸出的大宗。突厥初起時，阿史那土門（又名伊利可汗或布民可汗）即經常與西魏互市交易，互通有無。突厥係以其國內盛產的鍛鐵製品及牲畜等，交換中原國家盛產的繒、絮……等絲織品。〔註64〕

〔註63〕張星烺，《中西交通史料彙編》（臺北，世界書局，民國72年5月出版）第一冊〈古代中國與歐洲之交通〉，頁107。

〔註64〕同註56。

因互市關係，解決部分突厥國內日常生活之所需。其次，也因互市關係，彼此和平相處，減少戰爭的威脅，有助於突厥國內的安定與繁榮。阿史那土門乃恃其強盛，終於在西魏文帝大統十二年（546），一舉而擊破鐵勒部族，更於西魏廢帝元年（552），發兵擊敗柔然。〔註65〕

　　總之，突厥汗國之崛起，主要由於六世紀初年塞外形勢已全然改觀，柔然因國內汗位繼承之爭，產生內鬨，及羈屬之高車諸部相繼叛離，柔然國力大為削弱，乃予突厥可乘之機；加以突厥精於鐵作，鍛鐵製品與中原及西域等國交易，因此國力激增，國勢強盛，卒於木杆可汗在位時，一舉而擊滅柔然。

第三節　草原遊牧民族之特性

　　突厥原是鐵勒部落聯盟中之一族，以遊牧為業，原居於金山（即阿爾泰山）之南，臣屬於柔然，並為其鐵工，〔註66〕至西元六世紀中葉乃逐漸興起，其生活方式與一般草原遊牧無異。《隋書》卷八十四〈北狄突厥傳〉載云：

> 其俗畜牧為事，隨逐水草，不恒厥處。穹廬氈帳，被髮左衽，食肉
> 飲酪，身衣裘褐，賤老貴壯……。善騎射，性殘忍……。候月將滿，
> 輒為寇掠……。父兄死，子弟妻其群母及嫂……。敬鬼神，信巫覡，
> 重兵死而恥病終，大抵與匈奴同俗。〔註67〕

以上所述，乃是漠北遊牧民族的共同特性。草原遊牧民族以畜牧為生，牲畜為其主要財富，也是遊牧國家興衰的準據。突厥的畜牧業非常發達，木杆及佗鉢可汗皆「控弦數十萬」，〔註68〕沙鉢略可汗「控弦之士四十萬」，〔註69〕始畢可汗亦有騎兵數十萬〔註70〕……等，如此龐大的騎兵隊伍，人們日常生活所需的食用，必須仰賴大量的牛羊等牲畜，方足以供應其所需。隋文帝開

〔註65〕令狐德棻等，前引書，卷五十〈異域突厥傳〉，頁908～909。
〔註66〕同註59。
〔註67〕魏徵等，《隋書》，卷八十四〈北狄突厥傳〉，頁1864。
〔註68〕一、令狐德棻等，前引書，卷九〈阿史那皇后傳〉，頁143～144。載木杆可
　　　　汗「滅茹茹之後，盡有塞表之地，控弦數十萬，志陵中夏。」
　　　　二、魏徵等前引書，卷八十四〈北狄突厥傳〉，頁1865。載佗鉢可汗「控弦數
　　　　十萬，中國憚之，周、齊爭結姻好，傾府藏以事之……。」
〔註69〕魏徵等，前引書，卷八十四〈北狄突厥傳〉，頁1866。
〔註70〕魏徵等，前引書，卷四〈煬帝紀〉，頁89。

皇八年（588），突厥部落大人一次即貢馬萬匹，羊二萬口，駝、牛各五百頭，〔註71〕可見突厥畜牧業的發達，故開皇十九年（599）啓民可汗自言，突厥人的羊馬「遍滿山谷」，〔註72〕洵非虛言。

漠北草原遊牧民族的經濟，是不穩定的，因其生活方式是以逐水草而居，居處無常，故抵抗自然災害的能力極弱，一遇風災雨雪，嚴寒旱疫，牲畜便大量死亡，其結果勢必造成國家之衰亡。《隋書》卷八十四〈北狄突厥傳〉載隋文帝譴責沙鉢略可汗的詔書云：

> ……（突厥）種類資給，惟藉水草，去歲四時，竟無雨雪，川枯蝗暴，卉木燒盡，饑疫死亡，人畜相半。舊居之所，赤地無依，遷徙漠南，偷存咎刻……。〔註73〕

突厥因平時並無儲存糧草，故國內一旦遭遇四時無雨雪等天然災害，人畜饑疫，便相繼死亡，束手無策，只得「粉骨爲糧」〔註74〕以充飢，以致造成國內人畜死亡過半的慘狀。唐貞觀三年（629）頡利可汗在位時，亦曾發生「頻年大雪，六畜多死，國中大餒……。」〔註75〕的情形，於是突厥國力驟衰，形成貞觀四年（630）爲太宗擊敗的重要原因。這種經濟上的不穩定性，在政治上極易造成政權的驟興驟衰和忽強忽弱等現象，故唐朝使臣鄭元璹於貞觀三年（629）出使突厥返國後，曾奏言：「突厥興亡，唯以羊馬爲準……。」〔註76〕即是一最佳的寫照。

其次在婚姻方面，草原遊牧民族的婚姻方式，一般是具有多元特性的，即以突厥爲例。一是在死者會葬處選擇相悅愛的對象，二是採行收繼婚的習俗。《周書》卷五十〈異域突厥傳〉云：

> ……死者，停屍於帳……。擇日，取亡者所乘馬及經服用之物，幷屍俱焚之……。是日也，男女咸盛服飾，會於葬所。男有悅愛於女者，歸即遣人娉問，其父母多不違也。父兄伯叔死者，子弟及姪等妻其後母、世叔母及嫂，唯尊者不得下淫……。〔註77〕

〔註71〕魏徵等，前引書，卷八十四〈北狄突厥傳〉，頁1871。
〔註72〕魏徵等，前引書，卷八十四〈北狄突厥傳〉，頁1873。
〔註73〕魏徵等，前引書，卷八十四〈北狄突厥傳〉，頁1867。
〔註74〕魏徵等，前引書，卷八十四〈北狄突厥傳〉，頁1868。
〔註75〕劉昫等，前引書，卷一九四〈突厥傳〉，頁5159。
〔註76〕劉昫等，前引書，卷六十二〈鄭善果傳附鄭元璹〉，頁2380。
〔註77〕令狐德棻等，前引書，卷五十〈異域突厥傳〉，頁910。

由上所述，可知突厥人的擇偶方式，係選在死者會葬處，青年男女盛裝服飾，彼此有相悅愛中意者，返家後男方即遣人前往提親，在這種擇偶方式之下，女方父母一般多不拒絕。這種擇偶方式，反映出草原遊牧民族婚姻的特性，因遊牧民族的生活是分散的、移動的，男女之間平時缺乏固定的社交場合和機會，成親不易，於是會葬處便提供物色對象的絕佳時機與地點。

其次，草原遊牧民族普遍實行一種收繼婚的習俗，即父、兄和伯、叔死後，子、弟及侄輩等得妻其後母、寡嫂及伯、叔母等，惟限制長輩不得娶晚輩之女為妻。這種烝母（指後母）、報嫂的烝報婚制，普遍實行於匈奴、烏孫和突厥等塞外遊牧民族，〔註78〕其用意乃在維持本族的人口和勢力，兼具提高本族生產力的經濟意義。

另外，漠北遊牧民族的宗教信仰，一般都信奉薩滿教，此種宗教信仰普遍流行於遊牧民族的社會中。薩滿教教義是把宇宙分為三界：天堂上界，諸神所居；地面為中界，人類所居；地獄為下界，惡魔所居。而負責溝通人、神關係及怯除惡魔的男巫，則稱為「薩滿」。〔註79〕薩滿之義，本為因興奮而狂舞不息之人，施法為人治病驅魔時，口唸咒語，手足舞蹈，以鬼神附身，以其為人、神媒介之代言人。

信仰薩滿教的另一種表現方式，乃是崇敬日出，祭拜祖先及天神、地祗。《周書》卷五十〈異域突厥傳載〉：

> ……可汗恆處於都斤山，牙帳東開，蓋敬日之所出也。每歲率諸貴人，
> 祭其先窟。又以五月中旬，集他人水，拜祭天神。於都斤四五百里，
> 有高山迴出，上無草樹，謂其為勃登凝黎，夏言地神也……。〔註80〕

於都斤山（Ütukan），位於今鄂爾渾河上游，外蒙古杭愛山之北，為突厥阿史

〔註78〕　一、司馬遷，《史記》（臺北，鼎文書局，民國75年10月出版）卷110〈匈奴〉，頁2879。

載云：匈奴「父死，妻其後母；兄弟死，皆取其妻妻之。」此即典型的烝報婚制，與突厥相同。

二、班固，《漢書》（臺北，鼎文書局，民國75年10月出版）卷九十六〈西域烏孫國傳〉，頁3903～3904。載烏孫昆莫王妻漢江都王建之公主細君，昆莫年老，乃使其孫岑陬妻公主，即是烝報婚之例證。

〔註79〕　丹麥·湯姆森（V. Thomsen）著、韓儒林譯，〈蒙古古突厥碑文導言〉（北平，中華書局，1987年7月出版）收錄於《突厥與回紇歷史論文選集》（上），頁472～473。

〔註80〕　同註77。

那土門建國以來的汗庭所在地。突厥人對於天地、明月、山川、雷電……等自然現象之神，是極為崇拜和敬畏的，匈奴等北方遊牧民族均有此信仰，匈奴「五月，大會龍城，祭其先、天地、鬼神……。而單于朝出營，拜日之始生，夕拜月……。」〔註81〕可知塞外草原遊牧民族的宗教信仰，大都同屬自然崇拜的類型。

占卜吉凶，也是信仰薩滿教的另一種表現形式。唐武德三年（620），處羅可汗謀攻取幷州，以安置楊正道，曾先占卜吉凶。《新唐書》卷二一五〈突厥傳〉載云：

> ……（處羅可汗）謀取幷州置楊正道，卜之，不吉，左右諫止，處羅曰：「我先人失國，賴隋以存，今忘之，不祥。卜不吉，神詎無知乎？我自決之。」會天雨血三日，國中犬夜群號，求之不見，遂有疾……。〔註82〕

由上所述，可知處羅可汗並未相信這次占卜的效驗，但他終究是為了決疑而占卜。又如，安祿山母阿史德氏，亦突厥巫師，以卜為業。〔註83〕可見突厥人普遍相信占卜之術，而且上層統治階級亦不例外，阿史那思摩「善占對」，〔註84〕即是一例。

草原遊牧民族的另一重要特色即是善騎射，因此具有高度的運動力，能在短時間內調集兵力，出其不意的攻擊敵人，極富機動性。《漢書》卷五十二〈韓安國傳〉載，匈奴「至如猋風，去如收電」，〔註85〕突厥亦具有「倏來忽往，雲屯霧散」〔註86〕的特性，故在戰爭上常居於主動。中原國家則反是，人們行定居的農耕生活，一離開耕地、住地，即造成生活上的不便。而草原遊牧民族為了避免一年中固定的嚴寒和酷暑，人和牲畜必須隨著冬、夏季節的不同而移動。其次，因沒有一片草原經得起長時期的利用，這也是造成草原遊牧民族必須經常移轉的原因。因此，土地所有權的觀念，對草原遊牧民族而言，並不重要；然而對定居的中原國家而言，土地所有權則是他們安居樂業和財富的象徵。

〔註81〕司馬遷，前引書，卷一一〇〈匈奴傳〉，頁2892。
〔註82〕歐陽修、宋祁，前引書，卷二一五〈突厥傳〉，頁6029。
〔註83〕劉昫等，前引書，卷二〇〇〈安祿山傳〉，頁5367。
〔註84〕歐陽修、宋祁，前引書，卷二一五〈突厥傳〉，頁6039。
〔註85〕班固，前引書，卷五十二〈韓安國傳〉，頁2401。
〔註86〕魏徵等，前引書，卷三十七〈梁睿傳〉，頁1128。

　　草原遊牧社會的社會結構與政治組織，也與中原農業社會不同。前者之社會是以血緣而結合的團體，社會結構具有階級性，一切講求「以力服人」的領導，各部族團結並服從於大可汗（或單于）之領導，大可汗亦常分封其子弟或近親爲小可汗，形成一種大、小可汗併存的采邑分國制，突厥即是一顯例。上述小可汗雖擁有節制一方之權，惟仍須聽命於樹牙在於都斤山的中間大可汗。匈奴亦採行類似的統治方式，即在單于統治下，採行左、右分國之統治，〔註87〕這是遊牧社會統治機能的重要特色。

　　上述遊牧行國，其基本構成單位是血緣團體中的氏族，若干氏族結合而成爲部族，若干部族又結合在一個強有力的「可汗」領導下，形成獨立汗國的整體；而後者則是以「郡縣制」的行政體制，來維繫整個國家組織的大架構迥然而異。

　　最後，草原遊牧民族各個部落團體間，彼此爲了保護牲畜及牧地分配和使用權，常彼此聯合行動，隨時防備外人的侵襲，所以平時遊牧的生活，即是一種戰鬥的生活；而與中原國家講求和平相處、止戈爲武的原則恰恰相反，故先天的戰鬥性，乃是塞外草原遊牧民族的特質所在。

　　以上所述，乃塞外草原遊牧社會最顯著的特徵，唯其具有如許不同的差異，才能於農業文化之外自行建立一套遊牧行國的文化，然此遊牧文化並非具有獨立性的、特立獨行的，常與農業文化因彼此互動的關係和互補上的需求，而產生相互的影響。

〔註87〕司馬遷，前引書，卷一一○〈匈奴傳〉，頁2890。載匈奴採左右分國之統治方式，「置左右賢王、左右谷蠡王、左右大將、左右大都尉、左右大當戶、左右骨都侯。匈奴謂賢曰『屠耆』，故常以太子爲左屠耆……。」頗似突厥之四部分國制。

第三章　突厥與中原國家之軍事衝突及我方備邊之道

第一節　概　說

　　自西元六世紀中葉突厥崛起以後，不論在政治、經濟或軍事、外交上，自始即與中原國家關係密切，使者往來及通頁互市等關係頻繁。平時雙方和平交往者，固亦有之，然亦不乏戰時兵戎相見者，其中不時南侵尤其嚴重影響中國的安全。歷來中外學者各從不同的觀點剖析外族入侵中國的因素，亦各得其要，切中肯綮，然各族入侵的情況及目的不同，須作個別的探討，始易明其歷史眞象。如以突厥而論，突厥爲患於中國，就其入侵的情形分析，其所發動的戰爭乃一種局部性的掠奪戰，而非全面性的征服戰型態，往往於虜掠後即行退回塞外草原，其入侵動機主要可歸諸於草原遊牧經濟型的需求，及爲加強對內統治權力等因素，而與始終以征服王朝的姿態攻佔土地，甚或具有入主中原的野心迥然不同。其次，亦有以中國本位主義爲出發點，言外族天性嗜利來解釋夷狄的入侵。〔註1〕唐代魏徵尙謂：「匈奴（指突厥）人面獸心，非我族類，強必寇盜，弱則卑服，不顧恩義，其天性也。」〔註2〕

〔註1〕 蕭啓慶，〈北亞遊牧民族南侵各種原因的檢討〉（臺北，食貨月刊社，民國61年3月15日出版）收錄於《食貨月刊復刊》第一卷第十二期，頁2。
　　　 主張外族天性嗜利說，這是中國農業社會中傳統的看法，是出於激情的指責，而不是理智的分析。這種看法以遊牧民族天性貪婪，傾於盜竊，故以掠奪爲業，都是忽略了遊牧社會的經濟特性。
〔註2〕 劉昫等，《舊唐書》（臺北，鼎文書局，民國74年3月出版）卷一九四〈突厥傳〉，頁5162。

這種觀點忽略了遊牧民族的經濟特性，值得商榷。故突厥南侵的動機，極爲複雜，非單一的因素所可解釋清楚的。以下謹就突厥南侵的動機、南侵的路線及入侵次數的統計，以及中原國家備邊之道等方面，加以研究，以明突厥與中原國家軍事衝突的全貌。

第二節　突厥南侵之動機

一、經濟因素

　　突厥南侵的動機，並非單一因素所造成的，其中最主要原因乃在經濟因素。因突厥的經濟生活主要建立在「隨水草遷徙，以畜牧射獵爲務」〔註3〕的草原遊牧生活上，馬、牛、羊等牲畜爲其主要財富，衣、食等生活方面，頗似匈奴，「人食畜肉，飲其汁，衣其皮。」〔註4〕由於各遊牧社會的生產物大體相同，故對內並無相互交換的必要，但對外卻有此需求。雖然突厥已略具農耕的雛型，但農業在整個經濟生活中的份量，卻微不足道，〔註5〕故需向農業國家交換或掠奪其所需的農業物資。若在無法以通貢、互市等和平方式，換取其所需的繪絮、農產品等物資的情況下，則唯有訴諸武力，發兵南下抄掠。由於北亞遊牧民族的物資條件，不如南方中原國家豐厚，故往往需求甚殷。《周書》卷五十〈異域突厥傳〉云：

> （突厥可汗）其後曰土門，部落稍盛，始至塞上市繪絮，願通中國。
>
> 大統十一年，太祖遣酒泉胡安諾槃陀使焉。其國皆相慶曰：「今大國使至，我國將興也。」〔註6〕

突厥數傳至土門可汗以後，國力逐漸強盛，由於物資上的需求，開始與農業國家發生貿易關係，互通有無。西魏文帝允其通商互市的要求，並正式於大

〔註3〕令狐德棻等，《周書》（臺北，鼎文書局，民國76年2月出版）卷五十〈異域突厥傳〉，頁909。

〔註4〕司馬遷，《史記》（臺北，鼎文書局，民國75年10月出版）卷一一〇〈匈奴傳〉，頁2900。

〔註5〕陳慶隆，〈突厥族的農耕〉（臺北，中央研究院，民國70年10月出版）收錄於《中央研究院國際漢學會議論文集》，頁795。
蕭啓慶，前引文，頁2。
唐際，突厥已略具農耕的雛型，它是以後遊牧農耕的基礎及轉變爲農耕定居社會的踏腳石。

〔註6〕令狐德棻等，前引書，頁908。

統十一年（545），派遣使者酒泉胡安諾槃陀前往報聘，磋商關市細節，突厥因此得以獲得其所需的物資，以滿足國內生活所需，故突厥上下皆額手稱慶，誇言國家強盛可期。

遊牧民族爲取得中原國家物資的方式很多，例如：入貢、賞賜、互市、和親和納幣等即是，突厥亦然。北周武帝時因與突厥和親，故北周待以優禮，並厚賜之，「歲給繒絮錦綵十萬段」。〔註7〕以此數量的賜與，尚無法滿足其國內所需，仍以激烈的軍事掠奪，以達成其目的。一旦汗國發生旱災、瘟疫等重大災害，足以影響其國內人民生計時，突厥爲求生存，乃縱兵入寇，大肆掠奪，因而造成中國西北地區「六畜咸盡」〔註8〕的慘狀。《隋書》卷八十四〈北狄突厥傳〉載隋文帝詔書云：

> ……（突厥）每冬雷震，觸地火生，種類資給，惟藉水草。去歲四
> 時，竟無雨雪，川枯蝗暴，卉木燒盡，饑疫死亡，人畜相半。舊居
> 之所，赤地無依，遷徙漠南，偷存旦刻。〔註9〕

隋文帝時，突厥國內因發生旱蝗爲災，造成赤地千里，人畜饑疫死亡大半，這是因突厥國內發生饑饉而引起入寇的經濟動機。

至於突厥寇掠地區，《隋書》同卷又載云：

> ……（突厥）由是悉眾爲寇，控弦之士四十萬。上令柱國馮昱屯乙
> 弗泊，蘭州總管叱李長叉守臨洮，上柱國李崇屯幽州，達奚長儒據
> 周槃，皆爲虜所敗。於是縱兵自木硤、石門兩道來寇，武威、天水、
> 安定、金城、上郡、延安六畜咸盡。〔註10〕

突厥由中國西北入侵，志在掠奪物質，政治上之目的，尚在其次；往往在飽掠之後，即行遁去，以致造成武威、天水等地，六畜咸盡。

遊牧民族以畜牧爲生，隨水草遷徙，故水草豐盛與否，直接影響到牲畜的繁殖數量，亦影響到突厥國內人民的生計。尤其每年「至十月初，胡地隆冬，草枯泉涸」〔註11〕之際，國內人馬，不耐酷寒，基於物資上的需求，輒

〔註7〕令狐德棻等，前引書，頁911。

〔註8〕魏徵等，《隋書》（臺北，鼎文書局，民國76年5月出版）卷八十四〈北狄突厥傳〉，頁1866。

〔註9〕魏徵等，前引書，頁1867。

〔註10〕同註8。

〔註11〕陳子昂，《陳伯玉文集》（臺北，臺灣商務印書館，民國64年6月發行）收錄於《四部叢刊初編》第三十五冊，卷九〈諫曹仁師出軍書〉，頁86。

悉眾為寇。其次，「塞北霜早，糧餱乏絕」，〔註12〕亦為突厥南侵的重要因素。
塞北地區，每遇秋冬之際，水草枯竭，突厥則南下抄掠。這種情形中原人士
知之甚稔，每每上疏切言，呼籲國人預為因應。《全唐文》卷二七八，載甯原
悌論時政疏云：

> ……今聞點虜擅命，堅昆、婆葛養精蓄銳，以南為多事，而人戶全
> 虛，府庫半減。倘或後歲之始，來秋之末，良弓漸勁，塞草將衰，
> 朔、代交鋒，靈、夏受敵，中國將何辛應哉？伏願共天下以禦匈奴，
> 率王公以憂邊事……。〔註13〕

甯原悌，睿宗朝官太子洗馬，玄宗先天元年（712）由諫議大夫遷為嶺南道宣
勞使。他洞悉北方遊牧民族每至秋冬之際，塞草將衰，即其南侵之時，突厥
也不例外。

突厥諸部之背叛或南侵，與其國內經濟狀況，有極為密切的關係。若遇
國內癘疫流行，或頻年大雪，羊馬牲畜盡死，則造成其國內之饑饉，在用度
不足的情況，勢需重斂諸部，由是下不堪命，乃造成突厥諸部背叛或南侵的
重要原因。《舊唐書》卷一九四〈突厥傳〉云：

> 貞觀元年，陰山已北薛延陀、回紇、拔也古等餘部皆相率背叛，擊
> 走其欲谷設。頡利遣突利討之……。其國大雪，平地數尺，羊馬皆
> 死，人大饑……引兵入朔州。
> ……（貞觀）三年，薛延陀自稱可汗于漠北……。（突厥）頻年大雪，
> 六畜多死，國中大餒，頡利用度不給，復重斂諸部，由是下不堪命，
> 內外多叛之。〔註14〕

太宗貞觀三年（629）以前，塞外地區氣候酷寒，雪災嚴重，造成突厥「六畜
多死，國中大餒」，國內經濟情況窘困，因此頡利可汗乃頻年入寇，劫掠中原
物資，目的即在解決國內日益嚴重的經濟問題，這也是造成貞觀四年（630）
突厥汗國覆亡的重要原因。

突厥南侵中原農業國家，經濟上的誘因實佔主要的因素，如高祖武德七
年（624），頡利、突利二可汗曾自原州（今甘肅省固原縣）入寇，侵擾關中，

〔註12〕劉昫等，前引書，卷六八〈張公謹傳〉，頁2507。
〔註13〕清仁宗敕製，《全唐文》（臺北，臺灣大通書局，民國68年7月出版）卷二七
　　　　八，頁3568。
〔註14〕劉昫等，前引書，卷一九四〈突厥傳〉，頁5158～5159。

當時有人勸高祖云：「衹爲府藏子女在京師，故突厥來，若燒卻長安而不都，則胡寇自止。」〔註15〕這充分說明突厥之來，即著眼於關中地區豐富的資源等特定目的而來，初並未有政治上的企圖，後因太宗獨排眾議，遷都之議始不果行。

二、環境形成

　　突厥南侵的最佳時機，輒選擇在秋冬之際。唐武宗時，杜牧上宰相書論兵事時，曾言及：「胡戎入寇，在秋冬之間，盛夏無備，宜五六月中擊胡爲便。」〔註16〕杜牧在上述上書中，很明顯地指出胡人南侵時機，總選擇「在秋冬之間」，其原因頗值得吾人加以研究。首先在中國農作季節的時序上，秋冬之際，正屬農作物秋收冬藏的季節，也正是邊疆牧民族寇掠的最佳時機。《舊唐書》卷一○四〈哥舒翰傳〉即載云：

　　……先是，吐蕃每至麥熟時，即率部眾至積石軍穫取之，共呼爲「吐蕃麥莊」，前後無敢拒之者。〔註17〕

積石軍，隸屬隴右東道，位處中國西境，與吐谷渾接壤。吐蕃每趁積石軍「麥熟」秋收時節，即率眾前來掠取之。突厥亦同，每趁中原國家收成季節，南侵劫掠其所需的物資。

　　至於秋冬之際的最佳時機，當選於河川冰凍之後，以利大隊人馬之通行，無虞河川之阻隔。《周書》卷二十七〈宇文測傳〉云：

　　（西魏文帝大統）八年，加金紫光祿大夫，轉行綏州事。每歲河冰合後，突厥即來寇掠，先是常預遣居民入城堡以避之。測至，皆令安堵如舊……。是年十二月，突厥從連谷入寇，去界數十里……。

　　〔註18〕

由上所述，可知突厥每屆歲暮隆多之際，河川開始冰凍，即南下寇掠，此時正值中國秋收後多藏季節，突厥前來寇掠，無不如願。主其事者總想盡辦法，防止突厥南下寇掠，宇文測乃令州民不動聲色，而於州境要路積柴，斥候偵知其動靜後，一時縱火，突厥乃驚懼遁走，自是不敢復至，並於緣邊置戍兵，以防其南犯。武后聖曆初，河北地區亦常有突厥入寇，故當地居民每每「方

〔註15〕劉昫等，前引書，卷二〈太宗紀〉，頁29。
〔註16〕劉昫等，前引書，卷一四七〈杜佑傳附杜牧〉，頁3986。
〔註17〕劉昫等，前引書，卷一○四〈哥舒翰傳〉，頁3212。
〔註18〕令狐德棻等，前引書，卷二十七〈宇文測傳〉，頁454。

秋而修城不輟」，〔註19〕「修城」目的，即在遏止突厥南犯。可見「方秋」時間，正是突厥蠢蠢欲動的時機，延至深冬，亦屬常情。

　　邊疆胡族每乘秋冬之際，入寇中原的情形極為普遍。如玄宗開元三年（715），突厥默啜可汗為九姓所殺，其下酋長多款塞降附，唐乃安置降眾於河曲之內。時并州大都督府長史王晙上疏，認為安置此輩降虜，日月漸久，姦詐逾深，窺邊間隙，必為邊患。建議「至秋冬之際」，〔註20〕令朔方軍盛陳兵馬，告其禍福，啗以繒帛之利，給程糧遷置於淮南、河南等寬鄉之地；否則，「留待河冰，恐即有變」。〔註21〕又如唐敬宗時，「羌虜多以秋月犯西邊」，〔註22〕高崇文子承簡，時為邠、寧、慶等州節度觀察處置等使，乃請戍軍寧州，以防備羌虜入犯。以上所述，皆說明邊疆胡族，每乘中原國家秋收冬藏時節，河川冰合後，以利其渡河南下犯邊劫掠。

　　盛唐大詩人李白有感於胡虜每乘深秋南犯，漢家郎必須遠戍邊關，乃吟「塞下曲」一則云：

　　　塞虜乘秋下，天兵出漢家。將軍分虎竹，戰士臥龍沙。

　　　邊月隨弓影，胡霜拂劍花。玉關殊未入，少婦莫長嗟。〔註23〕

李白對於胡人南侵是相當痛恨的，由於戰爭所造成的生離死別，在當時是屢見不鮮的。無數出征戰士的家室，長期忍受在思念親人的痛苦中生活著，李白《塞下曲》中安慰青春少婦這種難以排遣與征夫別離的愁緒，可謂淋漓盡致。

　　中國北方邊境，山川阻隔，尤其每屆寒冬河川冰凍，利於胡騎通行，縱兵其上。如《通典》卷一九八〈邊防典北狄突厥傳〉云：

　　　……（睿宗）景雲二年三月，張仁愿於河北築三受降城。先是朔方
　　　軍北與突厥以河為界，河北岸有拂雲祠，突厥將入寇，必先詣祠祭
　　　酹求福。因牧馬料兵，候冰合渡河。〔註24〕

上述睿宗景雲二年（721），突厥於河川未結冰以前，先勒兵伺候，乘機牧馬，

〔註19〕劉昫等，前引書，卷九十一〈敬暉傳〉，頁2932。

〔註20〕劉昫等，前引書，卷九十三〈王晙傳〉，頁2987。

〔註21〕同上。

〔註22〕劉昫等，前引書，卷一五一〈高崇文傳〉，頁4054。

〔註23〕李白，〈塞下曲〉（臺北，臺灣中華書局，民國55年3月出版）收錄於《李太白詩集》卷五，葉9。

〔註24〕杜佑，《通典》（臺北，臺灣商務印書館，民國76年12月發行）卷198〈邊防典北狄突厥傳〉，頁1074。

以候冰合時機始渡河。先時，突厥受限於河水未全結冰，而不可渡。又如玄宗開元十一年（723）冬，舉行郊祀之禮，玄宗追錄王晙有破胡之功，乃追其赴京參與大典，「晙以時屬冰壯，死虜騎乘隙入寇」，〔註25〕上表辭不赴行。由此可知塞外遊牧民族，常趁中原農業國家河水冰凍後，始便入寇。

　　塞外遊牧民族，往往善於把握有利的自然天候條件入侵，中原士人瞭如指掌。如《全唐文》卷一七三載高宗時，鴻臚丞張鷟之判策云：

　　……虜騎擾於邊庭，月滿兵強，胡笳匝於荒徼，五千深入……。將
　　軍宋敬，狀被差防河，恐冰合賊過，請差州兵上下數千里椎冰，庶
　　存通鎮。〔註26〕

由上述，可知唐將宋敬奉派負責巡防河道之任務，惟恐河冰凍結後，正合胡騎通行，乃請差遣州兵搥擊截斷河冰，以遮斷胡騎前進之路。

　　然北方遊牧民族南渡時，往往受限於河川溪谷，有時乘冰渡河至半渡而冰陷，故每俟寒冬河冰完全凍結，才是其渡河南侵的最佳時機；否則，必須另謀對策，以克服此項天候上的障礙。《魏書》卷一〈序紀〉云：

　　（拓跋什翼犍建國）三十年冬十月……。時河冰未成，帝乃以葦絙
　　約渰，俄然冰合，猶未能堅，乃散葦於上，冰草相結，如浮橋焉。
　　眾軍利涉，出其不意……。〔註27〕

魏昭成帝（什翼犍）建國三十年（367）冬十月，征劉衛辰，時河冰尚未完全凍結堅固，不利於騎兵通行，帝乃以葦繩維繫冰雪，並舖葦草於其上，冰草相結，猶如浮橋，大隊人馬始得渡，顯然這是自然因素影響行軍的著例。

　　其次在時間上而言，遊牧民族入侵的最佳時機，總選擇在「月滿」時分。〔註28〕換言之，每月十五日左右月圓之時，視野最佳，最有利於胡人掠奪其所需的物資。武后長安二年（702），突厥默啜可汗率眾至并州，「至十五日夜，

〔註25〕劉昫等，前引書，卷九十三〈王晙傳〉，頁2989。

〔註26〕張鷟，「將軍宋敬，狀被差防河，恐冰合賊過，請差州兵，上下數千里椎冰，
　　　　庶存通鎮。」之判策（見《全唐文》，臺北，臺灣大通書局，民國68年7月
　　　　出版）卷一七三，頁2229。

〔註27〕魏收，《魏書》（臺北，鼎文書局，民國76年5月出版）卷一〈昭成皇帝序紀〉，
　　　　頁15。

〔註28〕裴漼，〈奉和御制平胡〉（臺北，明倫出版社，民國60年10月出版）收錄於
　　　　《全唐詩》卷一○八，頁1115。詩云：「……忽聞窺月滿，相聚寇雲中……。」
　　　　又如張鷟（出處同註26，頁2228）之判策云：「……虜騎擾於邊庭，月滿兵
　　　　強，胡笳匝於荒徼，五千深入……。」

月蝕盡，賊並退盡。」〔註29〕上言默啜可汗趁「十五日夜」月明時分，率眾至幷州寇掠，而伺「月蝕盡」月黑即退軍，這是突厥善於利用最有利的天候條件入侵。又《舊唐書》卷九十八〈魏知古傳〉載其諫言曰：

> ……又突厥爲患，其來自久，本無禮儀，焉有誠信……。弱則卑順，強則驕逆。屬草衰月滿，弓勁馬肥，乘中國飢虛，在和親際會，倘或窺犯亭障，國家何以防之？……睿宗嘉其切直……。〔註30〕

魏知古深知突厥習性，以經濟條件不同，難與和平相處，雖遣使來請婚，一至「草衰月滿，弓勁馬肥」之際，誰能保證其不南犯呢？顯見塞外遊牧民族善於利用自然界天候及季節上的變化寇邊，當時中原士人，知之甚稔。

中國邊疆遊牧民族，在入侵的時機上，有其共通性。即以匈奴爲例，同爲「舉事而候星月，月盛壯則攻戰，月虧則退兵。」〔註31〕他們也選擇在夜間「月盛壯」時攻戰，而不選擇日間攻戰，顯然是乘人於夜間不備時，劫掠其所需的物資，並配合中國「秋收冬藏」的農作時序，其劫掠更爲豐碩。

其次在氣候適應上，對塞外遊牧民族而言，秋冬季節南下入侵，顯然更能適應。北魏時，柔然經常「冬則徙度漠南，夏則還居漠北」。〔註32〕漠北遊牧民族，經常於秋冬季節南侵，藉以規避漠北冬季的嚴寒，以及無從獵獲，甚且暫時棲息於長城及黃河流域一帶，度過酷寒。一至春季，一部或全部即行北遷，然端視當時中國的強弱而定。〔註33〕突厥每於秋冬南侵，其原因也可作如是觀。

三、政治目的

政治目的，也是促成突厥南侵的原因之一。北朝周、齊二國，每爭好交結於突厥，引爲外援。時木杆可汗許進女於北周武帝，締結和親，並與周連兵伐齊，朝廷允歲給繒絮錦綵十萬段。武帝保定三年（563），乃詔隨公楊忠率眾連突厥伐齊，攻戰不克，木杆可汗遂縱兵大掠而還。〔註34〕在周、齊對

〔註29〕 李昉等，《太平廣記》（臺北，古新書局，民國 69 年 1 月出版）卷一三九〈默啜〉，頁 284。

〔註30〕 劉昫等，前引書，卷九十八〈魏知古傳〉，頁 3063。

〔註31〕 司馬遷，前引書，卷一一○〈匈奴傳〉，頁 2892。

〔註32〕 魏收，前引書，卷一○三〈蠕蠕傳〉，頁 2289。

〔註33〕 沙學浚，〈從政治地理看胡人南下牧馬〉（臺北，臺灣商務印書館，民國 61 年 12 月發行）收錄於《地理學論文集》，頁 81。

〔註34〕 同註7。

立的情況下，上述軍事行動，顯然是由北周所主導，而突厥出兵的目的，利
在財貨。

　　隋末，天下大亂，國人奔走突厥者眾，突厥遂復強盛。薛舉、竇建德、
王世充、劉武周、梁師都、李軌、高開道之徒，雖僭尊號，皆北面稱臣，接
受突厥冊封。〔註35〕突厥成為失意政客與野心家的庇護所；而突厥南犯，華
人往往為之導引獻策。《舊唐書》卷五十五〈薛舉傳〉云：

　　　　（隋煬帝大業十三年）會義兵定關中⋯⋯。舉又懼太宗踰隴追
　　　　之⋯⋯。（郝）瑗又勸舉連結梁師都，共為聲勢，厚賂突厥，餌其戎
　　　　馬，合從并力，進逼京師。舉從其言，與突厥莫賀咄設謀取京師。
　　　　莫賀咄設許以兵隨之，期有日矣。〔註36〕

上載薛舉和梁師都連結突厥莫賀咄設（即後之頡利可汗），謀取京師長安，此
即是華人導引突厥合力入侵中國的奸謀，幸隋都水監宇文歆使於突厥，說止
莫賀咄設出兵，薛舉之謀始不行。

　　隋末，劉武周亦遣使附於突厥，連突厥共擊隋虎賁將王智辯，隋師敗績。
突厥基於自身的利益，極不願見到中國的統一，利於中國的分裂、紛亂，突
厥方能藉機漁利，故突厥立劉武周為定楊可汗，遺以狼頭纛，武周僭稱皇帝，
藉以樹立隋的敵對政權。劉武周引突厥之眾，襲破榆次縣，進陷介州。劉武
周死後，突厥又以苑君璋為大行臺，統其餘眾，仍令郁射設督兵助鎮。苑君
璋又引突厥攻馬邑，後又與突厥合攻太原北境。〔註37〕由此觀之，突厥在軍
事上之所以順利入侵，實得力於華人之導引。其次，因隋末突厥乃啟民之後，
原為隋守北門，對中國之地理情況，甚為熟悉。

　　隋大業末，梁師都亦北連突厥，自稱大丞相，僭即皇帝位，突厥始畢可
汗為拉攏他，亦賜以狼頭纛，號為大度毗伽可汗，其目的在扶值隋之敵對勢
力，以便從中漁利。梁師都乃引突厥入居河南地（今綏遠河套平原一帶），攻
破鹽川郡。唐高祖武德二年（619），梁師都又與突厥之眾數千騎來寇延安，
唐以輕騎出其不意，梁師都大潰。及劉武周敗，梁師都惟恐禍及其身，乃遣
使勸處羅可汗仿魏孝文帝入主中原故事，分路南攻。《舊唐書》卷五十六〈梁
師都傳〉云：

〔註35〕魏徵等，前引書，卷八十四〈北狄突厥傳〉，頁 1876。
〔註36〕劉昫等，前引書，卷五十五〈薛舉傳〉，頁 2246～2247。
〔註37〕劉昫等，前引書，卷五十五〈劉武周傳〉，頁 2253～2256。

……（梁師都）遣其尚書陸季覽說處羅可汗曰：「比者中原喪亂，分爲數國，勢均力弱，所以北附突厥。今武周既滅，唐國益大，師都甘從亡破，亦恐次及可汗。願可汗行魏孝文之事，遣兵南侵，師都請爲鄉導。」處羅從之。謀令莫賀咄設入自原州，泥步設與師都入自延州，處羅入自幷州，突利可汗與奚、霫、契丹、靺鞨入自幽州，合于竇建德，經滏口道來會于晉、絳……。〔註38〕

處羅可汗在梁師都的慫恿下，頗有意仿行「魏孝文之事」，而於中國建立「滲透王朝」。〔註39〕故有計畫地於長城以南緣邊部署，分四路兵南下，梁師都自請爲嚮導，親率中路軍，並指揮其餘三路，全面大舉南犯。幸會兵臨發，遇處羅可汗死，乃止。時値唐初，中國紛擾，尚未統一，突厥分四路軍大舉南下，若一舉而成功，中國歷史勢將改寫。斯時，高祖又發邊兵進擊師都，師都乃求救於突厥頡利可汗，頡利以勁兵萬騎救之。梁師都信讒，殺稽胡大帥劉仚成，於是群情疑懼，多叛師都來降，師都勢蹙，乃往朝頡利，爲陳入寇之計。自此突厥頻年入寇，邊州略無寧歲。高祖武德九年（626），頡利可汗之寇渭橋，亦出諸師都之計。〔註40〕直至太宗貞觀四年（630），頡利可汗被擒，東突厥汗國覆亡。頡利可汗不時入寇，可謂與梁師都之導引獻計，有絕對之關係。

隋末唐初，起兵群雄中依於突厥，引以爲奧援者除薛舉、劉武周和梁師都外，尚有劉季眞、李子和、高開道和徐敬眞等人。

隋末，劉季眞北連突厥，自稱突利可汗，甚爲邊患。〔註41〕李子和送子爲人質，可見其依賴突厥，甘爲死黨，欲以此得突厥保護。《舊唐書》卷五十六〈梁師都傳附李子和〉云：

李子和……。大業末……南連梁師都，北附突厥始畢可汗，並送子爲質以自固。始畢先署劉武周爲定楊天子，梁師都爲解事天子，又以子和爲平楊天子，子和固辭不敢當，始畢乃更署子和爲屋利設。
〔註42〕

〔註38〕劉昫等，前引書，卷五十六〈梁師都傳〉，頁2280。
〔註39〕村上正二著、鄭欽仁譯，〈征服王朝〉（臺北，食貨月刊社，民國69年11月出版）收錄於《食貨月刊復刊》第十卷第八期，頁48。
〔註40〕劉昫等，前引書，卷五十六〈梁師都傳〉，頁2281。
〔註41〕劉昫等，前引書，卷五十六〈梁師都傳附劉季眞〉，頁2282。
〔註42〕同上。

高祖武德六年（623），高開道引突厥寇幽州。﹝註43﹞武后永昌元年（689），又有徐敬業弟敬眞將北投突厥，引虜入寇，行至定州，爲人所覺而止。﹝註44﹞上述突厥南犯之頻繁，皆因華人之導引，他們指引突厥使之得曉中國山川形勢與虛實險要，以及攻守防備之道。此輩政治上的不逞之徒，往往只顧自身的政治利益而殘民以逞，一至統一皆成歷史陳跡。

四、地理因素

　　影響戰爭的因素多而複雜，任一因素都可使戰爭的過程和結果改變，彼此間亦密切關聯，地形的特色亦是其中之一。﹝註45﹞雖然地形對戰爭的影響程度，並非絕對的，但是它對守禦者軍隊的部署、攻擊者路線選擇的預估等方面，卻有重大的影響。故突厥在南侵路線的選擇，便顯得格外的重要。地形平坦的蒙古高原，對於遊牧民族而言，極具國防價值，胡人南下牧馬於長城一帶，經過本區平坦地面，頗爲方便。在如此遼闊的空間上，大部分地形平坦，是標準的「運動空間」。﹝註46﹞遊牧民族戰鬥所資的馬，在這個草原上可以縱橫馳騁，人、馬在生活和戰鬥上可以得到高度的運動力。同時縱深廣，可供集結大量的兵力，有極佳的迴旋空間。而中國北方的國境線長，雙方在攻守態勢上，敵方易攻而我方難守。俟敵方突破我方防守線後，即可長驅直入，選擇對其有利的地形前進。

　　對敵對勢力而言，選擇有利的地形、地勢等地理因素對敵作戰，爲很自然的方式。如高祖武德二年（619），劉武周據太原後，遣宋金剛沿汾水谷地南下，至絳州，陷龍門、蒲州，據有河東地，以致關中震駭。高祖即下手敕曰：「賊勢如此，難與爭鋒，宜棄河東之地，謹守關西而已。」﹝註47﹞其震駭原因乃入侵關中者，多循平坦的汾河谷地南下，而絳州、蒲州爲西入關中除潼關外，爲必經之地。上述河東地形平坦，縱深廣，調集兵力均極方便，故佔有河東後，的確對建都關中者形成極大的威脅。

　　又如，唐初起兵群雄之一的竇建德，率軍救援爲唐師所圍的洛陽王世充，

﹝註43﹞劉昫等，前引書，卷一〈高祖紀〉，頁14。
﹝註44﹞劉昫等，前引書，卷九十〈豆盧欽望傳附張光輔〉，頁2923。
﹝註45﹞克勞塞維茨（Karl Von Clausewitz）著、鈕先鍾譯，《戰爭論》（臺北，軍事譯粹社，民國69年出版）。
﹝註46﹞沙學浚，前引文，頁78。
﹝註47﹞劉昫等，前引書，卷二〈太宗紀〉，頁25。

唐軍迎戰於武牢，不得西進，其部下即曾建議增闢河東戰場，以威脅關中。《舊唐書》卷五十四〈竇建德傳〉云：

> （武德四年）建德數不利，人情危駭……。凌敬進說曰：「宜悉兵濟河，攻取懷州河陽，使重將居守。更率眾鳴鼓建旗。踰太行，入上黨，先聲後實，傳檄而定。漸趨壺口，稍駭蒲津，收河東之地，此策之上也。行此必有三利：一則入無人之境，師有萬全；二則拓土得兵；三則鄭圍自解。」〔註48〕

河東地，乃渭河平原向東延伸之地，即指龍門至潼關黃河以東之平原地。當地地形平坦，可以集結大量兵力，常使建都關中的唐大受威脅。惜此建議因竇建德諸將受賄而未被採行，也加速了竇建德的敗亡。

地形之優劣與否，對戰爭路線之選擇，頗具影響。關中以北較無明顯起伏的崎嶇地形，軍隊便於在平緩的地形上行進，所以歷史上常見塞外遊牧民族，每於秋高馬肥之際，進入關中地區，劫掠其所需的物資。即以隋唐之際，外患入侵爲例，因靈（今寧夏靈武）、鹽（今陝西定邊）二州正位於長城之南，且爲唐所據有，易於防守，故突厥轉而向西之原州（今甘肅固原）附近入侵。〔註49〕顯然原州附近之地形，起伏小，便於胡騎之行進，不似原州西南隴山之高峻險拔，故唐軍每戰皆爲所敗。例如高祖武德七年（624），突厥自原州入侵，威脅及京輔之安全，高祖震懼，曾一度欲遷都，以避「胡寇」。〔註50〕至武德九年（626），事態更爲嚴重，突厥兵鋒曾橫掃畿輔，直逼渭橋，迫使唐太宗與突厥立下「渭水之盟」。〔註51〕

由上述二例，可見原州在地形上的重要性，原州位於隴山東北之山麓地帶，爲西北直入關中之隘口，在地形上背臨隴山，具居高臨下之攻守優勢，且附近地形平緩，爲北方入侵者最常選擇的入侵地點，因此也成爲關中以北防線上的重鎮。可見在地理因素上，地形之優劣與否，影響入侵者入侵地點之選擇至鉅。（如附圖一）

〔註48〕劉昫等，前引書，卷五十四〈竇建德傳〉，頁2241。

〔註49〕自西元六世紀中葉突厥崛起以後，即不時與中國發生密切之關係，其中並不時南侵中國。自西魏文帝大統十一年（545）侵魏西邊起，至唐玄宗天寶四載（745）突厥滅亡爲止，經統計入侵地點，以原州（今甘肅固原）十五次居多。

〔註50〕劉昫等，前引書，卷二〈太宗紀〉，頁29。

〔註51〕李樹桐，〈唐太宗渭水之恥本末考實〉（臺北，臺灣中華書局，民國61年11月發行）收錄於《唐史考辨》，頁247～275。

五、意識型態上之差異

　　塞外遊牧民族視掠奪和戰爭，為一種重要的生產方式，也是一種自然的無償輸入行為。由於遊牧社會的生產力不穩定，一般而言是起源於氣候的突變，如乾旱、兩雪等天然災害即是；或由於遊牧民族人口的膨脹，而造成的饑饉。〔註52〕他們為求生存，迫使他們不得不掠奪或榨取其他地區的糧食和用品。〔註53〕這種掠奪的行為，在遊牧社會中是一種極受歡迎的生產方式，而掠奪的戰利品，則歸大家所分享，這是北方遊牧民族一貫相沿的習俗。《史記》卷一一○〈匈奴傳〉云：

　　……其攻戰，斬首虜賜一巵酒，而所得鹵獲因以予之，得人以為奴
　　婢。故其戰，人人自為趣利……。〔註54〕

匈奴攻戰，「所得鹵獲因以予之」，無形中鼓勵匈奴發動戰爭的劫掠行為，這是一種利益均霑的生產方式，所損失的大都是中原農業國家的一方。劫掠戰爭的利益均霑行為，乃是引發塞外遊牧民族掠奪戰的主因。

　　關於此點，鮮卑民族亦復相同，「每鈔略得財物，均平分付，一決目前，終無所私。」〔註55〕故人人得效死力，其目的即在冀得財貨。又如西突厥突騎施可汗蘇祿頗善綏撫，十姓部落漸歸附之，乃由於每戰役掠奪的戰利品，皆均分與部屬共享。《舊唐書》卷一九四西〈突厥傳〉云：

　　蘇祿性尤清儉，每戰伐，有所克獲，盡分與將士及諸部落。其下愛
　　之，甚為其用。潛又遣使南通吐蕃，東附突厥……晚年抄掠所得者，
　　留不分之……，其下諸部，心始攜貳。〔註56〕

遊牧民族視戰爭為一種生產的行為，戰爭可以致富，因此「人人自為趨利」。〔註57〕蘇祿不斷為人民蓄積財富，因此遣使「南通吐蕃，東附突厥」，目的皆在獲取物資，這也是為強化其統治權和擴張勢力的必要手段。迨至蘇祿晚年，掠奪所得佔為己有，而不均分與其部下，諸部因漸離心，至玄宗開元二十六

〔註52〕馬爾薩斯（Thomas Robert Malthus）著，《人口論》（臺北，三民書局，民國
　　　　55年3月出版），頁23～25。

〔註53〕陶晉生，〈邊疆民族在中國歷史上的重要性〉（臺北，臺灣商務印書館，民國
　　　　75年11月發行）收錄於《邊疆史研究集──宋金時期》，頁3。

〔註54〕同註31。

〔註55〕陳壽，《三國志》（臺北，鼎文書局，民國75年6月出版）卷三十《魏書》〈鮮
　　　　卑傳〉，頁839。

〔註56〕劉昫等，前引書，卷一九四〈西突厥傳〉，頁5192。

〔註57〕同註54。

年（738），終爲莫賀達干所殺。相同地，西突厥咄陸可汗「取貲口不以與下」，
〔註58〕結果造成部將的怨恨，舉兵襲咄陸可汗，國遂大亂。顯然突厥軍隊乃
是一個有組織的利益共同體，南侵中原的目的，即在劫掠物資，政治上的野
心是次要的。

　　其次在心理上而言，遊牧民族的獨立主權與普遍王權的觀念，常促使他
們與中原國家發生衝突，成爲發動戰爭的心理原動力。換言之，北亞遊牧民
族自古便覺得與中國各有不同的文化，不應服屬於中國，而應分庭抗禮。由
漢文帝與匈奴老上稽粥單于書牘稱謂的關係，可見得二國是建構在對等的地
位上。《史記》卷一一○〈匈奴傳〉云：

> 漢遺單于書，牘以尺一寸，辭曰「皇帝敬問匈奴大單于無恙」……。
> 中行說令單于遺漢書以尺二寸牘，及印封皆令廣大長，倨傲其辭曰
> 「天地所生日月所置匈奴大單于敬問漢皇帝無恙」……。〔註59〕

上述匈奴老上單于致書漢文帝是以「天地所生」、「日月所置」爲開端，顯示
匈奴自古便有「君權天授」的觀念，不自認爲居於臣屬的地位。漢之降人中
行說甚至教導單于，復漢文帝書牘之尺寸及印封，皆較漢爲長爲大。由此事
例，可證明匈奴自來便具有獨立自主的政治意識，而與中國之觀念，要求臣
屬對方或對方主動稱臣的政治因素考量，迥然不同。

　　隋文帝時，突厥沙缽略可汗致書於文帝，自冠頭銜，同樣表現出遊牧國家
最高統治者，受命自天的主權獨立思想。《隋書》卷八十四〈北狄突厥傳〉云：

> ……沙缽略遣使致書曰：「辰年九月十日，從天生大突厥天下賢聖天
> 子、伊利俱盧設莫何始波羅可汗致書大隋皇帝：使人開府徐平和至，
> 辱告言語，具聞也……。」〔註60〕

上述隋文帝在位的「辰年」，即是中國干支紀年法中相當於開皇四年（584）
的「甲辰」年。沙缽略可汗自稱是天所生之天子，也是天下的賢聖之王，突
厥自始亦未自認爲臣屬於中國，甚至想征服中國，然這個最終的政治目的，
端視時機及其實力而定。突厥這種受命自天的天命思想，與逐漸發展成主宰
世界、創造世界帝國的觀念有關。故西突厥室點密可汗曾對拜占庭使者表示，

〔註58〕歐陽修、宋祁，《新唐書》（臺北，鼎文書局，民國74年2月出版）卷二一五
　　　　〈西突厥傳〉，頁5059。
〔註59〕司馬遷，前引書，卷一一○〈匈奴傳〉，頁2899。
〔註60〕魏徵等，前引書，卷八十四〈北狄突厥傳〉，頁1868。

據其祖先顯示，突厥人征服世界時機已至。〔註61〕可見突厥這種獨立主權的觀念至爲濃厚，即使汗國滅亡後，此種思想並未隨之而亡，故太宗貞觀四年（630），前突厥汗國滅亡後，繼於高宗永淳二年（683），突厥阿史那骨咄祿復叛，〔註62〕脫離唐的羈縻統治而建立後突厥汗國，這也是北方遊牧民族獨立主權的具體表現。

六、政治因素

　　遊牧民族的領袖爲鞏固和強化內部的團結，累積個人的統治權力基礎，及增加人民的財富，不得不發動對外掠奪、戰爭和貿易，人民的向心力與其所得的成果成正比，否則其統治基礎勢必發生動搖，甚至不得人民擁戴而喪失其政治地位。例如隋文帝時，沙鉢略可汗勇而得眾，北夷皆歸附之，其得眾歸附的原因很多，其中並不時縱兵寇掠中國。〔註63〕開皇七年（587），沙鉢略又遣子入貢方物。上述寇掠行爲及入貢方物，皆在冀得財貨，以增加其個人的統治基礎。

　　武后時，骨咄祿之弟默啜自立爲可汗，首先面臨的難題即是如何有效統治「部落之下，盡異純民」〔註64〕的窘況，他爲鞏固並加強個人的統治權力，因此他除了連年率眾寇掠、遣使來朝及請和親以外，尚索還六州降戶及農器、種子等生產之資，以求強兵富國。《舊唐書》卷一九四〈突厥傳〉云：

> （武后）長壽二年，率眾寇靈州，殺掠人吏……。默啜俄遣使來朝，
> 則天大悅……，賜物五千段。明年，復遣使請和……。
> 萬歲通天元年，契丹首領李盡忠、孫萬榮反叛……。默啜遂攻討契
> 丹，部眾大潰，盡獲其家口，默啜自此兵眾漸盛……。聖曆元年，
> 默啜表請與則天爲子，幷言有女，請和親。初，咸亨中，突厥諸部
> 落來降附者，多處之豐、勝、靈、夏、朔、代等六州，謂之降戶。
> 默啜至是又索此降戶及單于都護府之地，兼請農器、種子，則天初

〔註61〕Chabot（tr.），Chronique de Michel le Syrien（Paris, 1905），III, 150。

〔註62〕劉昫等，前引書，卷一九四〈突厥傳〉，頁5166。

〔註63〕沙鉢略可汗在位時，寇掠隋邊之情形如下：隋文帝開皇二年（582）四月，破突厥於雞頭山及河北山；同年五月，突厥入長城；六月，破突厥於馬邑；十二月，突厥寇周槃。開皇三年（583）二月，突厥寇邊；同年五月，破突厥於摩那渡口及涼州。由上述，可見突厥南下寇邊之頻繁，其目的皆在掠取中原財貨。以上資料，詳見：魏徵等，前引書，卷一〈高祖帝紀〉，頁16～19。

〔註64〕魏徵等，前引書，卷八十四〈北狄突厥傳〉，頁1867。

不許……。時朝廷懼其兵勢……，遂盡驅六州降戶數千帳，幷種子

四萬餘碩、農器三千事以與之，默啜浸強由此也。〔註65〕

由上所述，可知默啜除寇掠中原國家以外，尚率兵攻討契丹，「盡獲其家口」，突厥乃逐漸強盛。默啜又索還六州降眾，由於他們已歷經五十餘年的農牧生活，接受漢人農耕生活的影響，故有粟種及農器的索求，以保障人民的生活，兼可確保汗國農產品的來源。種種措施，皆是可汗為鞏固其個人權力的手段。反之，若不能維持人民已有的生活水準，內部勢將因之發生分裂離心的傾向。〔註66〕默啜晚年，因無法滿足人民的生活需求，以致其統治基礎發生動搖，部落漸多逃散。〔註67〕可見突厥統治者必須面對嚴苛的考驗，一切講求領導者的實力，亦即是一種現實的「以力服人」的統治。

其次，對外貿易更能增加遊牧君長個人的財富與權力，故突厥自始即要求於緣邊置市，與中國貿易，藉著交換方物和互市的經濟關係，以獲取中原國家的物質。若無法達成上項經濟上之需求，則戰爭就成為達到目的的唯一手段，〔註68〕故北方遊牧民族，對中原國家物資的倚存度甚高，和平有效的貿易，往往可以解決其國內的經濟問題，進而強化內部的團結，鞏固國家的經濟基礎，加強其個人的統治權力。

七、其　他

遊牧民族作戰技術的優越性，也是有利於他們南侵的重要因素。遊牧民族善騎射，機動力強，出沒無常。溫大雅《大唐創業起居注》卷上載高祖之言曰：

……突厥所長，惟恃騎射，見利即前，知難便走，馬馳電卷，不恆

其陳。以弓矢為爪牙，以甲冑為常服，隊不列行，營無定所，逐水

草為居室，以羊馬為軍糧，勝止求財，敗無慚色。〔註69〕

突厥以其「馬馳電卷，不恆其陳」及「營無定所」的特性，常趁南下牧馬之

〔註65〕劉昫等，前引書，卷一九四〈突厥傳〉，頁5168～5169。

〔註66〕札奇斯欽，《北亞遊牧民族與中原農業民族間的和平戰爭與貿易之關係》（臺北，正中書局，民國66年7月發行），頁17。

〔註67〕劉昫等，前引書，卷一九四〈突厥傳〉，頁5172。

〔註68〕札奇斯欽，〈塞北遊牧民族與中原農業民族間，和平、戰爭與貿易之關係緒言〉（臺北，食貨月刊，民國60年7月出版）收錄於《食貨月刊復刊》第一卷第四期，頁7。

〔註69〕溫大雅，《大唐創業起居注》（臺北，臺灣商務印書館，民國75年3月發行）收錄於景印清《文淵閣四庫全書》第三〇三冊，卷上，頁957。

際，出其不意地掠奪中原國家的物資。因中原國家邊境防線長，防守能力有限，往往備多力分，防禦薄弱，故中原國家常須積極從事於築長城、修障塞、謹烽候等軍事設施，以彌補人力之不足。

其次，因突厥等北方遊牧民族，其生活方式「隨水草遷徙，以畜牧射獵爲務」〔註 70〕而無城廓，故對自然的抵抗力弱，一遇乾旱、雨雪、瘟疫等天然災害，牲畜必因而大量死亡。加以草原遊牧民族，既不栽培牧草，也不儲備乾糧，以待乾旱或雪寒之用，卻高度仰賴自然，一旦在驟然間喪失原有的生活資源，則必須另闢蹊徑，以謀生存，因此南下劫掠或戰爭，乃成爲他們一種最廉價和最佳的選擇途徑。

第三節　外交策略與突厥南侵路線

一、突厥對北齊、北周之外交策略與突厥南侵路線

（一）突厥之外交策略

西元六世紀中葉突厥崛起後，即極力交好東西魏，及以後之齊、周等朝，北朝亦交結突厥，引以爲援。當時的情況是周、齊懼其寇掠，皆傾府藏以給之。〔註71〕《隋書》卷八十四〈北狄突厥傳〉亦載云：

> ……突厥之虜，俱通二國。周人東慮，恐齊好之深，齊氏西虞，懼周交之厚。謂虜意輕重，國逐安危……。〔註72〕

由上述，可知突厥利用周、齊互相猜疑的心理弱點，而實施兩面政策，藉機漁利，極不願某一方統一而失去物資上供應的來源。故佗鉢可汗以躊躇滿志的口吻說：「但使我在南兩箇兒孝順，何憂無物邪！」。〔註73〕「兩箇兒」，一說指北齊、北周，此說正充分表現出突厥實行兩面政策的居心。突厥在此政策的主導下，視聯好對象之差異，而有倚輕倚重不同的南侵路線。

（二）侵齊路線

北周保定三年（563），由於木杆可汗藉許嫁女於武帝的這層特殊婚姻關係，乃聯周伐齊。周軍度陘嶺（位於代州雁門），本杆率騎十萬來會，攻齊主

〔註70〕同註 3。
〔註71〕同註 7。
〔註72〕同註 8。
〔註73〕同註 7。

於晉陽（今山西太原南），不剋，木杆可汗遂縱兵大掠而還。同年（北周保定三年，563）本杆又請東伐，周乃出兵沃野（今陝西昌平），直趨洛陽，突厥以兵來會，戰不利，木杆遂引還。〔註74〕戰不利之主因，在周與突厥之立場各異，周具有政治野心，企圖伐齊嬗代，突厥則以獲取物資為己足，繼續維持「兩面政策」之均勢，以邀利。

（三）侵周路線

北齊（幼主承光元年，577）滅亡後，范陽王高紹義自馬邑（今山西朔縣）奔附佗鉢可汗，尋求突厥之庇護。突厥亦不願見到宇文周統一北朝，而成為獨立強國，為符合自己利益，慣用其兩面伎倆，佗鉢可汗乃於周武帝宣政元年（578），入寇幽州（今河北大興西南），同年復寇邊圍酒泉，大掠而去。次年（周靜帝大象元年，579），又寇并州（今山西太原）。〔註75〕（如附圖二）

二、隋之外交策略及突厥侵隋路線

（一）隋之外交策略

隋文帝楊堅代周時，北亞遊牧民族之情勢，《隋書》卷八十四〈北狄突厥傳〉載云：

> 沙鉢略勇而得眾，北夷皆歸附之。及高祖受禪，待之甚薄，北夷大
> 怨……。由是悉眾為寇，控弦之士四十萬。〔註76〕

當時沙鉢略可汗在位，兵強得眾，國勢強盛，然銜怨於隋。時隋文帝初立，深知驟然採取武力對付突厥，不僅毫無勝算把握，且勢必大傷國力，動搖國基，顯非上策。又因當時突厥諸可汗間，內懷猜忌，步調不一，故隋認為應採分化手段，達到征服目的。

關於突厥內部的情勢及隋所採取的策略。《隋書》卷五十一〈長孫覽傳附長孫晟〉載云：

> 至開皇元年……，晟先知攝圖、玷厥、阿波、突利等叔姪兄弟各統
> 強兵，俱號可汗，分居四面，內懷猜忌，外示和同，難以力征，易
> 可離間，因上書曰：「……玷厥之於攝圖，兵強而位下，外名相屬，
> 內隙已彰，鼓動其情，必將自戰。又處羅侯者，攝圖之弟，姦多而

〔註74〕同上。
〔註75〕令狐德棻等，前引書，卷五十〈異域突厥傳〉，頁912。
〔註76〕魏徵等，前引書，卷八十四〈北狄突厥傳〉，頁1865～1866。

勢弱，曲取於眾心，國人愛之，因爲攝圖所忌，其心殊不自安，跡
示彌縫，實懷疑懼。又阿波首鼠，介在其間，頗畏攝圖，受其牽率，
唯強是與，未有定心。今宜遠交而近攻，離強而合弱，通使玷厥，
說合阿波，則攝圖迴兵，自防右地……。」〔註77〕

北周宣帝時，趙王招女千金公主嫁於攝圖（即沙鉢略可汗），長孫晟曾護送公
主於突厥，因留居經年，對於突厥的山川形勢，部眾強弱及諸可汗間之猜疑、
爭奪，瞭如指掌。時突厥第一大可汗沙鉢略位高權大，然而其叔玷厥（即達
頭可汗）兵強而位下，心生不服。又沙鉢略可汗之弟處羅侯頗得眾心，爲沙
鉢略所忌。另外，本杆之子阿波可汗，夾於其間，唯強是視，挾持兩端，故
隋正可利用「遠交近攻」、「離強合弱」等離間分化策略，交相運用，分化其
內部，從而產生制衡削弱的作用，進而使其陷於孤立無援的地步。

（二）侵隋路線（如附圖三）

1. 隋對突厥所運用之策略，果然奏效。文帝初即位，沙鉢略攻陷臨渝鎮，
隋軍出鎮幽、并，突厥縱兵自木硤、石門兩道（皆位於平涼郡、平高縣界）來
寇，武威、天水、安定、金城、上郡、弘化、延安六畜咸盡。〔註78〕文帝開皇
二年（582），沙鉢略可汗率四十萬騎自蘭州（位於金城郡，一作蘭川）入侵，
至於周槃，破達奚長儒軍，更欲南入，亟須西突厥達頭可汗之聲援，然因達頭
可汗受隋離間之影響，達頭不從。長孫晟又說服突利（即啓民可汗）詐告鈔鉢
略可汗曰：「鐵勒等反，欲襲其牙」，沙鉢略可汗乃懼，回兵出塞。〔註79〕這充
分說明隋「遠交」西突厥達頭可汗，以「近攻」牽制東突厥南侵之效果。

2. 文帝開皇三年（583），阿波可汗入侵涼州，攝圖與隋戰於白道（位於
綏遠歸綏北），攝圖敗走至磧。〔註80〕

3. 文帝開皇十九年（599），攝圖子雍虞閭造攻具，欲攻大同城（今山西
大同），隋乃分道出塞討之，大戰於長城下，隋師敗績。〔註81〕

4. 煬帝大業十一年（615）六月，突厥南入嵐城鎮（今山西嵐縣北）抄掠，
王師敗績。〔註82〕八月，始畢可汗率其種落入寇，圍帝於雁門。明年（大業

〔註77〕魏徵等，前引書，卷五十一〈長孫覽傳附長孫晟〉，頁1330～1331。
〔註78〕同註76。
〔註79〕魏徵等，前引書，卷五十一〈長孫覽傳附長孫晟〉，頁1331。
〔註80〕魏徵等，前引書，卷五十一〈長孫覽傳附長孫晟〉，頁1331～1332。
〔註81〕魏徵等，前引書，卷五十一〈長孫覽傳附長孫晟〉，頁1333。
〔註82〕司馬光，《資治通鑑》（臺北，世界書局，民國68年5月出版）卷一八二「隋

十二年，616），復寇馬邑，唐公李淵擊走之。〔註83〕

5. 煬帝大業十三年（617），突厥數千入寇太原，唐公李淵擊破之。後突厥數萬騎又抄逼太原，帝命裴矩、劉文靜等防禦之。〔註84〕

由上所述，可見侵隋路線，係由西向東，逐漸深入侵逼中原，終於圍煬帝於雁門，幸賴始畢可汗之可賀敦義成公主及諸郡援軍之助，煬帝始得以解圍。煬帝末年，突厥復入寇太原，在其熟悉中原之地形情況下，至初唐遂得以連年入寇，飽掠而去。

三、突厥侵唐路線（如附圖四）

唐初，國力薄弱，高祖李淵爲掃平群雄，減輕北來外患之威脅，乃不得不暫時隱忍「與突厥相結，資其士馬以益兵勢」，〔註85〕唐乃厚加饗賄，每優容之，故突厥屢爲寇患，冀得財貨；然並未作大規模南侵計畫，甚至於突厥入寇之眾，僅數千騎而已，〔註86〕入寇時間亦不長，達到目的即行北返。其次，突厥大規模且連年入寇，應屬頡利可汗在位時期（620～630），兵鋒甚至一度達到近關中畿輔之地。茲將突厥侵唐情形，概述如下：

1. 高祖武德三年（620），莫賀咄設（即頡利可汗）入寇涼州，總管楊恭仁禦之，爲頡利所敗。〔註87〕次年（武德四年，621），頡利可汗進寇雁門，定襄王李大恩擊卻之。〔註88〕武德五年（622），劉黑闥引突厥萬餘騎入抄河北，頡利復自率五萬騎南侵汾、靈、原、幷、潞等州，聞太宗兵至蒲州，乃引兵出塞。〔註89〕武德七年（624），頡利、突利二可汗道自原州，舉國入寇，太宗患之，乃施離間於二可汗，頡利遂不欲戰，遣使請和。〔註90〕武德八年

煬帝大業十一年六月」條，頁5697《通鑑考異引雜記》之記載。

〔註83〕 同註35。

〔註84〕 溫大雅，前引書，卷上，頁960。

〔註85〕 司馬光，前引書，卷一八四「隋恭帝義寧元年六月」條，頁5737。史籍有關記載唐高祖稱臣於突厥的記載，乃屬見仁見智。近人李樹桐教授已考證唐太宗所說唐高祖稱臣於突厥，乃是許敬宗於修太宗實錄時，爲歸太宗之過於高祖的隱諱之辭。參見李樹桐，〈唐高祖稱臣於突厥考辨〉（臺北，臺灣中華書局，民國61年11月發行）收錄於《唐史考辨》，頁214～246。

〔註86〕 同註38。

〔註87〕 司馬光，前引書，卷一八八「唐高祖武德三年九月」條，頁5892。

〔註88〕 劉昫等，前引書，卷一九四〈突厥傳〉，頁5155。

〔註89〕 劉昫等，前引書，卷一九四〈突厥傳〉，頁5156。

〔註90〕 同上。

（625），頡利率兵十餘萬，大掠朔州，進軍太原、幷州，太宗率軍討之，頡利引兵而去。〔註91〕武德九年（626），頡利自率軍十餘萬騎大舉進寇武功，京師戒嚴。又進寇高陵、涇陽，兵臨關輔，深入渭水北岸，太宗從容馳騎與頡利隔津而語，責其負約，頡利見唐軍容壯盛，又知其腹心執失思力被拘，由是大懼請和，結渭水之盟，引兵而退。〔註92〕嗣後，突厥即一蹶不振，諸部攜貳，陰山以北薛延陀、迴紇、拔也古等餘部，相率背叛。貞觀三年（629），薛延陀自稱可汗於漠北，國勢益衰。貞觀四年（630），生擒頡利可汗，東突厥汗國遂亡，〔註93〕唐所受之騷擾，亦暫告一段落。上述突厥自高祖武德初年以後，連年入寇，揆其原因，與突厥認為高祖初平天下，掃平群雄之後，國力不穩有關。其中頡利又趁武德九年（626），唐室發生宮闈之難及太宗新登皇位之際，是其不時入寇之重要原因。

2. 東突厥汗國滅亡後，北鄙無事殆五十餘年。直至高宗永淳二年（683）頡利之疏屬阿史那骨咄祿鳩集亡散，入總材山，聚為群盜，抄掠九姓，漸至強盛，乃自立為可汗。〔註94〕復大規模連年入寇蔚、朔、代、忻等州，唐命將與戰，官軍大敗。武后垂拱三年（687），又寇昌平、朔州，唐將黑齒常之擊破之，突厥遂散走磧北。武后天授二年（691），骨咄祿死後，其弟默啜自立為可汗。長壽三年（694），率眾寇靈州。聖曆元年（698）復進寇嬀、檀、蔚、定、趙等州，所過燒掠，不可勝紀。聖曆二年（699），默啜立其子匐俱為小可汗，連歲寇邊。久視元年（700），掠隴右諸監馬萬餘匹而去。中宗即位後，默啜又寇靈、原、會等州，掠隴右牧馬萬餘匹而去。〔註95〕睿宗後，默啜既老，部落漸多逃散。自是以後，直至玄宗天寶四載（745）東突厥第二汗國滅亡為止，突厥無力亦無大規模南侵之計畫，中國乃稍得安寧。

第四節　突厥南侵中原時、地之統計

一、突厥南侵之時間

　　就氣候影響突厥入侵之時間而言，從突厥南侵月份統計，可知突厥入侵

〔註91〕劉昫等，前引書，卷一九四〈突厥傳〉，頁5157。
〔註92〕劉昫等，前引書，卷一九四〈突厥傳〉，頁5157～5158。
〔註93〕劉昫等，前引書，卷一九四〈突厥傳〉，頁5159。
〔註94〕劉昫等，前引書，卷一九四〈突厥傳〉，頁5167。
〔註95〕劉昫等，前引書，卷一九四〈突厥傳〉，頁5170。

集中在四月至九月，其中又以八月佔的次數最多。自夏季以後，突厥入侵次數已相當頻繁，而以秋季達到最高峰。自冬季以後至春季，則逐漸遞減，這種趨勢與氣候的季節變化和雙方的生活習性，有密切的關係。夏季天氣和暖，爲塞外遊牧民族活動力和戰鬥力最強的時候，故南侵頻繁，佔入侵的第二高峰；到了秋季，則是入侵的最高峰，顯然冬季將屆，需要補充物資，以供冬季之用，否則面臨酷寒的冬季，羊馬等牲畜勢將因缺乏糧草而凍死。〔註96〕復以正值中原農業國家「秋收」季節，正是其掠奪的最佳時機。進入冬季以後，漠北氣候嚴寒，酷寒勢將造成饑饉等現象，有面臨滅亡的危機，而中原國家則是秋收後「冬藏」的季節，南侵正可剽奪其所需的物資，兼可避寒，故居入侵的第三高峰；而春季氣溫逐漸升高，草類滋長，是其放牧活動的絕好季節，將羊馬飼肥，以補充冬季之消耗，並儲存體能以供未來劫掠活動之需。故在這段季節較少入寇，而以放牧爲其主要之活動。

附表一　突厥南侵月份統計表（北朝周、齊至中唐）

季節（％）	春（一四％）			夏（三一％）			秋（三七％）			冬（一九％）		
入侵月份	一	二	三	四	五	六	七	八	九	十	十一	十二
次　數	4	2	3	11	3	6	8	12	4	3	4	5

二、突厥南侵之地點

　　突厥崛起以後，不時南侵中國。經統計自西魏文帝大統十一年（545）突厥侵西魏起，至唐玄宗天寶四載（745）東突厥第二汗國滅亡爲止，共二百年期間，入侵地點以原州（今甘肅固原）約十五次居多，其次依序爲朔州（今山西朔縣）約十四次，幷州（今山西太原）約十二次、代州（今山西代縣）約八次、靈州（今寧夏靈武）約六次、涼州（今甘肅武威）約五次、定州（今河北定縣）約五次。〔註97〕

　　由北朝（周、齊）至中唐突厥南侵次數統計表中，可知在六十五次入侵

〔註96〕劉昫等，前引書卷一九四〈突厥傳〉，頁5158。載云：「貞觀元年……。其國（突厥）大雪，平地數尺，羊馬皆死，人大飢，乃懼我師出乘其弊，引兵入朔州……。」可見，突厥冬季嚴寒雪害，造成羊馬皆死，人大飢，人畜勢將面臨死亡的考驗，故需設法囤積糧草，以備過冬之用。

〔註97〕表一所統計突厥南侵之次數，其所依據之資料來源主要是以《資治通鑑》之〈繫年〉爲主，而旁以《周書》、《北齊書》、《隋書》及《兩唐書》爲輔。資料蒐集儘量求其完整，以期建立較爲公正客觀的史實，俾使統計資料更趨於準確性。

事件中，就個別事例而言，約有十五次係由原州入侵，佔統計總次數的五分之一強，其原因似因地理因素所造成的，蓋原州附近地形起伏小，地勢平坦，便於胡騎之馳騁行進。〔註 98〕其次，原州位於京兆府之北，在土壤肥沃的河套平原以南，乃突厥覬覦之地，故入寇頻繁，經濟上的引誘亦佔一重要因素。就整體事例而言，唐時隸屬於河東道（位於今山西省）的朔州（十四次）、幷州（十二次）及代州（八次）共佔約三十四次，佔入侵總次數的一半以上，其原因頗值得吾人加以推敲。因朔、代以北地區，自秦漢以迄隋唐，胡漢往來即甚頻繁，且當地胡化情形極為嚴重，故在胡騎熟悉地形、地勢等因素之下，常選擇為入侵的途徑。

附表二　北朝（周、齊）至中唐突厥南侵次數統計表

入侵地點	入侵時間（年，月）				總計（次數）
原　州	582,4 623,7 624,8 681,1	618,6 623,8（二次） 626,2 706,12	621,9 624,3 626,4	622,8 624,7 626,8	15
朔　州	582,6 623,6 624,7（二次） 687,7	600,4 623,7 626,4	616,12 623,8 627,5	617,4 624,5 684,7	14
幷　州	579,5 621,9 624,8	619,4 621,11 625,8	620,12 622,8 682,10	621,4 623,10 702,3	12
代　州	601,1 621,11	615,8 624,6	621,4 685,3	621,8 702,7	8
靈　州	600,4 697,1	625,6 706,12	626,4	694,1	6
涼　州	620,9	626,4	696,9	702,11（二次）	5
定　州	622,6 698,8	623,12	679,10	683,2	5

〔註 98〕原州（今甘肅固原）附近之地形，利於胡騎之馳騁行進，請詳見第三章第二節〈突厥與中原國家軍事衝突之地理因素〉，頁 68。

第五節　中原國家備邊之道

一、修築長城

　　長城乃中國歷史上亙古未有之大工程，先秦時代，其作用在於預防各國間相互攻擊的「互防」功能，進而防止戎狄外族入侵的「拒胡」目的。〔註99〕因此，修築長城轉爲具有限戎馬之足的積極意義。故早在戰國時代，魏、趙、秦、燕等皆與外族接壤，繕築長城之目的，即在防禦胡族南下，其後更代有修築焉。

　　西元六世紀中葉，突厥繼柔然崛起後，〔註100〕爲禍北朝國家甚鉅。北齊承東魏之餘緒，柔然、突厥侵其北，後周伺其西，故齊乃屢築長城，拒胡防周。《北齊書》卷四十二〈陽斐傳〉云：

　　　　……（北齊文宣帝）天保初……。顯祖親御六軍，北攘突厥，仍詔
　　　　斐監築長城。〔註101〕

北齊文宣帝（高洋）天保年間所修築之長城，顯係爲防禦突厥等胡族而建，並連接乃父高歡於東魏孝靜帝時所建之肆州（今山西忻縣西）長城，〔註102〕俾免造成防守上之罅隙。

　　至於上述齊文宣帝天保年間所築之長城，乃指「離石長城」而言。《北齊書》卷四〈文宣帝紀〉云：

　　　　（天保三年）九月辛卯，帝自幷州幸離石。冬十月乙未，至黃櫨嶺，
　　　　仍起長城，北至社干戍四百餘里，立三十六戍。〔註103〕

上述所謂「仍起長城」、「仍……監築長城」，蓋指齊文宣帝展築續「仍」其父神武帝（高歡）之肆州長城而言，即自黃櫨嶺經社干（平）戍，以接馬陵、

〔註99〕王恢，《中國歷史地理》（臺北，臺灣學生書局，民國65年4月出版）上冊，頁102。

〔註100〕李延壽，《北史》（臺北，鼎文書局，民國74年3月出版）卷九十八〈蠕蠕傳〉，頁3267。云：西魏恭帝二年（555），突厥木杆可汗破蠕蠕主鄧叔子後，鄧叔子奔西魏，宇文泰應突厥之請，收鄧叔子以下三千餘人付突厥使者，盡殺之於青門外，中男以下配王公之家，蠕蠕遂亡。

〔註101〕李百藥，《北齊書》（臺北，鼎文書局，民國76年2月出版）卷四十二〈陽斐傳〉，頁554。

〔註102〕李百藥，前引書，卷二〈神武帝紀〉，頁22。載云：「（東魏孝靜帝）武定元年（543）……。是月（八月），神武命於肆州北山築城，西自馬陵戍，東至土隥，四十日罷。」

〔註103〕李百藥，前引書，卷四〈文宣帝紀〉，頁56。

土陘之長城。（如附圖五）

北周武帝建德六年（577）兼併北齊後，即於武帝大象元年（579）「發山東諸州民，修長城」，[註104]此時突厥寇幷州，乃加強維修齊所築之長城，[註105]以防備突厥之南犯。（如附圖六）

隋受周禪，北方突厥國勢強盛，乃積極修築長城，並派遣重兵戍守北邊重鎮，以防突厥寇邊，冀將突厥阻絕於長城之外。文帝開皇元年（581），營州刺史高寶寧作亂，與沙鉢略合軍攻陷臨渝鎮（今山海關附近），文帝乃敕令於緣邊修障塞，峻長城，以防馳突。[註106]開皇五年（585），更令崔仲方發丁三萬於朔方、靈武築長城，東至黃河，西距綏州，南至勃出嶺，綿亙七百里（如附圖七）。明年（開皇六年，586），復發丁朔方以東緣邊險要處築數十城，以遏胡寇，[註107]此胡寇即指北方的突厥而言。上述所築長城，已自河套平原一帶南縮至陝甘邊境，顯見突厥勢力及其活動範圍，已南伸至河套平原一帶。文帝復於開皇六、七年（586～587）續修長城，二旬而罷，[註108]上述續修長城，乃是續修開皇五年（585）所築長城，故於開皇六、七年續成之。

煬帝以後，就長城防線的修築而言，乃是承繼文帝的防禦方式，役使大量民力，續修長城。大業三年（607）發丁男百餘萬築長城，「西距榆林，東至紫河」。[註109]大業四年（608）發丁男二十餘萬築長城，自榆谷（即榆谿，今甘肅導河縣西）展延而東修築（如附圖八），其目的皆在「築長城以備突厥」。[註110]

唐自太宗以後不以長城為「拒胡」之重要措施；尤其自貞觀四年（630）生擒頡利可汗以後，其部落或走薛延陀，或走西域，而來降者亦眾。太宗乃詔議安邊之策，中書令溫彥博建請處頡利餘眾於河南地，[註111]準漢建武時置降匈奴於五原（今綏遠五原縣附近）塞下故事，全其部落。[註112]太宗用

〔註104〕令狐德棻等，前引書，卷七〈宣帝紀〉，頁120。

〔註105〕司馬光，前引書，卷一七三〈陳宣帝太建十一年〉，頁5398。

〔註106〕魏徵等，前引書，卷八十四〈北狄突厥傳〉，頁1865。

〔註107〕魏徵等，前引書，卷六十〈崔仲方傳〉，頁1448。

〔註108〕魏徵等，前引書，卷一〈高祖紀〉，頁23、25。

〔註109〕魏徵等，前引書，卷三〈煬帝紀〉，頁70。

〔註110〕司馬光，前引書，卷一九六「唐太宗貞觀十五年冬十月」條，頁6170。

〔註111〕沙學浚，「秦漢『河南地』即今河套平原」（臺北，臺灣商務印書館，民國61年12月發行）收錄於《地理學論文集》，頁231～233。

〔註112〕范曄，《後漢書》（臺北，鼎文書局，民國76年1月出版）卷一〈光武帝紀〉，

其計，於朔方之地，自幽州至靈州置順、祐、化、長四州都督府，以統其餘眾。突厥酋長至者，皆優禮拜爲將軍、中郎將等官，五品以上布列朝廷者百餘人，因而入居長安者數千家。〔註113〕故唐太宗曾自言：「自古皆貴中華，賤夷狄，朕獨愛之如一，故其種落皆依朕如父母。」〔註114〕由此可知唐太宗未嚴長城之防，任情突厥居住，故終唐之世，未有積極繕治長城之舉。

　　其次，唐代戰略指導原則係以「遠程防禦」、「國外決戰」爲主，〔註115〕採主動出擊，冀將突厥擊潰，關輔以北的外患始可解決，京輔安全問題也才能得到充分的保障。故唐代在這種戰略的構想下，摒棄了傳統修築城塹的防禦方式，而一改隋對突厥「遠交近攻」的策略，及重視長城的防禦功能，以遏阻的方式，防止突厥的入侵迥然不同，故隋始終無法徹底解決突厥入侵的問題。

二、設置烽堠 （如附圖九～十一）

　　烽堠是中國古代邊塞防禦作戰中，有關偵察、警備、通訊等設施的制度，在古代戰爭中發揮相當重要的作用，尤其設置於國境緣邊，乃更凸顯其存在的必要性，在邊防中扮演候望舉火以示警的重要角色。文獻上所見烽火之稱謂極夥，有烽燧、烽表、烽煙、狼煙、烽火、煙火、烽堠、烽鋪、烽堡等各種不同名稱。歷代各自使用不同的專門術語，一般而言，隋以前稱爲烽燧，唐以後則稱爲堠堠。〔註116〕

　　早在西周時代，烽火就被使用爲報警、徵兵的信號。〔註117〕春秋戰國時

頁 76。

〔註113〕劉昫等，前引書，卷一九四〈突厥傳〉，頁 5162～5163。

〔註114〕司馬光，前引書，卷一九八〈唐太宗貞觀二十一年〉，頁 6247。

〔註115〕雷家驥，〈從戰略發展看唐朝節度體制的創建〉（臺北，《簡牘學報》第八期，民國 68 年 11 月出版），頁 229～242。

〔註116〕程喜霖，《漢唐烽堠制度研究》（臺北，聯經出版事業公司，民國 80 年 10 月出版），頁 3。
　　　　《漢書》卷四十八〈賈誼傳〉，文穎注烽燧曰：「邊方備胡寇，作高土櫓，櫓上作桔皋，桔皋頭兜零（即籠也），以薪草置其中，常低之，有寇即火然舉之以相告，曰烽。又多積薪，寇至即燃之，以望其煙，曰燧。」顏師古曰：「畫則燔燧，夜則舉烽。」

〔註117〕司馬遷，前引書，卷四〈周紀〉，頁 148。載云：「褒姒不好笑，幽王欲其笑萬方，故不笑。幽王爲烽燧大鼓，有寇至則舉烽火。諸侯悉至，至而無寇，褒姒乃大笑。幽王說之，爲數舉烽火。其後不信，諸侯益亦不至。」
　　　　唐·張守節《正義》注烽燧曰：「畫日燃燧以望火煙，夜舉燧以望火光也。燧，

期，諸國例置烽燧。〔註118〕周秦邊防，除「謹烽火」以備胡寇外，乃至守城戰爭，均使用烽燧報警，烽燧制度已具雛形。〔註119〕及至兩漢，烽燧制度更形嚴密，舉凡烽燧的布局、建制、烽火品約等方面，〔註120〕均採取一套有效的管理制度，甚至訂定處治舉烽違章的律文，以保障烽燧職能的充分發揮。

魏晉南北朝時期，長期處於分裂的局面，戰爭頻仍。其時烽火除應用於邊防外，也在國內相互攻守戰中廣泛使用。北魏初期，爲了防禦柔然入侵，除了修治長城之外，並設置烽堠系統。柔然爲元魏北方的少數民族，數侵擾北邊，自柔然君主阿那瓌因國內政亂勢衰，歸附北魏以後，與魏修好，故北疆「邊燧靜息」。〔註121〕然北魏爲防禦西北胡寇，也在邊境張掖「明設烽候」。〔註122〕其次，北魏與南朝戰事頻傳，故與南朝接壤的宛、郢、淮、泗等州，設置烽堠。〔註123〕其後北齊、北周除了在南方沿邊州分置烽堠外，並在它們相交的邊境，各自設置烽堠，〔註124〕以備對方侵襲。

隋文帝開皇元年（581），楊堅代周建隋，面臨來自北方的突厥勢力。開皇二年（582）五月，「突厥入長城」，〔註125〕文帝乃「敕緣邊修保鄣，峻長城，

土魯也。燧，炬火也。皆山上安之。有寇舉之。」

〔註118〕司馬遷，前引書，卷七十七〈魏公子傳〉，頁2377。載魏安釐王（西元前276～西元前243）與異母弟信陵君下棋，「而北境傳舉烽，言『趙寇至，且入界。』」魏王乃中止，欲召大臣商議。信陵君說，並非敵人入侵，乃是趙王打獵而已。不久，果然從邊境傳來消息說，趙王是在邊境打獵。安釐王問信陵君何以事先知道？信陵君說，我有客在趙刺探情報，偵知趙王行動。

由上所述，可見戰國時代魏王在邊塞設有烽燧的明證。

〔註119〕司馬遷，前引書，卷八十一〈廉頗藺相如傳附李牧〉，頁2449。載李牧治邊之策：「謹烽火，多閒諜」，也就是說在長城要塞之上設置烽燧，並佐以間諜，偵察匈奴動向，「匈奴每入，烽火謹，輒入收保，不敢戰。如是數歲，亦不亡失。」又如同書卷六〈秦始皇紀〉，頁253。載始皇三十三年（西元前214年），派蒙恬伐匈奴，「築亭障以逐戎人」。亭，即是亭燧的簡稱。因此亭障即包括烽燧在內。

〔註120〕程喜霖，前引書，第三、四、五章兩漢候望系統及烽燧的布局、建制、品約及制度的形成，頁15～138。

〔註121〕魏收，前引書，卷九〈肅宗紀〉，頁231。

〔註122〕魏收，前引書，卷四十五〈裴修傳〉，頁1021。

〔註123〕魏收，前引書，卷九〈肅宗紀〉，頁237。

〔註124〕李百藥，前引書，卷十三〈高叡附傳〉，頁171。載云：「……（北齊文宣帝天保八年，557）仍除北朔州刺史，都督北燕、北蔚、北恆三州，及庫推以西黃河以東長城諸鎮諸軍事。叡慰撫新遷，量置烽戍，內防外禦，備有條法，大爲兵民所安……。」

〔註125〕魏徵等，前引書，卷一〈高祖紀〉，頁17。

以備之。」〔註126〕同年（開皇二年，582），文帝又以隴西頻被寇掠，深以爲憂、賀婁子幹乃上書「嚴謹斥候」，使烽候相望，居民始得無慮。《隋書》卷五十三〈賀婁子幹傳〉載其上書云：

> ……隴西、河右，土曠民稀，邊境未寧，不可廣爲田種……。但隴右之民以畜牧爲事，若更屯聚，彌不獲安。只可嚴謹斥候，豈容集人聚畜。請要路之所，加其防守。但使鎮戍連接，烽候相望，民雖散居，必謂無慮。〔註127〕

文帝採納賀婁子幹的建議，令其在隴右、河西設置鎮戍烽候，以防北方突厥及吐谷渾入侵。

隋時，榆林、五原、鹽川、靈武、河西、涼州等地，因地接邊荒，與突厥、吐谷渾爲鄰，常爲邊患，隋乃在西北及長城一線部署烽堠系統，派遣曉習邊事能臣乞伏慧、裴寂等鎮守邊塞。《隋書》卷五十五〈乞伏慧傳〉云：

> ……高祖受禪，拜曹州刺史……。遷涼州總管。先是，突厥屢爲寇抄，慧於是嚴警烽燧，遠爲斥候，虜亦素憚其名，竟不入境。〔註128〕

可知隋文帝時，乞伏慧於河西涼州設置烽燧，嚴謹斥候，防範突厥南下寇抄。突厥素畏其名，竟不敢入境，顯見烽燧已發揮軍事上示警卻敵的效果。

煬帝末年，劉文靜爲晉陽（今山西太原南）令，與裴寂相交遊，頗爲友善，曾夜見傳來烽火，預料天下將亂。《新唐書》卷八十八〈劉文靜傳〉載云：

> ……大業末，爲晉陽令，與晉陽宮監裴寂善。寂夜見邏堠傳烽，吒曰：「天下方亂，吾將安舍？」〔註129〕

以上所引，乃是隋於河東道太原置烽燧的例證，時突厥經常利用秋夜月圓之時，南下劫掠，故常可於夜晚見烽卒舉烽示警的情形。

隋代爲加強邊塞防禦所制定的舉烽法，今雖不得其詳，然從《隋書》之記載，略可推知隋行「四烽四炬」之制，〔註130〕此爲隋代舉烽法的基本原則。《隋書》卷五十一〈長孫覽傳附長孫晟〉載云：

> （開皇）十九年，染干因晟奏，雍閭作攻具，欲打大同城。詔發六

〔註126〕同註106。

〔註127〕魏徵等，前引書，卷五十三〈賀婁子幹傳〉，頁2352。

〔註128〕魏徵等，前引書，卷五十五〈乞伏慧傳〉，頁1378。

〔註129〕歐陽修、宋祁，《新唐書》（臺北，鼎文書局，民國74年2月出版）卷八十八〈劉文靜傳〉，頁3733。

〔註130〕程喜霖，前引書，第七章〈隋朝四烽四炬之制〉，頁164。

總管，並取漢王節度，分道出塞討之。雍閭大懼，復共達頭同盟，合力掩襲染干，大戰於長城下。染干敗績……。染干與晟獨以五騎逼夜南走……。晟知其懷貳，乃密遣從者入伏遠鎮，令速舉烽。染干見四烽俱發，問晟曰：「城上然烽何也？」晟紿之曰：「城高地迥，必遙見賊來。我國家法，若賊少舉二烽，來多舉三烽，大逼舉四烽，使見賊多而又近耳。」染干大懼，謂其眾曰：「追兵已逼，且可投城。」
〔註131〕

由上可知，隋在長城線上設置了烽堠系統，染干（即啓民可汗）見隋「四烽俱發」，心生恐懼，疑突厥追兵已近，乃決心歸降，可見烽堠在邊防系統中所佔的重要性，它具有震嚇卻敵的作用。

煬帝初，段文振上表，稱文帝允諾啓民可汗居於塞內，恐爲國患，實非良策。《隋書》卷六十〈段文振傳〉云：

……竊見國家容受啓民，資其兵食，假以地利。如臣愚計，竊又未安。何則？夷狄之性，無親而貪，弱則歸投，強則反噬，蓋其本心也……。以臣量之，必爲國患。如臣之計，以時喻遣，令出塞外。

然後明設烽候，緣邊鎮防，務令嚴重，此乃萬歲之長策也。〔註132〕

煬帝雖沒有採納段文振遣啓民可汗出塞之建議，但並未忽視在長城塞上「明設烽候」，加強邊塞防禦的策略；相反地，自隋初以來，即甚爲重視緣邊「修郛塞，謹斥候」〔註133〕等邊防措施。

唐代的烽堠，乃是邊塞防禦體系中重要的一環，曾在邊防戰中廣泛使用，文獻記載屢見不鮮。其設置主要是在國境緣邊與四夷接壤的地區。高祖初年，就極重視於邊州設置烽堠，以爲傳遞軍情，鞏固邊防之用。《冊府元龜》卷九九○〈外臣部備禦門〉載：

（武德）七年六月，遣邊州修堡城，警烽候，以備胡。

（武德）九年正月辛亥，突厥聲言入寇，敕州縣修城堡，謹烽候。

〔註134〕

可見唐高祖時，突厥入侵即甚猖獗，故高祖極爲重視修築城堡，嚴謹烽堠，

〔註131〕魏徵等，前引書，卷五十一〈長孫覽傳附長孫晟〉，頁1333～1334。

〔註132〕魏徵等，前引書，卷六十〈段文振傳〉，頁1459。

〔註133〕魏徵等，前引書，卷五十五〈周搖傳〉，頁1376。

〔註134〕王欽若等，《冊府元龜》（臺北，大化書局，民國73年10月印行）卷九九○〈外臣部備禦三〉，頁5128。

以防突厥入侵。

唐初，突厥屢從關內道北部、西北部入侵，突厥兵鋒並曾一度逼近長安。貞觀元年（627），頡利率精騎十餘萬入寇幷州（今山西太原），進至晉州，太宗乃派鄭元璹出使突厥，說服頡利罷兵。《舊唐書》卷六十二〈鄭元璹傳載〉太宗賜書慰勞之日：

> ……知公已共可汗結和，遂使邊亭息警，燧火不然。和戎之功，豈唯魏絳，金石之錫，固當非遠。〔註135〕

燧火，即是偵候敵人所施放的烽火。由此可知太宗時，自朔方至太原以北的邊州，皆設有烽堠，以防胡人南侵。貞觀年間玄奘西行求法時，曾在玉門關外西北遇到烽戍攔阻，玉門關外附近即設有五烽，其中第一及第四烽烽官分別是王祥及王伯隴，係以敦煌人充任戍守。〔註136〕可見，西北邊州設置有嚴密的烽堠系統，用以防範外族入侵或國人偷渡出境。

貞觀二十年（646），薛延陀入侵，太宗令李勣等率軍擊敗於鬱都軍山北（位於今外蒙古杭愛山北）。〔註137〕平定後，太宗親幸靈州招撫。《冊府元龜》卷一三六〈帝王部慰勞門〉載太宗「平薛延陀幸靈州詔」云：

> ……故欲暫往靈州，親自招撫，安邊靜亂，下固丕基，一軌同文，永弘家業，使萬里之外，不有半烽，百郡之中，猶無一戍，永絕鎮防之役……。〔註138〕

靈州（今甘肅靈州西南）乃京畿西北邊州，東鄰鹽州，西與會州均位於長城線附近，西有賀蘭山爲屏障，故靈州與賀蘭山烽火〔註139〕均屬靈州烽火系統。太宗親至靈州招撫，雖說爲使邊庭「不有半烽」，事實上烽堠設置如故，目的即在防範突厥南侵。

京兆府正北的豐、勝、朔三州，濱臨黃河，逾河即與突厥爲界，當地土壤肥沃，適於耕牧的河套平原，乃成爲突厥覬覦之地，故頻生衝突，是朔方

〔註135〕劉昫等，前引書，卷六十二〈鄭元璹傳〉，頁2380。

〔註136〕慧立本譯、彥悰箋，《大唐大慈恩寺三藏法師傳》（臺北，新文豐出版公司，民國74年1月出版）卷一，頁223～224，收錄於《大正新修大藏經》第五十冊。

〔註137〕劉昫等，前引書，卷三〈太宗紀〉，頁58。

〔註138〕王欽若等，前引書，卷一三六〈帝王部慰勞門〉，頁725。

〔註139〕清聖祖御定，《全唐詩》（臺北，明倫出版社，民國60年10月出版）卷六八八，頁7911，載盧汝弼「和李秀才邊庭四時怨」詩云：「朔風吹雪透刀瘢，飲馬長城窟更寒。半夜火來知有敵，一時齊保賀蘭山。」

節度使另一個重要的烽堠區。爲了鞏固塞外邊防，中宗時張仁愿曾在豐、勝二州築三受降城，嚴警烽堠。《舊唐書》卷九十三〈張仁愿傳〉載云：

> （中宗神龍）三年，突厥入寇，朔方軍總管沙吒忠義爲賊所敗，詔仁愿攝御史大夫……。先，朔方軍北與突厥以河爲界，河北岸有拂雲神祠，突厥將入寇，必先詣祠祭酹求福，因牧馬料兵而後渡河。時突厥默啜盡衆西擊突騎施娑葛，仁愿請乘虛奪取漠南之地，於河北築三受降城，首尾相應，以絕其南寇之路……，六旬而三城俱就。以拂雲祠爲中城，與東、西兩城相去各四百餘里，皆據津濟，遙相應接，北拓地三百餘里，於牛頭朝那山北置烽候一千八百所。自是突厥不得度山放放，朔方無復寇掠，減鎮兵數萬人。〔註140〕

由上述引文，可知在今陰山南麓以豐州河北牛頭朝那山爲中心，西至靈州北界，東至朔、代二州，北緣長城，東西約一千餘里，南北約三百餘里方圓之內，設置烽堠一千八百所，均屬豐州烽火系統，與靈州烽火系統同屬朔方節度使所管轄。可見，突厥經常由此地區南下寇掠，若不多置警烽，恐造成守備上的漏失，無法有效遏止突厥入侵。自從修築三受降城及增置烽堠以後，突厥不復度山放牧，朔方一帶不見突厥蹤跡，顯然已發生嚇阻突厥入侵的效果。其後，東、西受降城因受黃河河道遷徙的影響而被浸毀，乃分別移置於綏遠烽南及天德城處。〔註141〕然經徙置後「烽堠警備，不相統接」，其遏絕胡寇之效，恐大受影響。

唐爲鞏固畿輔安全，在京畿及中原諸道皆設有極爲嚴密和快捷的警烽傳遞系統。《唐六典》卷五〈兵部職方郎中、員外郎〉條云：

> ……舊關內、京畿、河東、河北皆置烽。開元二十五年敕以邊隅無事，寰宇乂安，內地置烽，誠爲非要，量停近甸烽二百六十所，計烽帥等一千三百八十八人。〔註142〕

可見唐初在關內、京畿、河東、河北等地，皆設有烽堠傳遞系統。因河東道、河北道北部暨關內道北部、西部毗鄰突厥、吐蕃、奚和契丹等少數民族，邊患頻傳，爲使外族入侵情報，以最迅捷方式將警烽傳遞到唐中央，乃從邊塞

〔註140〕劉昫等，前引書，卷九十三〈張仁愿傳〉，頁2982。

〔註141〕王溥，《唐會要》（臺北，世界書局，民國71年12月出版）卷七十三〈三受降城〉，頁1311。

〔註142〕李林甫等，《唐六典》（北平，中華書局，1992年1月出版）卷五〈兵部職方郎中、員外郎〉，頁162。

至諸道軍鎮皆置烽堠，傳遞警烽。玄宗開元年間，國勢達於極盛，邊隅無事，
內地置烽，誠無必要，徒然浪費民力，乃廢除近畿烽堠二百六十所，計烽帥
等一千三百八十八人。從而可推知近畿之烽堠編制，每烽約有五人防守。至
於與邊族接壤的緣邊烽堠，乃是重要的邊防軍事警報網，當不在廢置之列。

上述所廢置之京畿道烽堠，應包括與長安為鄰的三原、高陵、涇陽、興
平等四縣烽燧。《唐會要》卷七十二載京兆尹李鄘上奏云：

> （憲宗）元和二年正月，京兆尹李鄘奏：三原、高陵、涇陽、興平
> 等四縣兵，管烽二十八所，每年差烽子計九百七十五人，遠近無虞，
> 畿內烽燧請停，從之。〔註143〕

畿內四縣烽燧，恐於開元二十五年（737）一併廢省，然至天寶十四載（755）
安史亂起，始又恢復使用。憲宗元和年間，邊境無虞，又暫停使用。由此事
實，知唐為拱衛京師長安的安全，於緊鄰京畿四周原設有極為嚴密的烽堠系
統，使警烽或捷報可迅速地傳遞至京城，故邊塞地區與京畿之烽堠相連成一
體，形成全國完整的烽堠傳遞系統。

唐代為防範邊族入侵，以烽堠方式備邊，乃在軍防上廣泛使用，並制定
一套嚴密的烽堠制度。《唐六典》卷五〈兵部職方郎中、員外郎〉條云：

> ……職方郎中、員外郎掌天下之地圖及城隍、鎮戍、烽堠之數，辨
> 其邦國、都鄙之遠邇及四夷之歸化者……。凡烽候所置，大率相去
> 三十里；若有山岡隔絕，須逐便安置，得相望見，不必要限三十里。
> 其逼邊境者，築城以置之。每烽置帥一人、副一人。其放烽有一炬、
> 二炬、三炬、四炬者，隨賊多少而為差焉。〔註144〕

上述置烽法，是唐代根據歷代烽堠在戰爭中的使用和經驗所得。其置烽原則，
大率每三十里置一烽。一般而言，無論邊塞、京畿或內地，應都按此法設置。
〔註145〕其次，烽堠可根據當地地形、敵情等因素因地制宜設置，並不限里數，
然總「要在烽烽相望」，〔註146〕其目的在藉烽烽相連，使能快速而有效地傳遞

〔註143〕王溥，前引書，卷七十二〈京城諸軍〉，頁1295。
〔註144〕同註142。
〔註145〕歐陽修、宋祁，前引書，卷四十三〈地理志〉，頁1149，載由安西西往碎葉
　　　　絲路上的大石城西北三十里有「粟樓烽」。
〔註146〕曾公亮、丁度等，《武經總要前集》（臺北，臺灣商務印書館，民國75年3
　　　　月發行）收錄於景印清《文淵閣四庫全書》第七二六冊，卷五〈烽火〉，頁
　　　　297。

烽火，達到克敵、制敵於機先。

　　唐代烽堠一般皆設於邊塞崗巒起伏險要處，遇敵寇入侵，即舉烽示警，乃為其主要職責，它具有邊防哨所的防禦功能，也成為唐代邊防上一種不可或缺的措施。（如附圖一二）

三、移民實邊

　　移民實邊，有助於邊防的鞏固，故自漢以來即甚為重視。然所謂「移民」，實多指屯戍之兵而言，漢時所遣派之戍卒，率多是弛刑之人，〔註147〕此輩人屯戍於邊郡，寓有戴罪立功，捍衛遠疆的目的。隋唐以後，對於邊郡遠荒之地，亦築城留卒戍之。例如隋煬帝大業四年（608），以薛世雄為玉門道行軍大將，孤軍度磧出擊伊吾（今哈密），伊吾初以為隋軍不能至，故不設備，聞薛世雄軍至，懼而請降，薛世雄乃於漢舊伊吾城之東築城，留卒千餘人戍之而還。〔註148〕薛世雄遣卒留戍伊吾，即用以增強捍衛伊吾的能力，以保衛西北遠疆。又如煬帝時，隋與鐵勒聯軍共擊吐谷渾，吐谷渾主伏允遁逃，自西平臨羌城以西，且末以東，祁連以南，雪山以北，皆為隋有，隋乃置郡縣鎮戍，發天下輕罪徙居之，〔註149〕目的也在增強捍衛當地的能力。煬帝即位後，方勤遠略，積極開拓西北地區，增置郡縣，遣兵及罪犯鎮戍，即寓有移民實邊，鞏固邊防的深意，以防範突厥及吐谷渾等外族入侵。

　　移民實邊又與當代之屯田政策有密切的關係，戍卒除有鞏固邊防之目的外，尚可屯耕積穀以供軍餉，備邊糧，減輕田內地轉輸之苦。如隋文帝時，突厥、吐谷渾屢次犯塞，國家為輸糧供軍所苦，帝乃令於朔州、河西等地屯田積穀。《隋書》卷二十四〈食貨志〉云：

　　　　（隋文帝開皇三年）是時突厥犯塞，吐谷渾寇邊，軍旅數起，轉輸

　　　　勞敝。帝乃令朔州總管趙仲卿，於長城以北，大興屯田，以實塞下。

　　　　又於河西，勒百姓立堡，營田積穀。〔註150〕

隋代因突厥、吐谷渾寇邊，輸糧供軍路遠難繼，乃不得不尋求解決之道，故

〔註147〕范曄，前引書，卷四十七〈班超傳〉，頁 1576、1586。載西域屯卒多用弛刑
　　　　之人，如後漢章帝建初五年（八○），以徐幹為假司馬，將弛刑及義從千人佐
　　　　班超，又班超返國時，謂任尚曰：「塞外吏士，本非孝子順孫，皆以罪過徙補
　　　　邊屯。」可見一斑。
〔註148〕魏徵等，前引書，卷六十五〈薛世雄傳〉，頁 1533～1534。
〔註149〕魏徵等，前引書，卷八十三〈西域吐谷渾傳〉，頁 1844～1845。
〔註150〕魏徵等，前引書，卷二十四〈食貨志〉，頁 681。

文帝下令於長城以北及河西等地，大興屯田，營田積穀，以爲軍用。煬帝時亦曾於磧石鎮（今磧石山）大開屯田，積穀駐軍，捍禦吐谷渾，以保障通西域之大道。

然因當時外患正殷，邊境未寧，屯卒當無餘暇以爲種田，故屯田成效有限。《隋書》卷五十三〈賀婁子幹傳〉即載云：

> ……明年（開皇三年）突厥寇蘭州，子幹率眾拒之……。其年，突厥復犯塞，以行軍總管從竇榮定擊之。子幹別路破賊……。高祖以隴西頻被寇掠，甚患之。彼俗不設村塢，敕子幹勒民爲堡，營田積穀，以備不虞。子幹上書曰：「……今臣在此，觀機而作，不得準詔行事。且隴西、河右，土曠民稀，邊境未寧，不可廣爲田種。比見屯田之所，獲少費多，虛役人功，卒逢踐暴。屯田遠者。請皆廢省。但隴右之民以畜牧爲事，若更屯聚，彌不獲安。只可嚴謹斥候……，烽候相望，民雖散居，必謂無虞。」高祖從之……。〔註151〕

隴西、河右地區，毗鄰突厥、吐谷渾等外族，頻被寇掠，爲求自保，文帝乃敕令百姓屯卒廣設塢堡，營田積穀，以備不時之需。然邊境狀況特殊，須俟機而作，無法準詔行事，如廣爲耕作，勢將影響邊境的守備，反有利於外族入境劫掠其所需的物資。況且當地以畜牧業爲主，不適於農耕，故常見屯田地區獲少而費多。故就邊防而言，賀婁子幹建議應嚴謹斥候，加強防守，使烽堠相望，以邊境無虞爲要，文帝卒乃採行其意見。

唐代亦面臨相同糧餉不繼的問題，高祖武德初年，竇靜任并州大總管府長史，時突厥數爲邊患，軍旅歲興，糧食不繼，竇靜乃表請於太原置屯田，以省饋運。〔註152〕雖屯田之所獲，無法滿足其所需，然對於邊區糧餉匱乏問題亦不無小補，也稍可減輕內地輸運之負擔，屯卒復可充當國家之耳目，鞏固邊塞安全之先鋒，故屯田政策亦不容忽視。中宗即位，外患頻仍，默啜寇靈、原、會等州，復掠隴右郡牧馬，中宗乃令內外各進破突厥之策，時右補闕盧備上疏云：「宜因古法募人徙邊，選其勝兵，免其行役……，其所虜獲，因而賞之。」〔註153〕可見古來募民徙邊的優點，除可稍解糧運不繼的轉運之

〔註151〕魏徵等，前引書，卷五十三〈賀婁子幹傳〉，頁1352。
〔註152〕劉昫等，前引書，卷六十一〈竇威傳附竇靜〉，頁2369。
〔註153〕杜佑，前引書，卷一九八〈邊防典北狄突厥傳〉，頁1074。

苦外，主要目的在收「狃習戎事，究識夷險」〔註154〕之效，對於邊塞的防守，更有助益，故中宗覽而善之。

　　其次，因遣兵戍守邊鎮，需竭府庫之實，以供遠域，所費不貲，且「得其人不足以增賦，獲其土不可以耕織」，〔註155〕故武后後，狄仁傑曾上言罷守西域疏勒等四鎮，以省勞費。《舊唐書》卷八十九〈狄仁傑傳〉載其上疏云：

> 近者國家頻歲出師，所費滋廣，西戍四鎮，東戍安東，調發日加，百姓虛弊。開守西域，事等石田，費用不支，有損無益，轉輸靡絕，杼軸殆空。越磧踰海，分兵防守，行役既久，怨曠亦多……。方今關東饑饉，蜀、漢逃亡，江、淮以南，徵求不息。人不復業，則相率爲盜……。其所以然者，皆爲遠戍方外，以竭中國……。
>
> ……竊見阿史那斛瑟羅，陰山貴種，代雄沙漠，若委之四鎮，使統諸蕃，封爲可汗，遣禦寇患，則國家有繼絕之美，荒外無轉輸之役。如臣所見，請捐四鎮以肥中國……，省軍費於遠方，幷甲兵於塞上，則恆、代之鎮重，而邊州之備實矣……。〔註156〕

由上所述，可知狄仁傑鑒於武后時，國家頻歲出師，遣派重兵戍守西域四鎮，勞民傷財，徒增轉輸之苦而無益於中國，故建議武后罷守西域四鎮，封突厥阿史那斛瑟羅爲可汗，委其代爲統領。然因西北四鎮乃國之咽喉，形同門戶，門戶一開，則國不可守矣！故狄仁傑之上疏未被採納，事竟不行。由此可見派兵戍守邊境及移民實邊，乃是國家鞏固邊防的前哨，也是爲保障國家安全之邊防措施上，不可或缺的一環。

〔註154〕同上。
〔註155〕劉昫等，前引書，卷八十九〈狄仁傑傳〉，頁2890～2891。
〔註156〕同上。

附圖一　關中及原州附近地形圖

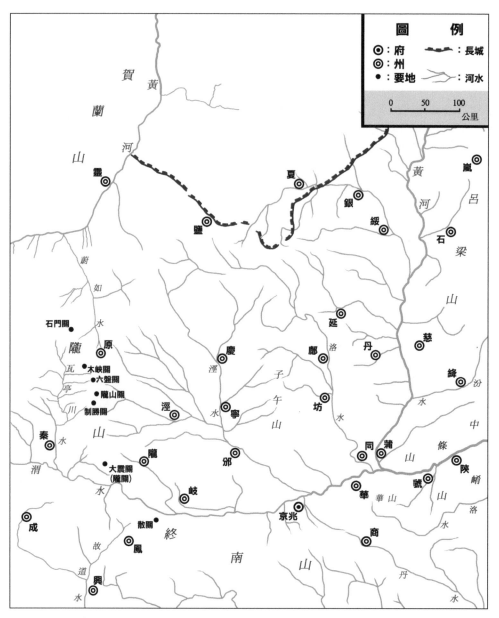

摘自易毅成，《隋至盛唐定都關中的因應策略及其影響 —— 歷史地理的區域研究》，民 77 年 6 月台大地理學碩士論文，頁 12-1。
（電腦繪圖：國立故宮博物院研究助理林加豐先生）

附圖二　突厥南侵北朝周、齊路線圖

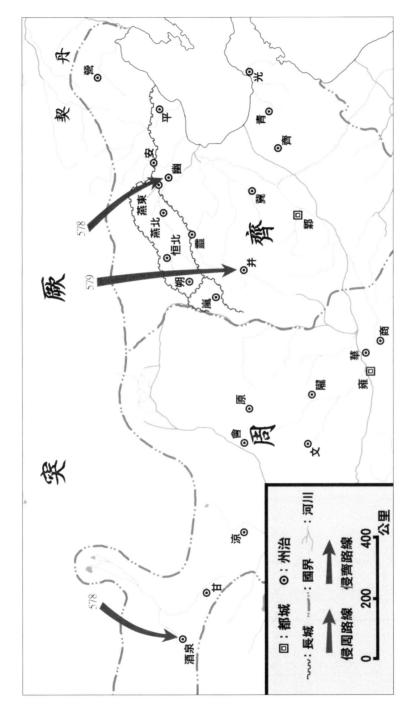

摘自程光裕、徐聖謨《中國歷史地圖（上冊）》頁 41～42，中國文化大學
（電腦繪圖：國立故宮博物院研究助理林加豐先生）

附圖三　突厥侵隋路線圖

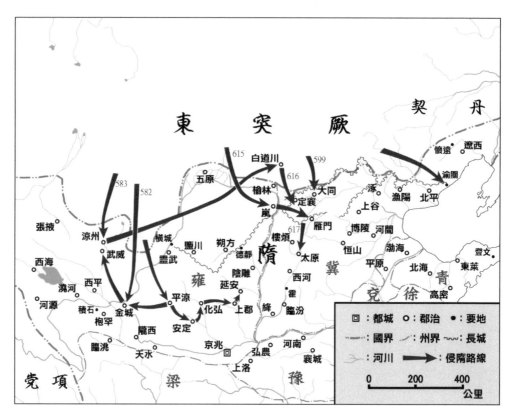

摘自程光裕、徐聖謨，前引書，頁43～44
（電腦繪圖：國立故宮博物院研究助理林加豐先生）

附圖四　突厥侵唐路線圖

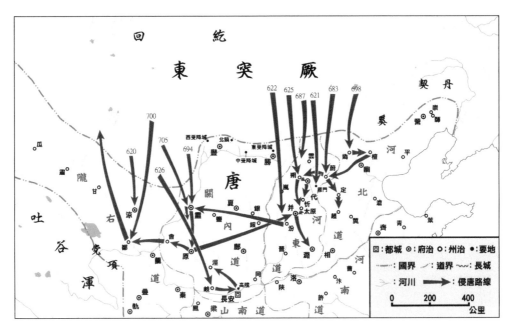

摘自程光裕、徐聖謨，前引書，頁 45～46
（電腦繪圖：國立故宮博物院研究助理林加豐先生）

附圖五　北齊修築肆州、離石長城圖

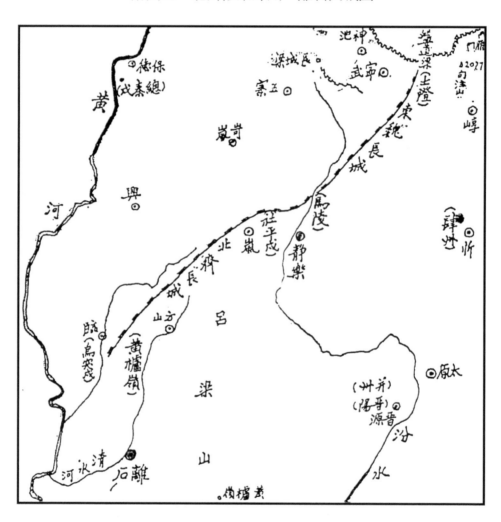

摘自王恢,《中國歷史地理》(上冊),頁 210,台灣學生書局。

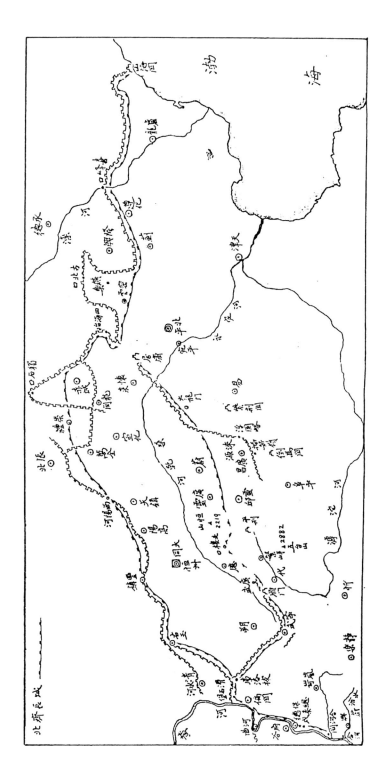

附圖六　北齊長城全圖

摘自王恢，前引書，頁215，台灣學生書局。

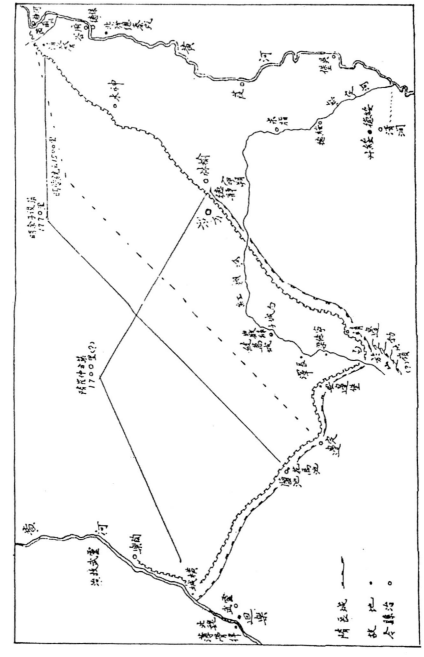

附圖七　隋長城全圖

摘自王恢，前引書，頁 221，台灣學生書局。

附圖八　隋煬帝續修長城圖

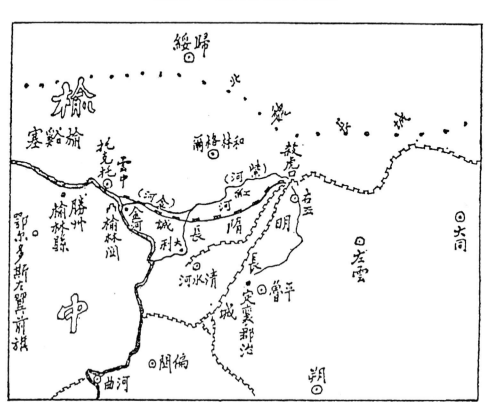

摘自王恢，前引書，頁 223，台灣學生書局。

附圖九　漢庫車烽燧遺址（新疆庫車縣克孜縣朶哈）

摘自程喜霖，《漢唐烽堠制度研究》，聯經出版事業公司。

附圖十　唐阿拉溝烽火台（烏魯木齊南山礦區、吐魯番托克遜西阿拉溝東口）

摘自程喜霖，前引書，聯經出版事業公司。

附圖十一　唐 —— 元交河城北烽火台

摘自程喜霖，前引書，聯經出版事業公司。

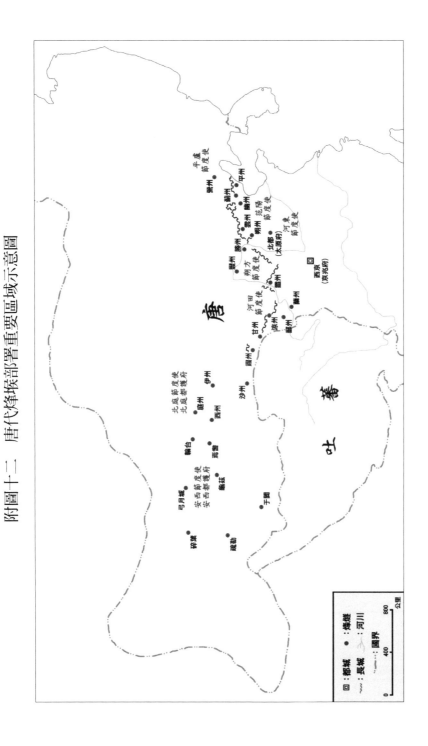

附圖十二　唐代烽候部署重要區域示意圖

摘自程喜霖，前引書，聯經出版事業公司．

（電腦繪圖：國立故宮博物院研究助理林加豐先生）

第四章　突厥與中原國家之互動關係

　　中國與邊疆民族之關係，可謂源遠流長，遠溯自上古時代即見邊疆民族活動於中國之蹤跡與史籍記載。〔註1〕它們與中國不論在政治、經濟、軍事、外交和文化等各方面，皆發生極為密切之關係。平時開邊互市，貢使及貿商往來；戰時則互動干戈，攻伐殺掠，史不絕書。由於地理上胡族居於邊界或雜處之關係，而時有接觸，乃造成對於彼此事物之好奇與學習興趣，因而發生文化上之融合，乃屬必然的。即以突厥系族為例，不論在精神或物資等生活方面，均深受中原國家的影響，而尤於民間更有密切之接觸與往來。以下謹就政治經濟、軍事外交、文教、宗教信仰及曆法道術等方面，分別加以闡述，以明突厥系族與中原國家彼此間之交流與互動關係。

第一節　政治經濟方面

一、就政治上而言

　　中原國家與北亞間民族之交通往來，起源極早，上古時代即有密切之接觸。迨至西漢武帝時，張騫通西域，即是中西方政治、經濟和文化等各方面，直接接觸、相互交流的一個明顯例子。雖因中國與突厥各處不同的環境，過著迥異的生活，然在相互交流以後，中國的政治制度逐漸傳入突厥系族之中，尤其中國的職官制度，更為其廣泛使用。

〔註 1〕詳見王國維，《觀堂集林》（臺北，世界書局，民國 72 年 5 月出版）卷一三〈鬼
　　　　方昆夷玁狁考〉，頁 583。

（一）職官制度

突厥的職官名稱普遍採用漢語的對音，亦即突厥的職官名稱、語詞，係從漢語中轉折引用而來的，也就是一般所習稱的「借字」。〔註2〕由突厥職官所使用大量漢語的借字觀之，可知漢文化對突厥影響之深遠。

突厥原有其職官制度，但傳入和採行中國的職官或地方行政官制，則晚在唐代。《周書》卷五十〈異域突厥傳〉載其原有官制云：

> ……大官有葉護，次設，次特勤，次俟利發，次吐屯發，及餘小官
> 凡二十八等，皆世爲之……。侍衛之士，謂之附離……。〔註3〕

可見突厥原有其職官，如葉護、設、特勤、俟利發、吐屯發、附離等二十八種。而部分借用漢語職稱後，顯在唐代，見於《舊唐書》及古突厥碑文等之記載即是。

《舊唐書》卷一九四〈突厥傳〉載貞觀四年（630），突厥降附酋領接受唐所封授之官銜云：

> 頡利之敗也，其部落或走薛延陀，或走西域，而來降者甚眾。詔議
> 安邊之術……。彥博既口給，引類百端，太宗遂用其計，於朔方之
> 地，自幽州至靈州置順、祐、化、長四州都督府，又分頡利之地六
> 州，左置定襄都督府，右置雲中都督府，以統其部眾。其酋首至者
> 皆拜爲將軍、中郎將等官……。〔註4〕

同書又云：

> （高宗永徽元年，650）車鼻既破之後，突厥盡爲封疆之臣，於是分
> 置單于、瀚海二都護府。單于都護領狼山、雲中、桑乾三都督、蘇
> 農等一十四州。瀚海都護領瀚海金微、新黎等七都督、仙萼、賀蘭
> 等八州，各以其首領爲都督、刺史。〔註5〕

上述太宗、高宗各以唐之官銜——將軍、都督、刺史等，封授予突厥酋領，嗣後突厥國內漸普遍採用唐之職官稱號。

〔註2〕陳慶隆，〈從借字看突厥、回紇的漢化〉（臺北，中央研究院歷史語言研究所集刊，民國65年9月出版）第四十七本第三分，頁434～436。

〔註3〕令狐德棻等，《周書》（臺北，鼎文書局，民國76年2月出版）卷五十〈異域突厥傳〉，頁909。

〔註4〕劉昫等，《舊唐書》（臺北，鼎文書局，民國74年3月出版）卷一九四〈突厥傳〉，頁5162～5163。

〔註5〕劉昫等，前引書，卷一九四〈突厥傳〉，頁5166。

　　另外，古突厥碑文「闕特勤碑」東面第三十一行，載突厥的行政區劃名稱云：

> 朕弟闕特勤受成人之名……。十六歲時爲朕權可汗之帝國及權力所建功勳如下：朕等出征六姓（Cub）及粟特而敗之。唐家王（Ong）都督率五萬人來侵，朕等拒卻之。〔註6〕

上述所稱「六姓」，以譯爲「六州」（altï Čub）較爲正確，〔註7〕乃粟特之領地。可見，中國「州」之稱號，唐時已爲突厥所襲用。

　　突厥系族的官制，還有柱國、司馬、內宰相、外宰相等名稱，均與中國的職官制度有密切的關係。唐・溫大雅《大唐創業起居注》卷上云：

> （煬帝大業十三年，617）丙申，突厥柱國康鞘利等幷馬而至，舍之於城東興國元壇。鞘利見老君尊容，皆拜。〔註8〕

又《新唐書》卷二一七〈回鶻傳〉載其官制云：

> ……（太宗貞觀四年，630）乃以回紇部爲瀚海，多覽葛部爲燕然，僕骨部爲金微，拔野古部爲幽陵，同羅部爲龜林，思結部爲盧山，皆號都督府……，皆以酋領爲都督、刺史、長司、司馬……。乃拜吐迷度爲懷化大將軍、瀚海都督；然私自號可汗，署官吏，壹似突厥，有外宰相六、內宰相三，又有都督、將軍、司馬之號……。〔註9〕

由上所述，可見中國的職官如：宰相、柱國、將軍、司馬、都督、刺史等官銜，於唐代業已逐漸爲突厥系族所仿效，雖部分是因歸化而爲唐所授予之職官，然突厥系族在職官制度方面，深受中原文化的影響，是無庸置疑的。

（二）宮廷胡風

　　政治措施方面，由於中原國家常懷「華夷一家」的觀念，並未嚴夷夏之防，故外族遷居中國者眾，華夷雜處的情形極爲普遍，他們同受重用，入仕於朝廷者，不乏其人。唐室甚至於雜有胡族的血統，胡化甚深，故有唐一代

〔註6〕V. Thomsen（湯姆森）著、韓儒林譯，〈蒙古古突厥碑文──闕特勤碑〉（北平，中華書局，1987年7月出版）收錄於林幹編《突厥與回紇歷史論文選集》（上），頁484。

〔註7〕陳慶隆，前引文，頁436。

〔註8〕溫大雅，《大唐創業起居注》（臺北，臺灣商務印書館，民國75年3月出版）收錄於景印清《文淵閣四庫全書》第三〇三冊，卷上，頁19。

〔註9〕歐陽修、宋祁，《新唐書》（臺北，鼎文書局，民國74年2月發行）卷二一七〈回鶻傳〉，頁6112〜6113。

對於夷夏之防，自始即甚為薄弱。由於唐代在位君主，輒視「國朝一家天下，華夷如一」〔註10〕的寬大胸懷，故而四夷賓服，紛來朝貢。

唐室宮廷之內，又常任用胡人為侍衛，或充任侍子（即質子），故皇室子孫自幼即接觸胡人，在耳濡目染的情況下，日常生活輒雜有胡族的風俗習尚，如日常生活用胡語、胡服及胡舞等，即是受胡族的影響。唐太宗廢太子承乾，原因之一即是其耽溺於突厥習俗的緣故。《資治通鑑》卷一九六太宗貞觀十七年（643）三月載云：

> （承乾）好突厥語及其服飾，選左右貌類突厥者五人為一落，辮髮羊裘而牧羊，作五狼頭纛及幡旗，設穹廬，太子自處其中，斂羊而烹之，抽佩刀割肉相啗。又嘗謂左右曰：「我試作可汗死，汝曹效其喪儀。」因僵臥於地，眾悉號哭，跨馬環走，臨其身，剺面。良久，太子欻起，曰：「一朝有天下，當帥數萬騎獵於金城西，然後解髮為突厥，委身思摩，若當一設，不居人後。」〔註11〕

由上所述，可見突厥的習俗，已深植於宮廷之中，而為諸王所仿效。惟胡俗在唐代尚無法普遍為人民所接受，咸認為此風不可長，而有悖「禮教」及損盛德。故貞觀年間，中書侍郎兼太子左庶子于志寧曾數諫太子承乾，勿狎近突厥達哥支等人，太子不聽，乃上書切諫。《舊唐書》卷七十八〈于志寧傳〉載云：

> ……且突厥達哥支等，人面獸心，豈得以禮教期，不可以仁信待。心則未識於忠孝，言則莫辯其是非，近之有損於英聲，暱之無益於盛德。引之入閤，人皆驚駭，豈臣愚識，獨用不安？〔註12〕

上言承乾狎近突厥，以今人的眼光視之，雖無不可。然當時人認為突厥「人面獸心」，不可「以禮教期」，不可「以仁信待」，朝臣皆驚駭太子之所為，認為無益於令望，而有損於盛德。然由此可見唐室與突厥交往之頻繁和關係之密切。

與上述情況相同，亦見於高宗時代。高宗曾敕令突厥酋長子弟入事東官，當時西臺舍人徐齊聃認為茲事體大，乃上疏力諫，期期以為不可。《舊唐書》卷一九〇〈徐齊聃傳〉載云：

〔註10〕李昉等，《文苑英華》（臺北，大化書局，民國74年5月印行）卷八〇一李華，〈壽州刺史壁記〉，頁1928。

〔註11〕司馬光，《資治通鑑》（臺北，世界書局，民國68年5月出版）卷一九六〈太宗貞觀十七年〉，頁6189～6190。

〔註12〕劉昫等，前引書，卷七十八〈于志寧傳〉，頁2697。

　　……齊聃上疏曰：「昔姬誦與伯禽同業，晉儲以師曠爲友，匪唯專賴
　　師資，固亦詳觀近習……。」〔註13〕

上述徐齊聃之意，很明顯地是爲了防杜皇室子弟東施效顰，漸染胡俗，以免
遺患無窮。徐齊聃以古訓今，其意乃在強調皇室子弟之教育，除重視師資教
誨之外，平時就近所受生活環境之薰陶浸染，更爲重要。由高宗之敕令，可
見當時唐室與突厥交往甚爲密切，高宗始有此令。然高宗終於採納徐齊聃之
諫言，廢除了上述之敕令。

（三）和親政策

　　我國對邊疆民族所採行的和親政策，乃是一種在政治外交上的策略運
用，它不僅指公主遠嫁異域的婚姻關係，還包括二國和好、親善、同盟等多
重關係。此一政策，乃淵源於漢初，高祖初得天下，國內未定，是時匈奴冒
頓單于兵強馬盛，控弦數十萬，雄霸北方，數寇邊界，高帝患之，乃問計於
奉春君劉敬，劉敬遂提出和親之策。《史記》卷九九〈劉敬傳〉云：

　　高祖罷平城歸……。當是時，冒頓爲單于，兵彊，控弦三十萬，數
　　苦北邊。上患之，問劉敬……。劉敬對曰：「陛下誠能以適長公主妻
　　之，厚奉遺之，彼知漢適女送厚，蠻夷必慕以爲閼氏，生子必爲太
　　子，代單于……，冒頓在，固爲子婿；死，則外孫爲單于。豈嘗聞
　　外孫敢與大父抗禮者哉？兵可無戰以漸臣也……。」高帝曰：「善」。
　　欲遣公主，呂后泣曰：妾惟一太子一女，奈何棄之匈奴？帝竟不能
　　遣長公主，而取家人子爲公主妻單于，使敬往結和親約。歲奉匈奴
　　絮繒、酒食物各有數，約爲兄弟，以和親。冒頓乃少止……。〔註14〕

漢以後各朝，間亦採行上述和親政策，尤以隋、唐兩代更爲盛行。其目的一
則突厥之俗，「可賀敦預知軍謀」，〔註15〕頗能左右可汗，使之勿侵擾中國。
二則以中國公主爲可賀敦，兼用以監視可汗，一旦邊界發生戰事，可賀敦即
可爲中國之內應，甚至於可以先期告變，使中國得以預知敵情，妥爲籌謀應
變。可見，和親下嫁公主的婚姻方式，頗具政治外交上的功用。

〔註13〕劉昫等，前引書，卷一九○〈徐齊聃傳〉，頁4998。
〔註14〕司馬遷，《史記》（臺北，鼎文書局，民國75年10月出版）卷九十九〈劉敬
　　　　傳〉，頁2719。
〔註15〕司馬光，前引書，卷一八二〈隋煬帝大業十一年〉，頁5698。
　　　　「可賀敦預知軍謀」，此乃隋內史侍郎蕭瑀之言。

其次在突厥方面，和親的主要目的，一則在名譽上具有號召鄰族的作用，也是一種在政治外交上的策略運用，其目的在承藉「大國」之威靈，以統率號令北方諸遊牧行國。例如隋文帝時，長孫晟奏云突厥雍虞閭（即都藍可汗）之所以求婚，是爲了「依倚國家，承藉威靈」，〔註16〕則玷厥（即達頭可汗）、染干（即啓民可汗）兩小可汗必受其徵發。又如默棘連（即苾伽可汗）屢請尚唐公主不得，曾抱怨云：「頻請不得，實亦羞見諸蕃」。〔註17〕由上所舉二例，可知一般塞外遊牧行國首領，深知若得尚中國公主，是其無上的榮譽，且可領袖群倫。另一方面，塞外遊牧民族也常藉和親的關係，在經貿上可以確保與中國開邊互市，並可取得中國大量財物的賜與，以彌補其在物資上之不足。《資治通鑑》卷二一二玄宗開元九年（721），載突厥苾伽可汗遣使求和，玄宗賜書云：

> 曩昔國家與突厥和親，華夷安逸，甲兵休息；國家買突厥羊馬，突厥受國家繒帛，彼此豐給。〔註18〕

上述由中原國家與突厥所建立之和親關係，在當時雙方緊張的敵對情勢之下，仍不失爲一重要的權宜措施，其影響層面至爲深遠。除了藉由締結和親的關係，確保與中國開邊互市以外，尚可促進民族間之融合、文化之交流與經濟上的互補互利，更可充分發揮分化和離間敵國的功能，緩和彼此間之緊張敵對關係，相對地也厚植中原國家的國力，奠定隋唐邁向世界大國的基礎。

有關中國公主和親的對象，一般而言，約有三類人物，即功勳大臣及其子弟侄甥、皇室姻親、士族等三類。〔註19〕然而中國公主與突厥和親的對象，因基於政治、外交上之因素，企圖達到政治上的羈縻作用，和外交上的友好目的，故以突厥可汗尚主居多，其次即爲可汗子弟及歸化蕃將，屬上述第一

〔註16〕 魏徵等，《隋書》（臺北，鼎文書局，民國76年5月出版）卷五十一〈長孫晟傳〉，頁1333。

　　　　載隋文帝開皇十三年（593），突厥雍虞閭都藍可汗上表請婚，長孫晟奏曰：「臣觀雍閭，反覆無信，特共玷厥有隙，所以依倚國家。縱與爲婚，終當必叛。今若得尚公主，承藉威靈，玷厥、染干必又受其徵發。強而更反，後恐難圖……。」

〔註17〕 劉昫等，前引書，卷一九四〈突厥傳〉，頁5176。

〔註18〕 司馬光，前引書，卷二一二〈唐玄宗開元九年〉，頁6744。

〔註19〕 王壽南，〈唐代公主之婚姻〉（臺北，中央研究院三民主義研究所，民國71年6月出版）收錄於中央研究院《三民主義研究所叢刊》（8），第一屆歷史與中國社會變遷（中國社會史）研討會（上冊），頁161。

類人物，亦爲公主下嫁之對象。相反地，中國皇室及功勳大臣，亦有尙突厥公主的，例如北周武帝尙木杆可汗女、隋尙書右僕射虞慶則尙沙鉢略可汗從妹即是。

　　中國與突厥正式之和親關係，始於西魏文帝大統十七年（551），魏以長樂公主下嫁阿史那土門。〔註20〕其後木杆可汗於北周天和三年（568），嫁女與北周武帝爲后，是爲阿史那皇后。〔註21〕嗣後北周於靜帝大象二年（580），以宗室趙王招之女千金公主嫁與佗鉢可汗，〔註22〕繼又嫁其姪沙鉢略可汗。〔註23〕上述乃西魏、北周與突厥之和親關係，並已爲隋唐二代與突厥和親，下嫁公主，拉開序幕，對促進兩國的邦誼及化解軍事上的衝突，發揮相當程度的影響力。茲依據史籍記載隋、唐二代與突厥和親，下嫁公主之情形，臚列如下（如附表三），以見雙方和親關係之全貌。

附表三　隋唐時代與突厥和親一覽表

年　　代	公主名稱	和親對象	出　　處
隋文帝開皇四年（584）	（隋）大義公主	沙鉢略可汗（父） 莫何可汗（叔） 都藍可汗（子）	《隋書》卷八四〈北狄突厥傳〉，頁1870。 《隋書》卷六七〈裴矩傳〉，頁1578。
開皇四年（584）	（突厥）阿史那公主	（隋尙書右僕射）虞慶則	《隋書》卷八四〈北狄突厥傳〉，頁1869。
開皇年間	（隋）向氏	（西突厥）泥利可汗（兄） 婆實特勤（弟）	《隋書》卷八四〈北狄西突厥傳〉，頁1876。
開皇十七年（597）	（隋）安義公主	染干（後稱啓民可汗）	《隋書》卷八四〈北狄突厥傳〉，頁1872。
開皇十九年（599）	（隋）義成公主	啓民可汗（父） 始畢可汗（子） 處羅可汗（子） 頡利可汗（子）	《隋書》卷八四〈北狄突厥傳〉，頁1873、1876。 《舊唐書》卷一九四〈突厥傳〉，頁5154〜5155。
隋煬帝大業年間	（隋）淮南公主	什鉢苾（後稱突利可汗）	《舊唐書》卷一九四〈突厥傳〉，頁5160。
大業十年（614）	（隋）信義公主	（西突厥）曷薩那可汗	《隋書》卷八四〈北狄突厥傳〉，頁1879。

〔註20〕令狐德棻等，前引書，卷五十〈異域突厥傳〉，頁908。
〔註21〕令狐德棻等，前引書，卷九〈武帝阿史那皇后傳〉，頁144。
〔註22〕令狐德棻等，前引書，卷五十〈異域突厥傳〉，頁912。
〔註23〕魏徵等，前引書，卷五十一〈長孫覽傳附長孫晟〉，頁1329。

唐高祖武德三年（620）	（唐）宗女	突厥遣阿史那揭多求婚	《資治通鑑》卷一八八唐高祖武德三年（620），頁5884。
唐太宗貞觀中	（唐）九江公主	執失思力（唐授左領軍將軍，封安國公）	《新唐書》卷一一〇〈執失思力傳〉，頁4117。
貞觀三年（629）	（唐）定襄縣主	阿史那忠	《舊唐書》卷一〇九〈阿史那社爾傳附阿史那忠〉，頁3290。
貞觀十年（636）	（唐）衡陽長公主	阿史那社爾（唐拜左騎衛大將軍）	《舊唐書》卷一〇九〈阿史那社爾傳〉，頁3289。
唐睿宗景雲二年（711）	（唐）金山公主	默啜可汗	《舊唐書》卷一九四〈突厥傳〉，頁5172（俄而睿宗傳位，親竟不成）
唐玄宗開元元年（713）	（唐）南和縣主	楊我支特勤	《新唐書》卷二一五〈突厥傳〉，頁6047。
開元二年（714）	（唐）金山公主	石阿失畢（唐授左衛大將軍，封燕北郡王）	《舊唐書》卷一九四〈突厥傳〉，頁5172。
開元五年（717）	（唐）金河公主	蘇祿（唐冊立忠順可汗）	《舊唐書》卷一九四〈突厥傳〉，頁5191。

由上述中國公主與突厥和親的對象，明顯可以看出塞外遊牧部族普遍採行「烝報婚」制，即「父兄伯叔死者，子弟及姪等妻其後母、世叔母及嫂。」〔註24〕之婚俗，故北周千金公主嫁佗鉢、沙鉢略二可汗，隋大義公主嫁沙鉢略、莫何、都藍三可汗，義成公主嫁啓民、始畢、處羅、頡利四可汗，並不爲異。其次，漢與隋唐均和北亞遊牧部族通婚，但其意義不同，漢以「和蕃」換取和平，隋唐胡人尚主，則可增加其政治地位，而主權操之於中國，此是其中明顯之差異。要之，二者在政治外交上皆發生一定程度的作用。

二、就經濟上而言

經濟方面，突厥對中原國家的依存度更深，當時因交通便捷、貿易發達與民間接觸頻繁等關係，因而形成突厥國內各種有關經濟生活方面或物資上的名稱，大量採用漢族之借字，〔註25〕可見突厥與中原國家在經濟物資方面的密切關係。

（一）貨幣經濟

有關突厥的貨幣經濟方面，從寶鈔（bao cǎo）的借字，可知突厥的交易，

〔註24〕令狐德棻等，前引書，卷五十〈異域突厥傳〉，頁910。
〔註25〕陳慶隆，前引文，頁437～443。

已逐漸脫離以物易物的交易方式，而代之以中國的幣制方式交易。其顯例證，即在熱海（Issyk Koul，即今伊斯色克湖）北岸山北的凡爾諾依（Viernoie）附近，曾發現若干突厥文貨幣，以及突厥文和漢文合璧之貨幣，而經法人達魯因（Ed. Drouin）之考證，確定其為西突厥汗國之貨幣。〔註26〕可見，西突厥貨幣因受中國貨幣形制的影響，而鑄有漢文及突厥文。因此種貨幣的發行，進而促使西突厥由原始的實物地租，改行貨幣地租。這種貨幣明顯地是在西突厥汗國各部落，或在西域各國間統一通行。〔註27〕其次，突騎施汗國因受唐代「絲綢之路」及貨幣文化的影響，部族商品交易使用安息金銀錢，其錢幣鑄有仿唐「開元通寶」形制的方孔圓錢，正面鑄有粟特文，漢譯為「天可汗突騎施錢」，背面為一弓月紋，以伊犁水弓月形為突騎施汗王的小牙帳（位今新疆省伊寧市附近）。錢幣直徑二、四釐米，重五克，銅色青白（如附圖一三），為唐玄宗開元七年（719），封蘇祿為突騎施可汗時所鑄的一種突騎施粟特文錢幣，是研究西突厥及突騎施二汗國，與唐朝政治、經濟、文化等方面密切關係的一種十分珍貴的實物史料。〔註28〕

（二）農耕措施

從田租（tiŋtsuj）、倉（san）及四至（sïcï）等借字，顯示突厥已逐漸步入定居的農耕社會。《舊唐書》卷一八五〈田歸道傳〉云：

> 聖曆初，突厥默啜遣使請和……。默啜又奏請六胡州及單于都護府之地，則天不許……會有制賜默啜粟三萬石、雜綵五萬段、農器三千事，幷許之結婚。於是歸道得還……。〔註29〕

武后賜默啜粟、農器等，可知突厥已漸營農耕的生活。突厥因有農耕，故需倉庫貯存穀物，田租之制亦應運而生，同時已有「四至」的觀念，以界定土地農耕的範圍。所謂「四至」，即立石以標誌四方所至之地界。清·王芑孫〈碑版廣例〉云：

〔註26〕E. Chavannes（沙畹）著、馮承鈞譯，《西突厥史料》（臺北，臺灣商務印書館，民國53年4月發行），頁153～154。詳見 Ed. Drouin, Sur quelques monnaies turcochinoises，載於西元1891年法國的古錢學雜誌。

〔註27〕馬長壽，《突厥人和突厥汗國》（上海，人民出版社，1957年5月出版），頁103。

〔註28〕李俠、曉峰，《中國北方民族貨幣史》（黑龍江，人民出版社，1989年8月發行），頁50。

〔註29〕劉昫等，前引書，卷一八五〈田歸道傳〉，頁4794～4795。

書地界四至雖自晉太康瓦甎有之。唐人則見於開元廿八年王守泰記
石浮屠。後書東西南北四至之下，又總之曰：「四至分明，永泰無窮。
末加吉語，雖出漢例，在唐爲刱見。」〔註30〕

可知「四至」之例，早見於中國，後因突厥漸營農耕的定居生活，中國界定
地標的「四至」觀念，乃爲突厥所襲用。

又由突厥借字中之綢（čuz）、絨錦（zünkün）、金線（kimsän）及武后賜
與之「雜綵」等，可知中國之繒帛、絹綢等絲織品，曾大量的輸入突厥，與
之互市羊、馬等畜產品，藉以互通有無，彼此豐給。

（三）互　市

突厥與中原國家之互市關係，遠早於阿史那土門始建國之時，即「至塞
上市繒絮，願通中國」。〔註31〕中原國家與遊牧民族於邊境設立互市場所，行
正常互惠之易，乃屬互利的行爲，對於和平也大有助益。否則，若以沒有和
平貿易爲藉口，遊牧民族以掠奪中原物質而引起的戰爭，勢必爆發。〔註32〕
另一方面，因互市有利可圖，故突厥常「率其部落，盡驅六畜，星馳爭進，
冀先互市。」〔註33〕這雖是隋以關市誘殺突厥始畢可汗倖臣史蜀胡悉之計謀，
然亦可說明突厥嗜漢財物，通互市之殷。文帝時，突厥與隋之貿易情形，《隋
書》卷八四〈突厥傳〉載云：

其年（開皇七年，587），（都藍可汗）遣其母弟褥但特勤獻于闐玉杖，
上拜褥但爲柱國、康國公。明年，突厥部落大人相率遣使貢馬萬匹，
羊二萬口，駝、牛各五百頭。尋遣使請緣邊置市，與中國貿易，詔
許之。〔註34〕

由上述文帝詔許突厥「請緣邊置市」而言，隋與突厥間之互市，應已相當制
度化，且已甚爲頻繁。然互市當有特定之據點及其他相關規定，凡交關之貿
商或百姓，均應一體遵行，不得違犯，否則恐處斬無赦。《隋書》卷八十五〈宇
文化及傳〉云：

……煬帝幸榆林，化及與弟智及違禁與突厥交市。帝大怒，囚之數

〔註30〕王芑孫，〈碑版廣例〉，詳見：《行素草堂金石叢書》卷八，頁38。
〔註31〕令狐德棻等，前引書，卷五十〈異域突厥傳〉，頁908。
〔註32〕札奇斯欽，《北亞游牧民族與中原農業民族間的和平戰爭與貿易之關係》（臺
　　　北，正中書局，民國66年7月發行），頁364。
〔註33〕魏徵等，前引書，卷六十七〈裴矩傳〉，頁1582。
〔註34〕魏徵等，前引書，卷八十四〈北狄突厥傳〉，頁1871。

月。還至青門外，欲斬之而後入城，解衣辮髮，以公主故，久之乃
釋……。〔註35〕

隋訂定嚴格的互市規約，目的在抑止私市的猖獗，增加國家之稅入及鞏固邊
防之安全。然突厥性貪利無厭，隋大業十三年（716），始畢可汗遣其柱國康
鞘利等，送馬至太原交市。突厥市馬，冀在貨利，且馬方來不已，體又羸弱，
彼馬如羊，多則無益。唐高祖對此甚感困擾，曾告誡司馬劉文靜曰：「……
突厥多來，民無存理，數百之外，無所用之……。公宜體之，不須多也。」
〔註36〕突厥與初唐市馬圖利的情形，至中唐時期亦復如此，故玄宗於開元
二十四年（736），敕突厥可汗曰：「此來和市，常有限約……，朕以一年再
市，舊無此法……。驅馬直來，無禮無信……。」〔註37〕終遣回多餘之馬。

關於唐與突厥的互市，《新唐書》卷五十〈兵志〉載云：

> ……其後突厥款塞，玄宗厚撫之，歲許朔方軍西受降城爲互市，以
> 金帛市馬，於河東、朔方、隴右牧之……。〔註38〕

《舊唐書》卷一九四〈突厥傳〉亦云：

> （開元）十五年，小殺（即苾伽可汗）使其大臣梅錄啜來朝，獻名
> 馬三十匹。時吐蕃與小殺書，將計議同時入寇，小殺并獻其書。上
> 嘉其誠，引梅錄啜宴於紫宸殿，厚加賞賚，仍許於朔方軍西受降城
> 爲互市之所，每年齎縑帛數十萬匹就邊以遺之。〔註39〕

由上所述，可知突厥可汗不惜犧牲與吐蕃之同盟，來換取與唐之互市，唐也
因西北邊境多事，爲了籠絡突厥，孤立吐蕃，不僅開邊互市，並且每年還齎
送突厥數十萬匹縑帛，如此自可維繫西北邊境平靖無事，且可盡全力對付吐
蕃。

至於專司互市的署，在隋、唐已制度化，有專掌四方蕃國貿易的機構，
可見當時之互市，已甚爲頻繁。《唐六典》卷二十二〈諸互市監〉云：

> 諸互市監監各一人，從六品下；丞一人，正八品下。諸互市監各掌
> 諸蕃交易之事；丞爲之貳。凡互市所得馬、駞、驢、牛等，各別其

〔註35〕魏徵等，前引書，卷八十五〈宇文化及傳〉，頁1888。
〔註36〕同註8。
〔註37〕此言突厥可汗，當指登利可汗而言，係苾伽可汗之子，在位八年（734～741）。
　　　　玄宗開元二十九年，爲左殺（即烏蘇米施可汗）所殺。
〔註38〕歐陽修、宋祁，前引書，卷五十〈兵志〉，頁1338。
〔註39〕劉昫等，前引書，卷一九四〈突厥傳〉，頁5177。

色，具齒歲、膚第，以言於所隸州、府，州、府爲申聞……。〔註40〕漢、魏已降，緣邊郡國皆設有互市，與夷狄交易，相互交換其物產，並由郡縣主之，而不別置官吏。至隋，始於諸緣邊州置交市監，〔註41〕唐後始改稱爲互市監。

第二節　軍事外交方面

一、兩面政策之運用

突厥自建國以後，即與中國往來密切。當時適逢魏分東、西，後爲周、齊爭雄，這種局勢正給予突厥一個極有利的機會，周、齊雙方皆不惜付出極高的代價，來爭取這個強大的外援。西魏大統十七年（551），丞相宇文泰且以魏之長樂公主妻阿史那土門。〔註42〕周、齊拉攏突厥的手段，《周書》卷五十〈異域突厥傳載〉云：

> ……自俟斤（即木杆可汗）以來，其國富彊，有凌轢中夏志。朝廷既與和親，歲給繒絮錦綵十萬段。突厥在京師者，又待以優禮，衣錦食肉者，常以千數。齊人懼其寇掠，亦傾府藏以給之。佗鉢彌復驕傲，至乃率其徒屬曰：「但使我在南兩箇兒孝順，何憂無物邪。」
> 〔註43〕

周、齊爭相結好突厥的手段，究以周爲高。因此，突厥曾於北周武帝保定三年（563），派騎兵十萬，助周伐齊，使齊遭受嚴重的損失。惟突厥並不希望齊國滅亡，它知道必須維持周、齊並存的均勢，然後才能不憂無物。突厥有鑒於此，乃依違於周、齊二國之間，欲長久坐享漁人之利，但沒想到周竟於武帝保定六年（577），迅速滅齊，一俟突厥出兵援齊，爲時已晚。繼之突厥又立齊范陽王高紹義爲齊帝，冀圖再行兩面政策，然時局強弱已現，突厥的

〔註40〕李林甫等，《唐六典》（北平，中華書局，1992 年 1 月出版）卷二十二〈少府諸互市監〉，頁 580。

〔註41〕同上。

〔註42〕同註 31。

〔註43〕令狐德棻等，前引書，卷五十〈異域突厥傳〉，頁 911～912。
《隋書》卷八十四〈北狄突厥傳〉與《資治通鑑》卷一七一陳宣帝太建四年（572）胡三省注，均云：佗鉢可汗在南「兩兒」常孝順。「兩兒」乃指佗鉢可汗之兩侄兒，一在東方監北齊的「爾伏可汗」，另一在西方監北周的「步離可汗」，並非指北齊、北周。

這種兩面外交政策，實已無法貫徹。其後突厥也鑒於北周實力不可悔，乃又和周表示親善，周乃冊立趙王招女爲千金公主以妻佗鉢可汗，突厥乃遣還高紹義。〔註44〕這是突厥外交上的一大挫敗，從此它對中國失去了控制的力量，至隋文帝篡周以後，突厥在外交上便處於劣勢，軍事上也連連失利，終於造成內部的分裂與衰亡。

二、扶植傀儡政權

　　自隋衰亡以後，正給予突厥一個發展的機會。始畢可汗於煬帝大業十一年（615）叛隋，圍煬帝於雁門（今山西省代縣），隋徵調大軍赴援，始畢可汗乃解圍而去。次年（大業十二年，616），突厥再寇馬邑（今山西省朔縣），爲唐公李淵所敗。是時中原鼎沸，群雄並起，競依突厥爲援，並受其封號。當時突厥強大，幾乎凌駕於沙鉢略可汗時代，其盛況《隋書》卷八十四〈突厥傳〉載云：

> ……隋末亂離，中國人歸之者無數，遂大強盛，迎蕭后置於定襄。薛舉、竇建德、王世充、劉武周、梁師都、李軌、高開道之徒雖僭尊號，皆稱臣受其可汗之號，使者往來相望於道。〔註45〕

始畢可汗之所以能迅即興起，當與隋之驟衰有密切關係，中國強則外族弱；相反地，若中國亂離衰頹，外族勢將興起，憑陵諸夏。故陳寅恪曾云：「唐代武功可稱爲吾民族空前盛業，然詳究其所以與某甲外族競爭，卒致勝利之原因，實不僅由於吾民族自具之精神及物力，亦某甲外族本身之腐朽衰弱有以招致中國武力攻取之道，而爲之先導者也。」〔註46〕即是一最好的註腳，反之亦然。

三、突厥之援兵

　　關於唐初突厥之盛強，《舊唐書》卷一九四〈突厥傳〉云：

> 始畢可汗咄吉者，啓民可汗子也。隋大業中嗣位，值天下大亂，中國人奔之者眾。其族強盛，東自契丹、室韋，西盡吐谷渾、高昌諸國，皆臣屬焉，控弦百餘萬，北狄之盛，未之有也，高視陰山，有

〔註44〕同註23。
〔註45〕魏徵等，前引書，卷八十四〈突厥傳〉，頁1867。
〔註46〕陳寅恪，《唐代政治史述論稿》（臺北，樂天出版社，民國61年3月出版）下篇〈外族盛衰之連環性及外患與內政之關係〉，頁94。

輕中夏之志。〔註47〕

隋末，中國分崩離析，起兵群雄多受突厥冊封，而唐高祖李淵太原起義，國內反對勢力仍大，有竇建德、王世充、劉黑闥、劉武周等群雄並起，李淵義旗無由獨舉，勢須引突厥以為奧援，「資其士馬，以益兵勢」。〔註48〕故唐高祖太起義之初，即「遣大將軍府司馬劉文靜聘於始畢，引以為援。始畢遣其特勤康稍利等獻馬千匹，會於絳郡，又遣二千騎助軍，從平京城。」。〔註49〕基於當時國內複雜之情勢下，唐高祖太原起義之初，不得不表現出一種屈己貌恭之態，冀在引突厥為己用，以免淪為敵對勢力之助力，故唐高祖曾自言：「我所以欲得之者，恐劉武周引之為患」。〔註50〕

始畢可汗在位時，曾允以兵馬助唐，默認唐公起義，自立為天子，行改朝換代之實。然高祖自忖實力及時機尚未成熟，不從其所請，乃尊隋主煬帝為太上皇，立代王侑為隋帝，旗幟雜用絳白，〔註51〕表示仍帝隋室，以安反側勢力。高祖自稱所以出此下策，乃為「掩耳偷鈴，然逼於時事，不得不然。」〔註52〕高祖起義之初，因求助於突厥，故與始畢可汗書稱「啟」，唐係以對等國家之禮相。然至高祖武德九年（626），唐之國勢穩固後，書乃改稱為「詔敕」，一改其初起時之對等關係。高祖這種態度上之轉變，純屬當時客觀環境上之變遷，是一種很自然的相應之道。

四、蕃將率軍助戰

唐軍對外征戰，蕃將常率其部落參與對外戰爭，太宗時期尤為頻繁。如貞觀八年（634），契苾何力率領契苾部落及執失思力率領突厥部落，參與討伐吐谷渾之役；貞觀十八年至十九年（644～645），阿史那思摩及阿史那社爾率領突厥部落，參與討伐高麗之役；貞觀十九年至二十年（645～646），契苾何力率領契苾部落及執失思力率領突厥部落，再度參與討擊薛延陀之役等皆是。當時的蕃將，雖非戰爭之主力，然要言之，蕃將與其部落，常為不可分

〔註47〕劉昫等，前引書，卷一九四〈突厥傳〉，頁5153。
〔註48〕王溥，《唐會要》（臺北，世界書局，民國71年12月出版）卷九四〈北突厥傳〉，頁1687。
〔註49〕同註47。
〔註50〕同註48。
〔註51〕同上。
〔註52〕同上。

者，〔註 53〕故唐室常重用某些蕃將，正因其有部落，可以參與唐室的對外戰爭。如中宗景龍二年（708），突騎施首領娑葛與其將領闕啜忠節（即阿史那忠節）不和，金山道行軍總管郭元振奏請忠節入朝宿衛，右威衛將軍周以悌說之曰：「國家不愛高官顯爵以待君者，以君有部落之眾故也……。」〔註 54〕正可說明上述之意。換言之，外族之部落酋帥參與唐室的對外戰爭，唐室也授予「高官顯爵」作爲交換之條件，其中之意義隱含有「僱傭」之性質。

唐代的武功與蕃將有重要且密切之關係，蕃將於唐代武功最盛時期，屢建奇功，故爲唐代武功之重要部分。然前、後期之蕃將，大有分別；換言之，唐代初期即太宗、高宗時之蕃將，與後來玄宗時之蕃將，有明顯之區別，亦即太宗時之蕃將多爲部落酋長，故蕃將常率其同一部落參與對外戰爭，如契苾何力、執失思力及阿史那社爾等即是；而玄宗時之蕃將，乃寒族胡人，亦即西域胡人，如安祿山等人即是，「其人則可統率其他諸不同胡族之部落」，〔註 55〕此其大較者也。然論其武功，要皆與李唐一代約三百年相始終，其關係可謂至深且鉅。以下謹列舉蕃將率其部落，共同參與唐室對外之戰爭，以闡明胡漢在軍事外交上之密切關係。

（一）吐谷渾之役

《資治通鑑》卷一九四太宗貞觀八年（634）載，唐室討伐吐谷渾有兩次，一在六月，另一在十二月：

> ……六月，遣左驍衛大將軍段志玄爲西海道行軍總管，左驍衛將軍樊興爲赤水道行軍總管，將邊兵及契苾，党項之眾以擊之。
>
> ……十二月，辛丑，以靖爲西海道行軍大總管，節度諸軍。兵部尚書侯君集爲積石道、刑部尚書任城王道宗爲鄯善道、涼州都督李大亮爲且末道、岷州都督李道彥爲赤水道、利州刺史高甑生爲鹽澤道行軍總管，并突厥、契苾之眾擊吐谷渾。〔註 56〕

上述記載，僅提及突厥、契苾及党項之眾，助唐共擊吐谷渾，而未言及蕃將

〔註 53〕章群，《唐代蕃將研究（續編）》（臺北，聯經出版事業公司，民國 79 年 9 月出版）第一章唐代蕃將與其部落的關係，頁 2。

〔註 54〕司馬光，前引書，卷二○九〈唐中宗景龍二年〉，頁 6625～6626。

〔註 55〕陳寅恪，〈論唐代之蕃將與府兵〉（臺北，九思出版有限公司，民國 66 年 12 月發行）收錄於《陳寅恪先生全集（上冊）》，頁 671。

〔註 56〕司馬光，前引書，卷一九四〈唐太宗貞觀八年〉，頁 6106～6108。

統兵助戰。然根據《新唐書》卷一一○執失思力及契苾何力本傳載，分別言及二人皆參與其役。〔註57〕參與討伐吐谷渾之役的突厥部眾當是在唐貞觀四年（630）頡利可汗被俘時，從唐羈縻州府中所處之突厥部落徵調而來，統領之蕃將，即為執失思力。貞觀六年（632），契苾何力與其母率眾千餘詣沙州內屬，太宗處其部於甘、涼二州之間。貞觀八年（634）參與吐谷渾之役的契苾之眾，即是由契苾何力統領的。

（二）高麗之役

太宗貞觀十八年（644），唐軍征討高麗。次年（貞觀十九年，645），太宗親征，進軍白崖城，右衛大將軍李思摩中弩矢。〔註58〕李思摩，原名阿史那思摩，貞觀四年（630），與頡利可汗同為唐所擒，唐授封為右武侯大將軍，令統頡利舊部於河南之地。貞觀十三年（639），以突利之弟結社率謀反，乃立思摩為乙彌泥熟俟利苾可汗，賜姓李，命率突厥降眾北渡河，還其故地。時思摩部眾渡河者凡十萬，思摩不能撫其眾，相率叛之，南渡河，請分處於勝、夏二州之間。思摩遂輕騎入朝，從征遼東。〔註59〕李思摩所統之部眾，即為上述處於勝、夏二州之突厥部落。

另一參與討伐高麗的蕃將為阿史那社爾，乃處羅可汗之子。頡利既敗，其部下立阿史那社爾為都布可汗，貞觀九年（635）率眾內屬，拜左騎衛大將軍。貞觀十九年（645），從太宗征遼，「其所部兵士，人百其勇，盡獲殊勳。」〔註60〕師旋，兼授鴻臚卿。阿史那社爾所率部眾從征遼東之役，即是貞觀九年（635）率眾內屬的諸部兵。

（三）龜茲之役

唐貞觀十四年（640）滅高昌後，龜茲王蘇伐疊助焉耆反唐。貞觀十八年（644），安西都護郭孝恪率大軍伐焉耆，龜茲遣兵助焉耆。此後龜茲職貢頗缺，幾乎斷絕與唐之朝貢關係。貞觀二十一年，乃命崑丘道行軍大總管阿史那社爾與契苾何力、郭孝恪、楊弘禮、李海岸等五大將軍，發鐵勒十三部兵

〔註57〕《新唐書》卷一一○〈執失思力、契苾何力傳〉載：執失思力，貞觀中，「從江夏王道宗破延陀餘眾，與平吐谷渾。」（頁4116～4117）
契苾何力，貞觀九年（635），「與李大亮、薛萬徹、萬均討吐谷渾於赤水川。」（頁4117。）
〔註58〕劉昫等，前引書，卷一九四〈突厥傳〉，頁5165。
〔註59〕劉昫等，前引書，卷一九四〈突厥傳〉，頁5164～5165。
〔註60〕劉昫等，前引書，卷一○九〈阿史那社爾傳〉，頁3288～3289。

及突厥騎十萬討伐龜茲，敗之。〔註61〕《冊府元龜》卷九八五〈外臣部征討門〉載太宗伐龜茲詔云：

> （貞觀二十一年十二月）……，又發鐵勒兵牧十有三部、突厥侯王
> 十餘萬騎……，道自金微會於蔥嶺，又遣吐蕃君長，踰玄菟而北臨；
> 步搖酋渠，絕昌海而西鶩……。〔註62〕

上述討伐龜茲之役的部族，除突厥十餘萬騎外，還包括鐵勒十三部、吐蕃、吐谷渾等部族兵，〔註63〕參與其役。此次戰役的主力軍，主要是由鐵勒十三部兵及突厥騎兵所組成，而由突厥貴胄出身的蕃將阿史那社爾率領，契苾何力副之。顯然這支以突厥及鐵勒諸部族兵為主力之征討龜茲大軍，是在唐中央政府所派遣之大將，如郭孝恪、楊弘禮等指揮之下進行的。〔註64〕

（四）薛延陀之役

貞觀十九年至二十年（645～646）間，唐遣右領衛大將軍執失思力，發靈、勝二州突厥兵，與江夏王道宗相應，又命右驍衛大將軍契苾何力率涼州及胡兵，共討薛延陀。〔註65〕靈、勝二州的突厥兵，即李思摩渡河南返內屬的突厥部眾。涼州之兵，係指契苾何力所統的部眾。此外，也包括一部分西域胡。

（五）奚、契丹之役

貞觀二十二年（648），契丹帥窟哥、奚帥可度者，並率其眾內屬，高宗顯慶時，二蕃帥死後，兩蕃連叛，顯慶五年（660），唐乃遣兵討之。《冊府元龜》卷九八六〈外臣部征討門〉載其事云：

> （顯慶五年）五月，以定襄都督阿史德樞賓、左武侯將軍延陀梯眞、
> 居延州都督李合浦並為冷硎道行軍總管，各領本蕃兵，以討叛奚，
> 仍令尚書左丞崔餘慶充使總護三蕃。尋而奚遣使降附，改樞賓為沙
> 磚道行軍總管，以討契丹松漠都督阿卜固，送之東都，幷擒叛奚謀
> 主匹帝、禿帝，斬之而還。〔註66〕

〔註61〕歐陽修、宋祁，前引書，一一○〈諸夷蕃將傳〉，頁4115。
〔註62〕王欽若等，《冊府元龜》（臺北，大化書局，民國73年10月印行）卷九八五〈外臣部征討門〉，頁5101。
〔註63〕司馬光，前引書，卷一九八〈唐太宗貞觀二十一年〉，頁6251。
〔註64〕段連勤，《丁零、高車與鐵勒》（上海，人民出版社，1988年6月出版），頁460～461。
〔註65〕司馬光，前引書，卷一九八〈唐太宗貞觀十九年〉，頁6233、6237。
〔註66〕王欽若等，前引書，卷九八六〈外臣部征討門〉，頁5103。

貞觀四年（630），頡利可汗敗亡後，唐置定襄、雲中二都督府及順、祐、化、長四州都督府，以處突厥降眾。〔註 67〕阿史德乃系出突厥后族貴冑之姓氏，阿史德樞賓即統此突厥降眾之酋帥，而任定襄都督。顯慶五年（660），高宗令阿史德樞賓率突厥降眾諸部兵，以討叛奚。隨後奚遣使降附，高宗乃改任阿史德樞賓爲沙磚道行軍總管，以討契丹松漠都督阿卜固，擒之而還。此外，參與此次討伐奚、契丹之役的，尚有左武侯將軍延陀梯眞所率領的延陀部兵參與。故上述高宗詔云：命蕃將「各領本蕃兵，以討叛奚。」

（六）高昌之役

隋時高昌王麴伯雅尙宇文氏女，號華容公主。武德初，伯雅死，子文泰立。太宗時，麴文泰與西突厥通好，凡西域朝貢道其國，時見抄掠。高昌又與西突厥合破焉耆，擄其人口，焉耆王來訴上情，太宗遣使問狀，促使入朝，文泰稱疾不至。貞觀十三年（639），乃拜侯君集爲交河道大總管，左右衛大將軍薛萬均、薩孤吳仁副之，契苾何力爲蔥山道副大總管，武衛將軍牛進達爲行軍總管，率突厥、契苾騎數萬進討，敗之，設西昌州，後改稱西州，並置安西都護府，留兵鎮守。〔註 68〕此役契苾何力所率領的當爲突厥及契苾部族之兵。唐吐谷渾時，曾徵調突厥、契苾之眾，今征高昌亦徵調之。可見此時唐慣於用外族之兵以伐外族，「以夷制夷」爲唐之手段，自然環境可能是一重要的考慮因素。〔註 69〕

當太宗欲伐高昌，「時公卿近臣，皆以行經沙磧，萬里用兵，恐難得志，又界居絕域，縱得之，不可以守，競以爲諫，太宗皆不聽。」〔註 70〕及滅高昌，太宗欲置州縣，特進魏徵力諫，以爲唐不能得高昌撮穀尺布之助，反而散中國有用之財帛，以事無用之高昌。〔註 71〕然太宗堅持己見，不從魏徵之言，卒置西州。太宗置西州的目的，乃欲以西州爲跳板，跨入西域，爲此自然不欲將高昌置爲附庸，恐其反覆依違於唐與西突厥之間。〔註 72〕

〔註 67〕劉昫等，前引書，卷一九四〈突厥傳〉，頁 5163。
〔註 68〕歐陽修、宋祁，前引書，卷二二一〈高昌傳〉，頁 6220、6222。
〔註 69〕王吉林，〈唐太宗對外經略及其困境〉（臺北，中國文化大學出版部，民國 79 年 7 月發行）收錄於《史學彙刊》第十六期，頁 38。
〔註 70〕劉昫等，前引書，卷一九八〈高昌傳〉，頁 5295。
〔註 71〕劉昫等，前引書，卷一九八〈高昌傳〉，頁 5296。
〔註 72〕王吉林，前引文，頁 39。

五、助平叛亂

突厥初起時，尚臣屬於柔然，並為其鍛奴。然自俟斤（即木杆可汗）以後，其國富強，有凌駕中原之志。傳至佗鉢可汗時，控弦數十萬，中國始憚之，周、齊爭結姻好，「傾府藏以事之」。〔註73〕隋唐統一，突厥頓衰，無力南侵，甚或時有助唐平亂之舉，茲列舉數例，以見一斑。

（一）高宗總章二年（669）十二月，延陀部落餘眾騷動，詔發突厥兵討擊，至烏德鞬山，大破之。〔註74〕叛唐的延陀部落，為永徽年間安置於嵯彌州之薛延陀降眾。〔註75〕這次延陀部反唐，與咸亨元年（670），吐蕃出兵西域，攻取唐屬西域十八州及龜茲撥換城有關。是年，唐軍與吐蕃戰於大非川，唐軍敗績。〔註76〕薛延陀起兵反唐，發生於大非川戰前，正唐積極備戰之時。且嵯彌州在地緣上又與吐谷渾及西域接壤，故就時空而言，這次薛延陀的反叛，當與唐之軍事徵發有關。薛延陀的叛唐，受到唐從漠南徵集而來的突厥部兵之征伐，後又降唐，仍被安置於嵯彌州。

（二）武后垂拱年間，漠北僕骨、同羅等部興兵叛唐，〔註77〕唐即「遣左豹韜衛將軍劉敬同發河西騎士，出居延海以討之」，〔註78〕斬僕骨、同羅都督，其所統部眾亦皆敗散。唐遣劉敬同入討漠北時，唐又命田揚名發金山道十姓諸兵，由西入討僕骨、同羅，並進攻回紇部，殺掠回紇人畜，引起回紇及其他鐵勒部族的反叛，相繼脫離唐的羈屬。唐朝調發喪西突厥十姓酋長入討漠北諸部的錯誤決定，使唐在骨咄祿進佔漠北之前，就喪失了對漠北鐵勒的統治權，而唐廷也僅「以其不奉璽書，妄破回紇部落，責其專擅，不許入朝。」〔註79〕在道義上表示對西突厥十姓部落之譴責而已。

（三）高宗咸亨初，阿史那社爾之子道真，為邏娑道副大總管，與薛仁貴討吐蕃，援吐谷渾，為論欽陵所敗，盡失其兵。道真雖敗，猶有功於唐，乃劾免死為民。〔註80〕阿史那社爾死後，所遣突厥部眾，當續由其子道真統

〔註73〕魏徵等，前引書，卷八十四〈突厥傳〉，頁1865。

〔註74〕王溥等，前引書，卷九六〈薛延陀傳〉，頁1728。

〔註75〕歐陽修、宋祁，前引書，卷四三〈地理志〉，頁1121。

〔註76〕劉昫等，前引書，卷一九六〈吐蕃傳〉，頁5223。

〔註77〕陳子昂，《陳伯玉文集》（臺北，臺灣商務印書館，民國64年6月發行）收錄於《四部叢刊初編》第三十五冊，卷四〈為喬補闕論突厥表〉，頁33。

〔註78〕司馬光，前引書，卷二〇三則天后垂拱元年，頁6435。

〔註79〕陳子昂，前引書，卷八上西蕃邊州安危事三條，頁73。

〔註80〕歐陽修、宋祁，前引書，卷一一〇〈阿史那社爾傳〉，頁4116。

領。道眞率兵共討吐蕃，援吐谷渾，其中當有內屬歸唐的突厥部兵參與。

　　茲爲進一步瞭解突厥助國平亂事蹟，乃列表如下，以明眞象。

附表四　突厥助國平亂事蹟表〔註81〕

時　　間	助唐蕃將	事　　蹟
隋末、高祖初起義	始畢可汗 唐鞱利	始畢可汗遣特勤康鞱利等率兵五百、馬二千匹，又遣二千騎助軍。
武德三年（620）	處羅可汗 步利設	太宗在蕃，受詔討劉武周，處羅可汗遣其弟步利設率千騎，與官軍會。
貞觀二十一年（647）	阿史那社爾	阿史那社爾發鐵勒十三部（及突厥傳），兵十餘萬，助唐伐龜茲。
貞觀二十二年四月（648）	阿史那賀魯	西突厥阿史那賀魯，以王師問罪龜茲，固請前驅爲唐軍嚮導。
貞觀二十二年七月（648）	屈利啜	西突厥開國相屈利啜，請率所部從討龜茲。
永徽二年（651）	契苾何力 阿史那彌射 阿史那步眞	瑤池都督阿史那賀魯叛，高宗先後遣契苾何力、阿史那彌射、阿史那步眞等率兵進討。大破賀魯之眾，相率來歸降。
武后萬歲通天元年（696）	默啜可汗	契丹首領李盡忠、孫萬榮反叛，默啜即率部落兵馬，攻討契丹，部眾大潰，盡獲其家口。
開元四年（716）	九姓拔曳固	默啜可汗背唐，爲九姓拔曳固所殺，斬首送京師。

六、天可汗制

　　唐與外族在軍事上訂有攻守盟約或臣屬關係，其在唐任宿衛者，隨時可遣返回國，徵發兵馬，指揮軍事，共同參與唐的對外征戰。如開元二十二年（734），新羅質子金忠信，奉唐室之命，「執節本國，發兵馬，討除靺鞨。」〔註82〕就是一例。故有學者鑒於貞觀四年（630），唐太宗擊敗東突厥，擒頡利可汗以後，西北諸蕃咸請上太宗尊號爲「天可汗」，進一步闡揚唐代聲威遠播，提倡「唐代天可汗制度」組織，其內容略云：

　　　　此天可汗，如遇各國間發生糾紛，則當爲之裁叛解決；如遇有侵略
　　　　人國者，即須調遣各國軍隊以抗拒之；其受侵之國，亦得請天可汗

〔註81〕以上資料，詳見王欽若等，前引書，卷九七三〈外臣部助國討伐門〉，頁5039
　　　　～5040。

〔註82〕王欽若等，前引書，卷九七三〈外臣部助國討伐門〉，頁5039。

予以援救或撫恤，各國兵亦得受徵至中國平亂。各國君主，如遇有死亡或缺失者，其嗣君繼位，亦必由天可汗下詔冊立，以示承認。〔註83〕

上述即是近代學者羅香林所謂「唐代天可汗制度」組織的簡要內容，其中即包括唐朝對這些國族的外交與軍事兩方面之關係。就此天可汗組織的國族而言，在外交關係方面，中國是宗主國；在軍事關係方面，中國是軍事同盟的盟主。

　　天可汗組織下的西域北荒諸司長，其國數今已不可盡考。然西域及昭武夷姓等諸國，必在此天可汗組織之下。茲根據史實以說明之，《唐會要》卷九八〈曹國傳〉云：

曹國居埋那密水南，古康居之地。俗與康國同，附於突厥……。武德七年七月，朝貢使至，云本國以臣爲健兒，聞秦王神武，願在麾下，高祖大悅……。天寶元年，其王哥邏僕羅，使獻方物……。四載，哥邏僕羅上表，自陳曾祖以來，奉向天可汗忠赤，常受徵發。望乞恩茲，將奴土國同於唐國小子，所須驅遣，奴身一心爲國征討。十一載，其王設阿忽，與國副主野解，及九國王，並上表，請同心擊黑衣大食。元宗宴賜慰諭，遣之。〔註84〕

所謂「九國王」同上表請討黑衣大食，其中「九國」，即指同源自昭武九姓之九國。〔註85〕天寶四載（745），曹國王哥邏僕羅上表自稱，自其曾祖以來，即赤誠向天可汗，並受其徵發，可知曹國於太宗時，即屬天可汗組織。

　　昭武九姓中之安國，亦爲天可汗組織之一員，故於開元年間，安國受大食侵凌，即遣使上表，乞求設法援救。《冊府元龜》卷九九九〈外臣部請求門〉載云：

（開元）七年，二月，安國王篤薩波提遣使上表論事曰：臣篤薩波提言，臣是從天主領普天下賢聖皇帝下百萬重草類奴。在遠方叉手，胡跪禮拜天恩威相，如拜諸天。自有安國已來，臣種相繼，作王不絕，

〔註83〕羅香林，〈唐代天可汗制度考〉（臺北，臺灣商務印書館，民國57年3月發行）收錄於《唐代文化史》，頁54～87。

〔註84〕王溥等，前引書，卷九八〈曹國傳〉，頁1753～1754。

〔註85〕唐時所謂昭武九姓者，即指漢代居於祁連北昭武城之大月氏而言。唐時爲突厥所破，散居於蔥嶺西南各地而建立的九國，皆姓昭武，即康國、安國、曹國、石國、米國、何國、火尋國、戊地國與史國是也。

　　幷軍兵等，並赤心奉國。從此年來，被大食賊，每年侵擾，國土不寧。

　　伏乞天恩慈澤，救臣苦難。仍請敕下突厥施，令救臣等。臣即統領本

　　國兵馬，計會翻破大食。伏乞天恩，依臣所請……。〔註86〕

依此推斷，可知自唐以來，安國屢爲大食所侵，安國王篤薩波提乃請玄宗敕令突騎施助兵伐大食。是時，突厥系族、昭武九姓及西域諸國，俱「唐天可汗制度」組織的成員，奉唐爲盟主，赤心奉國，故安國王篤薩波提乃有是請。

　　另外，高宗時之西域十六國，亦曾參加天可汗組織，即以吐火羅（Tokhara）爲例，《冊府元龜》卷九九九〈外臣部請求門〉載云：

　　（開元）十五年，吐火羅葉護遣使上言曰：奴身罪逆，不孝慈父，

　　身被大食統押，應徹天聰，奉天可汗進旨去，大食欺侵我，即與

　　你氣力。奴身今被大食重稅，欺苦實深。若不得天可汗救活，奴

　　身自活不得，國土必遭破散，求防守天可汗西門不得。伏望天可

　　汗慈憫，與奴身多少氣力，使得活路。又承天可汗處分突厥施可

　　汗云：「西頭事委你，即須發兵除卻大食。」其事若實，望天可汗

　　卻垂處分奴身。緣大食稅急，不救得好物奉進，望天可汗炤之。

　　所欲驅遣。奴身及須已西方物，並請處分，奴身一一頭載，不敢

　　怠慢。〔註87〕

吐火羅，本居蔥嶺以西，烏滸河（Oxus）以南，古大夏之地，蓋位今撒馬爾罕（Samarkand）以南阿富汗境內。〔註88〕隋唐時期，適值大食擴張勢力，壓迫中亞諸國，引起各國恐慌，故相率遣使乞請天可汗出兵征討，因而在玄宗時，有中國與大食在中亞之角逐，此非唐人獨喜遠征，〔註89〕實乃擔負聯防重責在身，身爲盟主，不得不爾，羅香林所言甚是。

　　然也有學者主張「天可汗」之稱謂，只就唐代對外關係方面而言，彼此之關係僅限於西北一隅，並不適用於唐代與所有屬國之間的關係，因它只是一個稱謂而已，並非是一種制度或組織。進一步強調當時中國域外鄰國，還有一些國族，其首領並不稱可汗，如吐蕃、奚、契丹、渤海、新羅、百濟等

〔註86〕王欽若等，前引書，卷九九九〈外臣部請求門安國〉條，頁5167。

〔註87〕王欽若等，前引書，卷九九九〈外臣部請求門吐火羅〉條，頁5168。

〔註88〕張星烺，《中西交通史料彙編》（臺北，世界書局，民國72年5月）第五冊，第四十六節吐火羅，頁169。

〔註89〕羅香林，前引文，頁61。

即是；甚至於當時同屬西域的于闐、龜茲，從未稱唐帝為「天可汗」。〔註90〕
事實上，由此可見唐室與域外國族，在軍事外交方面的關係，並不一定透過
「天可汗制度」。

第三節　文教方面

　　突厥與中國邊境之接攘最長，關係亦最密切，彼此間之影響也最大。若
純就文化的觀點而言，突厥的文化與中原民族是有相當差異的。因此，它的
文化較不易對農業的國家，發生重大的影響，然亦並非全無影響。就以中國
為例，這種影響是較為消極的、負面的。如唐室宮廷以及唐中葉以後河北藩
鎮的胡化，顯然都與突厥有關。河北諸鎮之所以始終處於半獨立狀態，實肇
因於河北胡化所造成的武力過於強大之故。河北地區的胡化，不但直接影響
唐之分裂與衰亡，即使對唐以後數百年的政局，都有很密切的關係。〔註91〕
另一方面，中國對突厥的影響則更為深遠，其影響層面更為廣泛。茲謹就下
列數方面，加以闡述之：

一、禮儀制度

　　突厥和漢人的交往密切，早在北周時，「突厥錦衣肉食在長安者，且以萬
數」。〔註92〕這些突厥人經常與漢人接觸，多少受著漢文化和漢之習俗的影
響。隋末唐初，隋煬帝之孫楊政道，亡入突厥，仿照隋之制度，於定襄城設
置百宮，處羅可汗封之為「隋王」，中國人沒入突厥者，悉配之，至突厥滅亡
後，始歸於唐。〔註93〕唐乃於貞觀五年（631）四月，以金帛贖還因隋亂而沒
入突厥之中國人，男女即達八萬人，盡還其家屬。〔註94〕

　　漢人在突厥領地設官分職，建立制度，必然會對突厥發生若干的影響。
同時唐高祖初起時，亦不敢低估突厥之文化水準，曾言隋末「自頃亂雜，亡

〔註90〕章群，《唐代蕃將研究》（臺北，聯經出版事業公司，民國75年3月出版）第
　　　　九章〈評天可汗制度說〉，頁341～344、366。
〔註91〕傅樂成，〈突厥的文化和它對鄰國的關係〉（臺北，聯經出版事業公司，民國
　　　　70年6月出版）收錄於《漢唐史論集》，頁303。
〔註92〕杜佑，《通典》（臺北，臺灣商務印書館，民國76年12月發行）卷一九七〈邊
　　　　防典突厥傳〉，頁1068。
〔註93〕魏徵等，前引書，卷五九〈齊王暕傳〉，頁1444。
〔註94〕劉昫等，前引書，卷三〈太宗紀〉，頁41。

命甚多，走胡奔越，書生不少，中國之禮，併在諸夷……。」〔註95〕可見當時書生為避隋亂，亡入突厥者當不在少數，同時中國的禮儀、文化及典章、制度……等，亦隨之傳入突厥。尤自唐太宗以後，突厥所受漢人之影響更大。「闕特勤碑」東面第七、八行載云：

> ……突厥伯克棄本族之稱號，而用唐家的稱號。屈服臣事於大唐天
> 子之下者，凡五十年。為大唐天子，先征東方之高麗王，後征西方，
> 至於鐵門，其間各地悉尊大唐天子而行其國之法度。〔註96〕

可見突厥之制度、文化等各方面，受唐之影響甚大，以至於突厥伯克放棄其本族之稱號，而改用唐之稱號，並助唐出兵征討高麗。

二、漢文教育

漢文教育亦曾推行於西域，自唐於西域置郡設官，開屯列戍以後，復有貶謫之罪犯、懋遷之商賈及西行求法之僧侶等，遷居或道經其地。因此流寓西域之漢人當不在少數，漢文教育乃間接推行於其地。茲列舉數列，以見一斑：

（一）《舊唐書》卷一〇四〈封常清傳〉云：「封常清，蒲州猗氏人也。外祖犯罪，流安西效力，守胡城南門，頗讀書，每坐常清於城門樓上，教其讀書，多所歷覽。」〔註97〕流人之子弟尚讀書，則官吏子弟讀書者必更多，此乃無可疑也。

（二）《舊唐書》卷一〇四〈哥舒翰傳〉云：「哥舒翰，突騎施首領哥舒部落之裔也。蕃人多以部落稱姓，因以為氏。……世居安西。……翰好讀左氏春秋傳及漢書……。」〔註98〕

（三）《新唐書》卷一五五〈渾瑊傳〉云：「渾瑊，本鐵勒九姓之渾部也。世為皋蘭都督。……瑊好書，通春秋、漢書、嘗慕司馬遷自敘，著行紀一篇，其辭一不矜大。」〔註99〕

（四）《新唐書》卷二二一〈西域高昌傳〉云：「（高昌王聖盛弟）智湛，麟德中以左驍衛大將軍為西州刺史……。有子昭，好學，有鬻異書者，母顧

〔註95〕溫大雅，前引書，卷上，頁13。

〔註96〕V. Thomsen（湯姆森）著、韓儒林譯，前引文，蒙古古突厥碑文「闕特勤碑」，
　　　　頁481。

〔註97〕劉昫等，前引書，卷一〇四〈封常清傳〉，頁3207。

〔註98〕劉昫等，前引書，卷一〇四〈哥舒翰傳〉，頁3212。

〔註99〕歐陽修、宋祁，前引書，卷一五五〈渾瑊傳〉，頁4891、4894。

笥中金歎曰:『何愛此,不使子有異聞乎?』盡持易之。昭……,頗能辭章。」〔註100〕智湛,乃高昌王室家族,其子昭愛好文學、辭章,乃母深明大義,不惜拋金易書,視金如糞土,正所謂「遺子黃金滿籯,不如遺子一經」。上言所謂有鬻「異書」者,雖「異書」未確指何書,然由近代於新疆一帶出土的漢籍經典、文獻等甚夥,可知應屬漢籍經典、文獻等書無疑。上有好文學、辭章者,下必風行焉。

(五)近代於新疆出土之唐代文獻,其數量及種類甚多,除佛典外,凡經、史、詩文之斷片和道教典籍等,莫不詳備。如日人羽田亨於吐魯番拾得鄭玄注之論語斷片,又於庫車附近之庫木吐喇獲得漢書張良傳斷片,及《史記·仲尼弟子列傳》,〔註101〕皆係唐代寫本。新疆一帶出土如此多的漢籍經典、文獻,而西域外族人士又多能讀、能解,並且普遍愛好,可見漢文教育確曾推行於西域各地,且成效斐然。

三、通譯人才

由於中國與域外邊族交往密切,或戀遷,或充使,或客居異域,加以唐代積極推行漢文教育,其結果漢人頗能通解突厥語,突厥人亦多能譯、能解漢語,他們每為在位者延攬為通譯。茲列舉數列說明如下:

(一)《大唐大慈恩寺三藏法師傳》卷二載:玄奘法師西行求法道經西突厥汗國,當辭別葉護可汗時,「可汗乃令軍中訪解漢語及諸國音者,遂得少年,曾到長安數年,通解漢語,即封為摩咄達官,作諸國書,令摩咄送法師到迦畢試國。」〔註102〕迦畢試(kapica),即罽賓,位於蔥嶺之南,其國曾為統葉護可汗所併,乃西突厥最南之屬國。

(二)《唐會要》卷二七〈行幸目〉載:「(開元)十三年十月十一日,發東都,赴東岱。十三日,至嘉會頓,上校獵,引諸番酋長入仗,並與之弓箭,供奉左右。時有兔起於御馬前,上引弓旁射,獲之。突厥朝命使阿史德吉利發,便下馬捧兔,跳躍蹈舞。謂譯者曰:『天可汗神武,天上則有,人世無也。』」

〔註100〕歐陽修、宋祁,前引書,卷二二一〈西域高昌傳〉,頁6223。
〔註101〕羽田亨,《西域文明史概論》(日本東京,弘文堂書局,昭和15年6月發行),頁89〜116。
〔註102〕慧立本釋、彥悰箋,《大唐大慈恩寺三藏法師傳》(臺北,新文豐出版公司,民國74年1月發行)收錄於《大正新修大藏經》第五十冊〈史傳部〉二,卷二,頁227。

〔註103〕上述之「譯者」，除通解突厥語外，尚能兼通漢語。可見中國與突厥互受文化之薰陶與影響，部分人士並能通解彼此間的語言。玄宗郊外校獵，行伍中並有突厥人侍從左右同樂，並未防突厥有冒失之舉。

（三）《舊唐書》卷六三〈蕭瑀傳附蕭鈞〉云：「鈞兄子嗣業，少隨祖姑隋煬帝后入於突厥。貞觀九年歸朝，以深識蕃情，充使統領突厥之眾。」〔註104〕

（四）《舊唐書》卷一八三〈外戚傳〉云：「（武）延秀，承嗣第二子也。……時武崇訓為安樂公主婿，即延秀從父兄，數引至主第。延秀久在蕃中，解突厥語，常於主第，延秀唱突厥歌，作胡旋舞，有姿媚，主甚喜之。及崇訓死，延秀得幸，遂尚公主。」〔註105〕

（五）《冊府元龜》卷九七五〈外臣部褒異門〉：「（天寶十三載）五月壬寅，帝以葛邏祿葉護有擒阿布思之功，特降璽書曰：『卿歸心向化，守節安邊……。所請印信並譯語人官，並依來表……。』」〔註106〕

（六）《太平廣記》卷二五〇〈侍御史條引御史臺記〉云：「……且御史糾察郡司，綱紀庶務，實為眾官所忌，嘗御史為冷峭，而突厥號御史為吐屯。則天朝蕃使來朝者，而吐屯獨立不入班。諭德張元一以詼諧見稱，問蕃使曰：『此獨立者為誰？』譯者曰：『吐屯』，此御史……。」〔註107〕

由上述所舉諸例，可知中國與突厥之通使往來，往往須透過「譯者」擔任翻譯溝通的角色，兩國之間交涉的事件，始得以順利進行。「譯者」因曾充使或貿商關係，居住於對方一段時間，故常兼通兩國以上的語言。唐玄宗時，安祿山曾任互市牙郎，「解六蕃語」，〔註108〕即是一例。因此「譯者」在當時兩國的經貿、外交等關係中，是一不可或缺的外語人才。

四、吟誦詩文

突厥或鐵勒等族人，因久居中國，深受漢文化之薰陶，類多能吟誦詩文。如北齊高歡時，曾使鐵勒人斛律金吟唱有名的敕勒歌，歌云：「敕勒川，陰山

〔註103〕王溥等，前引書，卷二七〈行幸目〉，頁521。
〔註104〕劉昫等，前引書，卷六三〈蕭瑀傳〉，頁2405～2406。
〔註105〕劉昫等，前引書，卷一八三〈外戚傳〉，頁4733。
〔註106〕王欽若等，前引書，卷九七五〈外臣部褒異門〉，頁5051。
〔註107〕李昉等，《太平廣記》（臺北，古新書局，民國69年1月出版）卷二五〇詼諧「侍御史」目，頁516。
〔註108〕劉昫等，前引書，卷二百〈安祿山傳〉，頁5367。

下，天似穹廬，籠照四野。天蒼蒼，野茫茫，風吹草低見牛羊。」〔註 109〕又如貞觀六年（632），契苾何力與其母率眾內屬，太宗處其部於甘、涼二州，並擢為左領軍將軍，曾率部助唐討平高昌及征伐高麗、吐蕃等，厥功至偉。高宗龍朔中（661～663），司稼少卿梁脩仁新作大明宮，植白楊樹於廷，示何力曰：「此木易成，不數年可庇。」何力不答，但誦「白楊多悲風，蕭蕭愁殺人」之句。脩仁驚悟，更值以桐，〔註 110〕是以契苾何力侵淫漢文化應已久，故能吟此詩句。由於漢文化之傳播，廣被西方，就如昭武九姓中之何國，其國都城「城左有重樓，北繪中華古帝，東突厥、婆羅門、西波斯、拂菻等諸王，其君且詣拜則退。」〔註 111〕因突厥等域外諸國君長，仰慕中華文化，故中華古帝王乃備受他們的敬重，致有於都城城左繪中華古帝王畫像，供君臣膜拜。

五、造紙術傳入

　　另一影響中國域外諸族漢化甚巨者，莫過於造紙術的西傳。玄宗天寶九載（750），唐將高仙芝責石國王無蕃臣之禮，請兵討之。石國王約降，仙芝仍送獻闕下斬之，獲石國財寶無數，於是西域皆怨。石國王子乞援大食，大食領軍往援，天寶十載（751）高仙芝與大食、石國軍戰於怛邏斯（Talas）河附近之 Athlach 城，唐軍大敗，被俘者達二萬人，其中包含有造紙工人，自此戰役以後，大食人遂將中國人俘虜至康國（Samarkand），造紙之術，由是傳布於回教諸國，並流傳於西方。〔註 112〕因造紙術的傳入，促使中亞諸國書寫工具的使用更為便利，影響其文化之發展，漢文化的傳播範圍更為廣泛，影響亦更為深遠。

六、樂　舞

　　西方的樂舞，自南北朝以來以至於隋、唐，傳輸於中國之種類頗多，計有西涼、龜茲、疏勒、康國、安國、高昌、天竺等七國樂，尤於唐朝最為盛行。凡大燕會，則設十部樂於庭，以娛中外。〔註 113〕中古時代的長安，乃為

〔註 109〕胡秋原，《丁零、突厥、回紇——其起源、其興衰、其西邊及其文化史意義》（臺北，世界文化出版社，不著出版年、月），頁 8。
〔註 110〕歐陽修、宋祁，前引書，卷一一〇〈契苾何力傳〉，頁 4120。
〔註 111〕歐陽修、宋祁，前引書，卷二二一〈西域傳〉，頁 6247。
〔註 112〕E. Chavannes（沙畹）著、馮承鈞譯，前引書，第四編西突厥史略，頁 216。
〔註 113〕曾問吾，《中國經營西域史》（臺北，文海出版社，民國 71 年 7 月出版）第三

西域諸國樂舞匯集的重鎮。《舊唐書》卷二九〈音樂志〉載:「……周武帝聘虜（突厥）女爲后,西域諸國來媵,於是龜茲、疏勒、安國、康國之樂,大聚長安。」〔註114〕康國樂,於北周武帝聘突厥女阿史那氏爲后時傳入,舞者急轉如風,俗謂之「胡旋舞」。〔註115〕（附圖一四）

盛唐時期,由於「絲綢之路」的便捷與暢行無阻,促使胡漢間的民族文化交流,臻於至盛。在漢文化對外影響邃增之時,域外的文化也帶給中國巨大的衝擊。尤以長安、洛陽兩地,「胡化」情況極爲普遍,上自皇室、官宦,下至黎民、百姓,其生活習俗、樂舞等各方面,都顯現出深受邊族文化的薰染。《元稹集》卷第二十四〈法曲〉樂府詩云:

> ……自從胡騎起煙塵,毛毳腥羶滿咸洛。女爲胡婦學胡妝,伎進胡音務胡樂。火鳳聲沈多咽絕,春鶯囀罷長蕭索。胡音胡騎與胡妝,五十年來競紛泊。〔註116〕

唐人元稹〈法曲〉一詩,詳載胡音、胡樂及胡騎、胡妝等流行於唐盛東、西兩都的情形,甚至一般仕女嫁爲「胡婦」,競學「胡妝」。可見唐代胡族日常生活習俗等各方面,傳輸於中國的盛況,對於中國的影響,極爲深遠。

自古以來,中國與域外各民族間的交流,一直相當頻繁,且不排斥外來文化,西域舞樂乃陸續傳入中國。自漢代開「絲綢之路」以後,中原與西域、中亞等國家,交往十分頻繁。《後漢書‧五行志》第十三即載云:

> 靈帝好胡服、胡帳、胡床、胡坐、胡飯、胡空侯、胡笛、胡舞,京都貴戚皆競爲之。……其後董卓多擁胡兵、塡塞街衢……。〔註117〕

漢代國內胡化之情形可見一斑,除在上位的君長喜好以外,漢都洛陽的王公大臣貴戚,無不競相仿效。

至唐胡風更盛,王建〈涼州行〉詩云:「城頭山雞鳴角角,洛陽家家學胡

章唐朝之經營西域,頁159～160,收錄於《近代中國史料叢刊續編》第五一三冊。

〔註114〕劉昫等,前引書,卷二九〈音樂志〉,頁1069。

〔註115〕劉昫等,前引書,卷二九〈音樂志〉,頁1071。

〔註116〕元稹,《元稹集》（臺北,漢京文化事業有限公司,民國72年10月出版）卷第二十四〈法曲〉,頁282。

〔註117〕范曄,《後漢書》（臺北,鼎文書局,民國76年元月出版）〈五行志〉第十三,頁3272。

《史記》卷一一○〈匈奴傳〉亦載,戰國時代趙有代、句注之北,時胡風甚盛,「趙武靈王亦變俗胡服,習騎射……。」

樂。」〔註118〕又《唐音癸籤》卷十三〈唐曲〉中有「突厥三臺」大曲及「突厥鹽」〔註119〕等曲名，可想見這兩種突厥樂曲，皆由突厥傳入，在唐朝盛行。

第四節　宗教信仰及葬俗方面

一、宗教信仰方面

（一）佛典傳入

突厥的宗教信仰極為自由，先後信奉薩蠻教、祆教、景教及佛教等，〔註120〕其中佛教的信仰，則深受中國的影響。佛典中有許多漢語的詞彙及梵文的對音，皆輾轉借自漢語，茲列舉數例說明如下：

附表五　突厥佛教用語借字表〔註121〕

借字　　語別	漢　語	突厥語	梵　語
1	阿彌陀	abita	amitabha
2	毗沙門	bisamin	vaisramana
3	佛	bud	buddhã
4	佛僧	bursaŋ	buddhã sangha
5	蔑戾車	märiči	mleccha
6	菩薩	pusar	bodhisattva
7	娑婆	sav	sahã
8	沙彌	šabi	šrãmanera

〔註118〕清聖祖御定，前引書，卷二九八〈王建〉「涼州行」，頁3374。

〔註119〕胡震亨，《唐音癸籤》（臺北，臺灣商務印書館，民國74年11月發行）卷十三〈唐曲〉，頁110、112。

〔註120〕V. Thomsen（湯姆森）著、韓儒林譯，前引文，頁472～473。
段成式，《西陽雜俎》（臺北，漢京文化事業有限公司，民國72年10月出版）前集卷四，頁44。云：「突厥事祆神，無祠廟，刻氈爲形，盛於皮袋，行動之處，以脂酥塗之。或繫之竿上，四時祀之。」
其他，尚有信奉佛教、景教、摩尼教及回教等，可見突厥人宗教信仰之自由。詳見林恩顯，《突厥文化及其對唐朝之影響》，收錄於《突厥研究》，頁117～122。

〔註121〕陳慶隆，前引文，頁443。

　　由上引之借字，可知突厥許多佛典上的梵語，大多從漢譯語中採借而來，從而也可見突厥在佛教的信仰上，顯然深受中國的影響。佛教傳入中國後，復由中國傳入突、回等族。

　　突厥崛起後，佗鉢可汗（572～581）首與中原國家之佛教接觸。《北史》卷九十九〈突厥傳〉載云：

　　　　齊有沙門惠琳，掠入突厥中，因謂佗鉢曰：「齊國富強，皆爲有佛法。」
　　　　遂說以因緣果報之理。佗鉢聞而信之，建一伽藍，遣使聘齊，求淨
　　　　名、涅槃、華嚴等經，十人幷誦律。佗鉢亦躬自齋戒，遶塔行道，
　　　　恨不生内地。〔註122〕

北齊沙門惠琳乘機傳佛法於突厥，闡揚佛教輪迴及因果報應等觀念。佗鉢一汗乃遣使中國求佛經，並躬自齋戒，篤信仰慕中國之佛教。

　　突厥本無佛教，亦無突厥語之佛教經典，須經翻譯，始有流傳及深值人心之可能。北齊後主高緯（565～576）有鑑於此，乃命劉世清譯介突厥語佛經，以遺突厥可汗。《北齊書》卷二十〈斛律羌舉傳〉云：

　　　　代人劉世清……，武平末，侍中、開府儀同三司……，能通四夷語，
　　　　爲當時第一。後主命世清作突厥語翻涅槃經，以遺突厥可汗，敕中
　　　　書侍郎李德林爲其序……。〔註123〕

梵文佛典《涅槃經》經漢譯後，復再轉譯爲突厥語，其中保存許多漢語詞彙，乃勢所必然的。北齊後主高緯命劉世清以突厥語譯涅槃經，以贈佗鉢可汗，與上引《北史》卷九十九〈突厥傳〉所載之佗鉢可汗，在人、事、時等條件上正相吻合。可見中國佛教信仰之傳入突厥，有史料可稽者，自此始。當時在位的突厥可汗，潛心事佛，聞「幷州有人解畫，曾陷北虜，突厥可汗遣畫佛像。」〔註124〕由此可見，突厥國内虔信佛教之一斑。

　　魏晉南北朝時代，佛教盛行，其結果影響國計民生甚鉅，致有北周武帝廢佛之舉，「經像悉毀，罷沙門、道士，並令還民。」〔註125〕然在北周武帝以

〔註122〕李延壽，《北史》（臺北，鼎文書局，民國74年3月出版）卷九九〈突厥傳〉，
　　　　頁3290。
〔註123〕李百藥，《北齊書》（臺北，鼎文書局，民國76年2月出版）卷二〇〈斛律羌
　　　　舉傳〉，頁267。
〔註124〕李昉等，前引書，卷一一六〈報應〉「幷州人」目，頁235。
〔註125〕令狐德棻等，前引書，卷五〈武帝紀〉，頁85。廢佛繫年於北周武帝建德三
　　　　年（574）。

前，西魏宇文泰主政時期，曾於京師長安爲突厥「大伊尼溫木汗」造突厥寺。
《藝文類聚》卷七六〈內典篇〉載北周王褒「京師突厥寺碑」云：

> ……世界數而無邊，至於周星夕隕，漢宮宵夢，身高梵世，力減
> 須彌，應現十分，分身百佛。上極天中、下窮地際，轉法輪於稔
> 國，留妙象於罽賓……。迴向佛乘，棄形骸而入道，捨國城而離
> 俗。突厥大伊尼溫木汗，夏后餘基，惟天所置……。跨葱嶺之酋
> 豪，靡不從化，踰天山之君長，咸皆賓屬，人敦信契，國寶親鄰。
> 太祖文皇帝，道被寰中，化覃無外，提群品於萬福，濟蒼生於六
> 道……。〔註126〕

碑文內所言「突厥大伊尼溫木汗」，一說依「伊尼」之音，認爲應指「伊利可
汗」，亦即指阿史那土門；另說則主張應指「木杆可汗」。〔註127〕二說當以前
者爲是。〔註128〕由《京師突厥寺碑》碑文觀之，其屬佛寺無疑，因客居中國
之突厥人，爲求得精神上之慰藉，復受中國佛教信仰之薰陶，乃在宇文泰主
政時期，專爲其建造一佛寺，名曰：「突厥寺」，以供突厥人客居異地之集會
與活動場所，也是突人信仰和精神寄託的中心。藉著突厥寺的建立，遂有助
於將中國之佛教信仰傳入突厥。

〔註126〕歐陽詢等，《藝文類聚》（臺北，文光出版社，民國 63 年 8 月出版）卷七六〈內
典篇〉「京師突厥寺碑」目，頁 1307。

〔註127〕林恩顯，《突厥研究》（臺灣商務印書館，民國 77 年 4 月發行），頁 147（註
84），引自日本石田幹之助〈突厥に於ける佛教〉一文所載。

〔註128〕突厥大伊尼溫木汗，當指伊利可汗，因碑文所稱北周「太祖文皇帝」宇文泰，
卒於西魏恭帝三年（556），專西魏政事達二十三年（即自 533～556）之久，
此段期間正是突厥土門伊利可汗與西魏往來最爲頻繁，關係最爲密切的時
期，雙方互市、獻方物，西魏文帝大統十七年（551）並以宗室女長樂公主妻
之。次年（552），土門遂自號伊利可汗（《周書》卷五十〈突厥傳〉，頁 908）。
另外，突厥史自阿史那土門伊利可汗以後，在中國正史上，其世系始較有系
統可供稽考，而在土門以上之世系，則以神話傳說者居多。故上述碑文稱「突
厥大伊尼溫木杆，夏后餘基，惟天所置……，小大當户，左右賢王……。」
將突厥大伊尼溫與匈奴之先祖淳維相比擬，而視爲同屬夏后氏之苗裔（《史記》
卷一一〇〈匈奴傳〉云：「匈奴，其先祖夏后氏之苗裔也，曰淳維。」）故碑
文中「突厥大伊尼溫木汗」，應指突厥史有系統可稽之「先祖」——阿史那
土門伊利可汗，其理甚明。而石田幹之助稱是指「木杆可汗」，恐係受碑文「木
杆」誤導所致，「木杆」當係「可汗」之誤。因木杆可汗即位於西魏廢帝二年
（553），正是北周太祖宇文泰之晚年，死前並未與木杆可汗有頻繁之往來關
係，故宇文泰晚年，並不可能在京師爲突厥大伊尼溫可汗設立突厥寺。

（二）佛道影響

　　睿宗景雲二年（711），左屯衛大將軍張仁愿於河北築三受降城，河北岸有一拂雲祠，突厥將入寇時，必先詣祠祭酹求福。〔註129〕拂雲祠爲唐所建，其應屬佛老道觀，突厥將入寇時，必先詣祠祭拜，祈求神靈庇佑。在中亞史國、西曹國等，亦有類似情形，設置神祠，其國人敬事之。《新唐書》卷二二一〈西域史國傳〉云：

> ……（史國）有鐵門山，左右巉峭，石色如鐵，爲關以限二國，以
> 金錮闔。城有神祠，每祭必千羊，用兵類先禱乃行。〔註130〕

史國（Kesh），乃中亞昭武九姓之一，時役屬於突厥。隋大業中，其君始通中國；高宗顯慶時，以其地爲佉沙州，授其君爲刺史，商旅往來更是頻繁。

　　《新唐書》卷二二一〈西域西曹國傳〉又云：

> 西曹者，隋時曹也……。東北越于底城有得悉神祠，國人事之。有
> 金具器，款其左曰：「漢時天子所賜」……。〔註131〕

上述史國及西曹國國內皆設有神祠，其國人虔敬信奉，其中史國用兵之前，類先備牲禮祭祀並祈禱後乃行，史籍雖未明載屬何類神祠，然並不排除受中國佛道思想的影響。

　　中國佛教影響突厥極爲深遠，玄宗開元四年（716），突厥苾伽可汗欲仿唐修築城壁，建立寺觀，大臣暾欲谷（Tonjuquq）極表反對，認爲佛法「教人仁弱，本非用武爭強之道，不可置也。」〔註132〕苾伽可汗等深然其議，至此東突厥之佛教，乃暫時受挫。由此可見苾伽可汗在位時，佛教盛傳於國內，其本人亦崇信佛教，深受佛教思想的影響，基於事實上的需要，乃有「建立寺觀」之議。除佛教深深影響突厥以外，被唐朝視爲「國教」的道教，在唐初瀰漫篤信道教之風的薰陶下，恐亦影響突厥。《大唐創業起居注》卷上載云：

> ……（煬帝大業十三年）丙申，突厥柱國康鞘利等幷馬而至，舍之
> 於城東興國元壇，鞘利見老君尊容皆拜。道士賈昂見而謂同郡溫彥
> 博曰：「突厥來詣唐公而先謁老君，可謂不失尊卑之次，非天所遣，
> 此輩寧知禮乎？」〔註133〕

〔註129〕杜佑，前引書，卷一九八〈邊防典突厥傳〉，頁1074。
〔註130〕歐陽修、宋祁，前引書，卷二二一〈西域史國傳〉，頁6245。
〔註131〕歐陽修、宋祁，前引書，卷二二一〈西域曹國傳〉，頁6248。
〔註132〕杜佑，前引書，卷一九八〈邊防典突厥傳〉，頁1075。
〔註133〕同註8。

康鞘利來朝，先謁被視爲中國道教之宗師，亦即唐之開國先祖的「老君」——李耳，而不先詣唐公李淵，「道士」賈昂乃讚譽爲「不失尊卑之次」。「興國元壇」乃一道教神壇，是毋庸置疑的。從而可見，道教多少亦影響突厥，故突厥柱國康鞘利敬畏之，見「老君」尊容皆拜。

西域自古即爲中西文化交流之孔道，文化接觸頻繁，中天竺僧侶光智於高祖武德九年（626）十二月抵長安，玄奘於太宗貞觀二年（628）西行求法，即經由西域，並賴西突厥統葉可汗之保護、禮遇與旦夕祇奉，玄奘乃得以遂行求法之目的。〔註134〕故西突厥汗國之存在，便利於通行亞洲之來往行人，賴其便利來往行人，遂有助於諸種宗教之流布與發展，這是西突厥對於宗教的貢獻。

（三）佛教之流布

唐時，中國與西域僧侶往來，皆經由西域要道。據 Von Le Coq 之報告，喀喇和卓（Qara-khoja）之北，地處天山北麓的 Murtuq 村中，有 Bäzälik 古寺，其廊下右方入口處，畫有中國十二僧像，均著深藍色法服，頭包白巾，上書各僧侶之名，皆用回紇文。據研究上書僧侶名之回紇語對音，均屬唐音，故知所繪爲唐朝僧像；其廊下左側入口處，又有僧侶十二人，均著黃色法服，其姓名則用梵文書寫。〔註135〕回紇，乃繼突厥之後，起而雄踞北亞之民族，於唐文宗開成五年（840），爲點戛斯（Qirgiz）所敗。其中一支於懿宗咸通七年（866）西走高昌，即居住於吐魯番附近之喀喇和卓。宋太宗雍熙元年（984），王延德自高昌還，獻其行紀於朝廷。〔註136〕據稱當時高昌之地，已有「佛寺五十餘區，皆唐朝所賜額，寺中有大藏經、唐韻、玉篇、經音等……。」〔註137〕可知繼突厥而起的回紇、喀喇和卓及高昌等地，深受中國佛教之影響，並不亞於突厥。

二、葬俗方面

（一）火　葬

突厥在葬俗方面，據《周書》卷五十〈異域突厥傳〉云：

〔註134〕E. Chavannes（沙畹）著、馮承鈞譯，前引書，頁 219～220。
〔註135〕陳慶隆，前引文，頁 444，引自 "A. von Le Coq Expedition to Turfan,（JRAS 1909, P.316）"。
〔註136〕陳慶隆，前引文，頁 444。
〔註137〕脫脫等，《宋史》（臺北，鼎文書局，民國 72 年 11 月出版）卷四九〇〈高昌傳〉，頁 14112。

> ……死者，停屍於帳，子孫及諸親屬男女，各殺羊馬，陳於帳前，
> 祭之。繞帳走馬七匝，一詣帳門，以刀剺面，且哭，血淚俱流，
> 如此者七度，乃止。擇日，取亡者所乘馬及經服用之物，并屍俱
> 焚之，收其餘灰，待時而葬。春夏死者，候草木黃落，秋冬死者，
> 候華葉榮茂，然始坎而瘞之。葬之日，親屬設祭，及走馬剺面，
> 如初死之儀。葬訖，於墓所立石建標。其石多少，依平生所殺人
> 數……。〔註138〕

突厥原始之葬俗，採行火葬，即在死者死後，擇日取其生前所乘之馬及曾經服用過之衣物，與屍體一起火化，然後將焚餘的骨灰，再俟時以土葬方式埋之。

（二）土 葬

其後突厥的葬俗，因受漢文化的影響，改以土葬方式行之。《新唐書》卷二一五〈突厥傳〉云：

> ……（貞觀二年）帝曰：「突厥……，俗死則焚，今葬皆起墓，背父
> 祖命，嫚鬼神也。（頡利）與突利不睦，内相攻殘……，將亡矣……。」
> 突厥俗素質略，頡利得華士趙德言，才其人，委信之，稍專國……。
> 歲大飢，哀斂苛重，諸部愈貳。〔註139〕

上載太宗斥責頡利可汗擅變葬俗，由焚化之火葬改行墓葬，乃係「背父祖命，嫚鬼神」之舉。這種方式的改變，恐與頡利可汗委信漢人，並受漢文化影響有關。

貞觀四年（630），頡利可汗爲唐所擒後，貞觀八年（634）病卒，太宗令其國人從其禮俗，焚屍於灞水之東而葬之。〔註140〕可見突厥的原始葬俗，就是以焚化的火葬方式行之。又如代宗永泰元年（765），僕固懷恩卒於靈武，部曲以「鄉法」焚而葬之。〔註141〕僕骨（固）與突厥同屬鐵勒部族，故其葬俗雷同。其後突厥因受漢文化的影響，乃改行土葬，而尤以客居中國或「因使入朝身死」於中國者爲然。如突厥人澈墓誌銘云：

> 君諱澈，字姑注，塞北突厥人也……，皈募大隨，勤奮赤誠，恒常
> 供奉，任右屯衛通議大夫……。乃於丙子之季，丁亥之朔，丁亥之

〔註138〕令狐德棻等，前引書，卷五十〈異域突厥傳〉，頁910。
〔註139〕歐陽修、宋祁，前引書，卷二一五〈突厥傳〉，頁6034。
〔註140〕杜佑，前引書，卷一九七〈邊防典突厥傳〉，頁1716。
〔註141〕劉昫等，前引書，卷一二一〈僕固懷恩傳〉，頁3489。

日，忽然喪沒，埋在東都城北老子之鄉，大翟村東三百餘步⋯⋯。

大業十二年三月十日。〔註142〕

突厥自隋開皇十九年（599），啓民可汗南下附塞以後，源源不斷入居中國，十餘年後，芒洛一帶便留存突厥人澈之墓誌銘，而以土葬方式埋於東都洛陽城北。可見突厥人感受漢文化的影響，不可謂不速。

又如《大唐故右驍衛大將軍薛國貞公阿史那府君之碑》載云：

⋯⋯公諱忠，字義節，其先代人，今爲京兆萬年人也⋯⋯。詔授左屯衛將軍，乃令北門宿衛，賜甲第一區，降定襄縣主⋯⋯。以上元二年□月廿□日薨於洛陽尚善里之私第，春秋六十有五⋯⋯。詔贈□軍大將、使持大都督□□□□四州諸軍事荊州刺史，賻絹布七百段，米粟七百名，賜東園秘器，凶事、葬事，並令官給，務從優厚，陪葬昭陵，儀杖送至墓所往還，常所服甲，敕令隨瘞，並賜衣服錦被等物⋯⋯。歲次乙亥，十月辛未朔，十五日乙酉，遷窆於昭陵之安□原，謚曰貞，禮也⋯⋯。〔註143〕

由上述碑文，可知阿史那忠卒於高宗上元二年（675）洛陽尚善里之私第，其平日所用之衣服、盔甲等物，皆隨墓瘞葬，嗣後又遷葬於太宗昭陵之側，其採用土葬之方式甚明。

此外，天寶八載（749）三月二十七日玄宗敕，九姓堅昆等諸蕃客，因使入朝身死者，其墓地及墳墓，由州縣官以「官給」〔註144〕經費方式，負責買地營造安葬之。當時外族充使入朝身死者，依入境隨俗之例，仍以土葬方式安葬。

（三）墓碑碑碣形式

在墓碑碑碣形成方面，如在清光緒十五年（1889），於外蒙古鄂爾渾河右岸發現的「闕特勤碑」和「苾伽可汗碑」等，鐫製甚精，碑面各有漢文和突厥文兩種刻辭（如附圖一五、一六）。碑碣形式與當日中國所使用之形式相同，碑石之製作與碑文之雕刻，亦皆出自中國工匠之手。突厥立碑的觀念，顯然受當時漢文化的影響，其中「闕特勤碑」立於玄宗開元二十年（732），苾伽可汗爲紀念其亡弟闕特勤的功蹟而建的，此碑建立的經過，兩唐書皆有記載。

〔註142〕岑仲勉，《突厥集史》（北平，中華書局，1958 年 10 月出版）卷十五〈突厥部人列傳碑誌校注〉，頁 777。

〔註143〕岑仲勉，前引書，頁 779～781。

〔註144〕王溥等，前引書，卷六六〈鴻臚寺〉，頁 1151。

《舊唐書》卷一九四〈突厥傳〉云：

> ……（開元）二十元，闕特勤死，詔金吾將軍張去逸、都官郎中呂
> 尚齎璽書入蕃弔祭，幷為立碑，上自為碑文，仍立祠廟，刻石為像，
> 四壁畫其戰陣之狀……。〔註145〕

「闕特勤碑」乃唐所立，玄宗為之親撰碑文，建立祠廟，雕鑴石像。

上述記載，與《新唐書》卷二一五〈突厥傳〉之記載略同，惟《新唐書》另加補充云：

> ……闕特勤死，使金吾將軍張去逸、都官郎中呂奉璽詔弔祭，帝為
> 刻辭於碑，仍立廟像，四垣圖戰陣狀，詔高手工六人往，繪寫精肖，
> 其國以為未嘗有，默棘連視之，必悲梗。〔註146〕

中國自漢、六朝以來，享堂和墓室中即盛行裝飾石刻畫及壁畫，突厥墓「享堂」中描畫戰陣的作風，也應視為受中國之影響。且闕特勤和苾伽可汗陵墓中立有碑銘，也是仿自中國葬禮之墓制形式。〔註147〕這種墓葬形狀，主要分布於蒙古高原和葉尼塞河上游一帶，它們特別是受到中國墓制影響以後出現的突厥墓。

（四）陪葬品

在阿爾泰山地區發現的突厥墓葬群中，陪葬品異常豐富，包括中國製的黃金杯和器皿，以及刻有突厥文的銀壺、金銀帶飾和黃金耳環、鐵刀劍和箭鏃、鳴鏑，還有各式馬具、白樺皮胡簶、中國錦綾絹布……等，這類墓葬應屬於突厥族長等貴族階級所有；另一類墓葬的陪葬品有青銅或銀製的帶飾、玻璃垂飾、骨鏃、貝頸飾、傳世的中國鏡、鐵製短劍、矛頭、鐵鏃、鳴鏑、白樺皮箭筒、弓及各式馬具等，這一類墓葬應屬於突厥一般民眾所有。〔註148〕在貴族階級的墓葬群中，還發現有殉葬的奴隸。這種殉葬方式，在中國距今約三千三百多年以前的商代晚期，即已存在。商朝自盤庚遷殷以後，歷經十二王二百七十三年，在諸王崩逝後，大多安葬於小屯村北之侯家莊的西北岡上，其上築有龐大的陵墓。民國 23 年（1934），中央研究院歷史語言研究所

〔註145〕同註39。

〔註146〕歐陽修、宋祁，前引書，卷二一五〈突厥傳〉，頁 6053～6054。

〔註147〕（日）江上波夫著、張承志譯，《騎馬民族國家》（北平，光明日報出版社，1988 年 2 月出版），頁 63～64。

〔註148〕（日）江上波夫著、張承志譯，前引書，頁 62～63。

考古組曾於上述地點發掘出一座殷商帝王大墓，除出土有動物石雕、白陶器、玉器、銅器等精美的文物外，還挖掘出大量的殉葬武士、侍從、儀仗人員，以及商王征伐所擄獲的俘虜等，約一百六十餘人。〔註149〕由此可見，中國早在三千多年前的殷商時代，即有殺殉陪葬之風。秦之先世武、穆二公亦均用人殉葬。始皇死，以後宮爲殉，此皆中國本已存在人殉的明證。〔註150〕突厥墓葬中豐富的陪葬品及殺殉之風，在進化過程上，恐不逮於中國。

（五）事火習俗

突厥存有「事火」的習俗。《大慈恩寺法師傳》卷二云：「突厥事火，不施床，以木含火，故敬而不居，但地敷重茵而已。」〔註151〕法人沙畹（E. Chavannes）《西突厥史料》亦載云：

> 五六八年初……，（東羅馬）正使 Cilicie 人 Zémarque 也，使抵康居，有若干突厥人向其售鐵……。復次，突厥巫師使羅馬使臣行逾火燄，謂以此清淨其身，按此俗十三世紀時之蒙古人後亦有之。〔註152〕

Cilicie 國，位於小亞細亞東南部，後併爲羅馬之一省。突厥此一「事火」習俗，在中國亦有之，寓有「袚除不祥」之意。《顏氏家訓》卷二〈風操篇〉云：「……喪出之日，門前然火，戶外列灰，袚送家鬼……。」〔註153〕西晉亡後，部分中原人士南渡存懷國之思，乃以「洛陽火」隨之渡江，即寓有延續正統香火

〔註149〕詳見《侯家莊（第二本）一○○一號大墓（上冊）》——中國考古報告集之三（臺北）中央研究院歷史語言研究所，民國 51 年 10 月出版），頁 28～56。

〔註150〕岑仲勉，《隋唐史》（未著出版年、月）卷上〈隋史〉，頁 22。上述人殉例證，謹舉數例如下：

《史記》卷五〈秦記〉：（武公）二十年（西元前 678），武公卒，葬雍平陽，初以人從死，從死者六十六人……。（頁 183）

《史記》卷五〈秦記〉：（穆公）三十九年（西元前 621），穆公卒，葬雍。從死者百七十七人，秦之良臣子輿氏三人，名奄息、仲元、鍼虎，亦在從死之中，秦人哀之，爲作歌黃鳥之詩……。（頁 194）

《史記》卷六〈秦始皇記〉：（始皇三十七年，西元前 210）七月丙寅，始皇崩於沙丘平臺……。九月，葬始皇酈山……。二世曰：「先帝後宮非有子者，出焉不宜。」皆令從死，死者甚眾……。（頁 264～265）

〔註151〕同註 102。

〔註152〕E. Chavannes（沙畹）著、馮承鈞譯，前引書，第四篇之四東羅馬之遣使西突厥，頁 168。

〔註153〕顏之推，《顏氏家訓》（臺北，明文書局，民國 73 年 1 月出版）卷二〈風操篇〉，頁 103。

之意。《隋書》卷六九〈王劭傳〉載王劭上表請變火云：

> 在晉時有以洛陽火渡江者，代代事之，相續不滅，火色變青。〔註154〕

上述「然火」、「列灰」習俗，今粵中於送殯返回或遷入新居及新婦入門等，猶使用之。抑「事火」之俗，由亞洲西北傳入波斯、印度，所置「家火」不令熄滅，如遷居他地，須攜之同往。〔註155〕

上述舉隅，皆係中國「事火」之明證，可見「事火」習俗，在中國是極端重視的，且源遠流長。突厥此一「事火」信仰，並不排除受漢化或波斯「俗事火神」〔註156〕的影響。

第五節　曆法方面

突厥舊無曆法，「不知年曆，唯以草青爲記」，〔註157〕故突厥在未與中國往來之前，並無固定曆法，除記識四季變化之外，殆無他種計年法。然自沐於中國文化以後，遂採用中國曆法。〔註158〕中國計年之法，或用在位皇帝之年號，或用干支紀年，或用十二支獸紀年等三種方法。

一、十二支獸紀年法

突厥以十二支獸名稱紀年，即源自於中國所使用的十二支（亦稱地支）與十二獸（即十二生肖）相配之法。十二支即是指子、丑、寅、卯、辰、巳、午、未、申、酉、戌、亥。地支計年在中國有著悠久的歷史，考古發掘出土的甲骨卜辭證明至遲至商代，人們已經常使用天干〔註159〕和地支相配以紀日〔註160〕（如附圖一七）。可見中國早在三千多年前的殷商時代，已經有十二地

〔註154〕魏徵等，前引書，卷六九〈王劭傳〉，頁1601～1602。

〔註155〕岑仲勉，前引書，卷上〈隋史〉，頁21。

〔註156〕魏收，《魏書》（臺北，鼎文書局，民國76年5月出版）卷一○二〈西域波斯國傳〉，頁2271。

〔註157〕同註138。

〔註158〕V. Thomsen（湯姆森）著、韓儒林譯，〈前引文〉，蒙古古突厥碑文 —— 導言，頁473～474。

〔註159〕所謂「天干」，即指甲、乙、丙、丁、戊、己、庚、辛、壬、癸等十辰之名。中國早在四千年前的夏代，已有「天干」的記載，夏代帝王的世孫中，有以「天干」作其名號者，如孔甲、胤甲、履癸等即是。商代則有武丁、祖庚、祖甲、廩辛、康丁、武乙、文丁、帝乙、帝辛等九王亦是。

〔註160〕近代挖掘殷商的甲骨卜辭上，已刻有好幾種紀日的干支表，如：三旬式係從甲子到癸巳；六旬式係從甲子到癸亥；還有一種六十干支貫行直下，中雜以

支的名稱和使用的事實存在。同時，在秦統一以前，中國已流行使用十二支、
獸相配以紀年的方式，然十二獸並非定於一端，由出土的秦簡可以看出，因
各地的生活習俗不同，而各有其差異性。西元 1975 年 12 月，在湖北省雲夢
縣睡虎地十一號秦墓出土的簡牘，其中「日書」甲種背面「盜者」一節，載
有十二獸名稱（如附圖一八、一九），現謹摘錄如下：

> 子：鼠也：。丑：牛也：。寅：虎也：。卯：兔也：。辰（原簡缺
> 獸名）：。巳：蟲也：。午：鹿也：。未：馬也：。申：環：。酉：
> 水也：。戌：老羊也：。亥：豕也：。〔註161〕

上述原簡應載有十二獸名，然現已缺漏，且其排列順序與現今所習見的十二
獸，即鼠、牛、虎、兔、龍、蛇、馬、羊、猴、雞、狗、豬等十二生肖順序
有異，然而卻說明中國早在先秦時代，已經有了十二支獸的觀念。〔註162〕

　　中國古籍上，有系統地將十二支、獸相配的文獻，首見於東漢時期，王
充《論衡》卷三物勢篇云：

> 寅木也，其禽虎也；戌土地，其禽犬也；丑未亦土也，丑禽牛，未
> 禽羊也……。亥水也，其禽豕也；巳火也，其禽蛇也；子亦水也，
> 其禽鼠也；午亦火也，其禽馬也……。午馬也，子鼠也，酉雞也，
> 卯兔也……。巳蛇也，申猴也……。〔註163〕

王充《論衡》十二支獸中，獨缺「辰」及肖屬。後漢趙曄《吳越春秋》卷四
〈闔閭內傳〉載云：「吳在辰，其位龍也，故小城南門上，反羽爲兩鯢鱙以象
龍角……。」〔註164〕正可彌補王充「十二支獸」中獨缺「辰龍也」的記年法。

月份的；另有一種只記干日而不記支日。上述記日法，皆是爲了便於檢查日
期的實用目的而契刻的。

詳見陳遵媯，《中國天文學史》（臺北，明文書局，民國 73 年 2 月出版），頁
188～189。

〔註161〕詳見《中華五千年文物集刊》簡牘篇三（臺北，國立故宮博物院中華五千年
文物集刊編輯委員會，民國 75 年 6 月出版）日書（甲種）圖版，頁 31～32，
日書（甲種）盜者釋文，頁 139～140。

〔註162〕謝明良，〈出土文物所見中國十二支獸的形態變遷——北朝至五代〉（臺北，
國立故宮博物院，民國 75 年春季出版）收錄於《故宮學術季刊》第三卷第三
期，頁 59～105。

〔註163〕王充，《論衡》（臺北，《中國子學名著集成》編印基金會，民國 67 年 12
月出版）收錄於《中國子學名著集成》第八八冊，卷三〈物勢篇〉，頁 154
～155。

〔註164〕趙曄，《吳越春秋》（臺北，臺灣商務印書館，民國 64 年 6 月發行）收錄於

中國以十二地支配十二獸紀年法起源極早，秦簡上已有記載，並盛行於東漢。至於十二支獸紀年法何時傳入突厥，至今仍是聚訟紛紜的問題。《隋書》卷一〈高祖紀〉云：「（開皇）六年春正月……。庚午，班曆於突厥。」〔註165〕至於隋文帝頒行何種曆法於突厥，今已不詳。然在此以前，突厥已知使用十二地支以紀年，《隋書》卷八十四〈突厥傳〉云：

> ……沙鉢略遣使致書曰：「辰年九月十日，從天生大突厥天下賢聖天子、伊利俱盧設莫何始波羅可汗致書大隋皇帝：使人開府徐平和至，辱告言語，具聞也。皇帝婦父，即是翁，此是女夫，即是兒例……。」
> 〔註166〕

伯希和謂以干支中一字紀年，中國向無此例，此處之「辰」年，顯係十二屬地支中之一年。甲辰年（584）爲龍年，所指必爲此年，則沙鉢略在隋文帝開皇六年（586）班曆以前，已知使用十二屬地支紀年矣。〔註167〕伯希和所言甚是，司馬光《資治通鑑》卷一七六所載，亦繫於此年。〔註168〕可見中國干支紀年法，至遲於隋文帝以前，已傳入突厥。

突厥以十二獸紀年，則見於唐代之碑文。古突厥碑文「闕特勤碑」北面及西面之稜角載：「闕特勤死於羊年十七日，九月二十七日舉行葬禮……。」〔註169〕據《新唐書》卷二一五〈突厥傳〉載，闕特勤死於唐開元十九年（731），故知碑文所載「羊年」，即爲此年。〔註170〕又「芯伽可汗碑」南面第十行云：

> ……朕父可汗既有如許建樹後，於狗年十月二十六日崩，豬年五月二十七日安葬……。〔註171〕

上述碑文雖未載明芯伽可汗死於何年，然據《舊唐書》卷八〈玄宗紀〉云：「（開元）二十二年……，是歲，突厥毗伽可汗死……。」〔註172〕又據《資治通鑑》

《四部叢刊初編》第十六冊，卷四〈閭閻內傳〉，頁20。

〔註165〕魏徵等，前引書，卷一〈高祖紀〉，頁23。

〔註166〕魏徵等，前引書，卷八四〈突厥傳〉，頁1868。

〔註167〕劉義棠，《周書突厥傳考註》（臺北，經世書局，民國79年1月印行）收錄於《突回研究》，頁540。

〔註168〕司馬光，前引書，卷一七六陳紀長城公至德二年（584），頁5476。

〔註169〕V. Thomsen（湯姆森）著、韓儒林譯，前引文，蒙古古突厥碑文「闕特勤碑」，頁487。

〔註170〕同註146。

〔註171〕V. Thomsen（湯姆森）著、韓儒林譯，前引文，蒙古古突厥碑文「芯伽可汗碑」，頁496。

〔註172〕劉昫等，前引書，卷八〈玄宗紀〉，頁202。

卷二一四唐紀玄宗開元二十二年（734）云：「突厥毗伽可汗爲其大臣梅錄啜所毒……。既卒……，庚戌，來告喪。」〔註173〕故知碑文所載「狗年」，即爲開元二十二年（734）；「豬年」，即爲開元二十三年（735）。據此可知突厥以中國十二獸紀年，晚在唐代已傳入矣！換言之，突厥在中唐以前，即知以中國十二獸——即一鼠、二牛、三虎、四兔、五龍、六蛇、七馬、八羊、九猴、十雞、十一狗、十二豬等順序以紀年，每逾十二年，即復循環一次，如此週而復始，復勾稽參採其他史料，即易求得確切之年代。

二、曆法流布

中國以十二支獸紀年法，不僅影響突厥而已，凡同屬突厥系族或多或少皆受其影響。如黠戛斯、回紇等，即是一例。黠戛斯，古堅昆國也，原住於劍河（今葉尼塞河）上游，同屬於阿爾泰語系之民族。〔註174〕其紀年法，同「以十二物紀年，如歲在寅則曰虎年」；〔註175〕又如「歲在子則謂之鼠手，在戌則謂之狗年，與回鶻同也。」〔註176〕由上述，可知黠戛斯使用中國十二支獸紀年之法甚明。繼突厥之後，回紇之紀年亦相沿不輟。

三、紀年借字及比較

以下謹將突回語十二支獸之借字列表如下，以明漢語與突回語在十二支獸紀年法方面之關係：

附表六　突厥系族十二支獸紀年借字表〔註177〕

借　字　　　　語　別	漢　語	突回語
1	子　鼠	küskü
2	丑　牛	ud

〔註173〕司馬光，前引書，卷二一四〈唐玄宗開元二十二年〉（734），頁6809。
〔註174〕歐陽修、宋祁，前引書，卷二一七〈黠戛斯傳〉，頁6146。
　　　　孟廣耀，《中國北方民族關係史》（1987年7月，中國社會科學出版社出版）第五章隋唐時期的北方民族，頁202～203。
〔註175〕歐陽修、宋祁，前引書，卷二一七〈黠戛斯傳〉，頁6147。
〔註176〕樂史，《太平寰宇記》（臺北，文海出版社，民國69年5月出版），卷一九九〈黠戛斯傳〉，頁684。
〔註177〕陳慶隆，前引文，頁447。

3	寅 虎	bars
4	卯 兔	tavïsran
5	辰 龍	lü
6	巳 蛇	jilan
7	午 馬	jund
8	未 羊	qoj̃
9	申 猴	bičin
10	酉 雞	taqïju
11	戌 狗	ït
12	亥 豬	larzïn

　　上述突、回語之十二支獸名稱，除龍以外，其餘雖非漢語借字，但譯自漢語則很明確。突、回人除用十二支獸紀年以外，並用以紀日。如：küskü kün（鼠日）、ud kün（牛日）、jund kün（馬日）等皆是。正因爲中國曆法不以獸名紀日，而以干日或干支紀日，〔註178〕因而引起趙翼、沙畹及羽田亨等人之懷疑，認爲十二獸恐源自於北俗之突厥、蒙古等族，而於漢時由南匈奴呼韓邪單于傳入中國。〔註179〕但此說實難令人折服，因中國十二獸之名起源極早，先秦時代的秦簡已見記載，並盛行於東漢時代，此乃不爭之事實。

　　J. Halévy 首持異議，認爲突厥、蒙古之 lui、lū、lõ 必借自漢語 ── 龍。因「龍」乃中國人想像創造之物。此外，兔、雞，特是猴，爲突厥所陌生。〔註180〕又匈奴未曾使用十二獸以紀年、月、日，豈能傳介於中國。〔註181〕再就巴比倫、希臘、波斯、中國、突回、蒙古及滿洲所使用之生肖，〔註182〕加以比較，知西

〔註178〕陳遵嬀，前引書，頁 189。
〔註179〕陳慶隆，前引文，頁 448。
　　　　羽田亨，前引書，頁 177。
　　　　趙翼，《陔餘叢考》（臺北，世界書局，民國 67 年 4 月出版），卷三四〈十二相屬起於後漢〉條，頁 10。
〔註180〕陳慶隆，前引文，頁 449。
〔註181〕司馬遷，前引書，卷一一○〈匈奴傳〉，頁 2879、2892。云：「（匈奴）毋文書，以言語爲約束……。舉事而候星月，月盛壯則攻戰，月虧則退兵……。」匈奴，今無文字傳世，其國無文書，僅以言語爲約束，恐亦無年曆，故一切行事皆以觀察星月等天象，而後爲之。其國不使用十二獸紀年，而將之傳介於中國，殆屬不可能。
〔註182〕詳見陳慶隆，前引文，頁 451～452。
　　　　陳師慶隆就希臘、巴比倫、波斯、蒙古、突厥、滿州及中國所用之生肖列表

方的十二生肖與中國最接近者，當屬波斯。至於阿爾泰語系民族中的突厥、回紇、蒙古及滿州等，所使用的十二生肖則與中國完全相同，而他們所使用的十二生肖則晚於中國，其源出於中國，應無可疑。

附圖十三　突騎施錢幣

（正面）粟特文　　　　　　　（背面）一弓月紋
漢譯"天可汗突騎施錢"

摘自李俠、曉峰著《中國北方民族貨幣史》，頁 54。

比較如下：

	一	二	三	四	五	六	七	八
	巴比倫	希臘	Teukros-Vatican	波斯	中國	突厥、回紇	蒙古	滿洲
1	Tiâmat	白羊	貓（波斯）	muš（鼠）	鼠	Küskü（鼠）	Khuluguna（鼠）	singgeri（鼠）
2	Kingu	金牛	狗（巴比倫）	bakar（牛）	牛	ub（牛）	uker（牛）	ihan（牛）
3	蝮蛇	雙子	蛇（Cappadocia）	peleng（豹）	虎	bars（虎）	bars（虎）	tasha（虎）
4	蛇	巨蟹	甲蟲（亞美尼亞）	Xargüš（兔）	兔	tabisran（兔）	toolaï（兔）	gûlmahûn（兔）
5	Lakhamu	獅子	驢（亞洲）	nehenk（鱷魚）	龍	lü（龍）	loo（龍）	muduri（龍）
6	旋風	處女	獅（愛奧尼亞）	mãr（蛇）	蛇	jïlan（蛇）	mokhaï（蛇）	meihe（蛇）
7	餓狗	天平	公羊（利比亞）	esb（馬）	馬	jund（馬）	morin（馬）	morin（馬）
8	蝎人	天蝎	公牛（義大利）	gûsfend（羊）	羊	qoj（羊）	khoïn（羊）	honin（羊）
9	大旋風	人馬	鷹（克里特）	hamduna（猴）	猴	bičin（猴）	mečin（猴）	bonio（猴）
10	漁夫	山羊	猴（敘利亞）	mürg（鳥）	雞	taqïju（雞）	takiya（雞）	coko（雞）
11	角獸	水瓶	朱鷺（埃及）	seg（狗）	狗	ït（狗）	nokhaï（狗）	indahûn（狗）
12	武器	雙魚	鱷魚（印度）	hûk（豬）	豬	larzïn（豬）	khakai（豬）	ulgiyan（豬）

附圖十四　唐朝的胡旋舞

摘自鄭均均著〈曠代名優黃旛綽〉——中央日報 82 年 9 月 16 日第十七版。

附圖十五　闕特勤碑銘西面漢文部分

摘自馬長壽著《突厥人和突厥汗國》，頁 6。

附圖十六　闕特勤碑銘東面突厥文部分

摘自馬長壽著《突厥人和突厥汗國》，頁5。

附圖十七　甲骨文照片（干支）

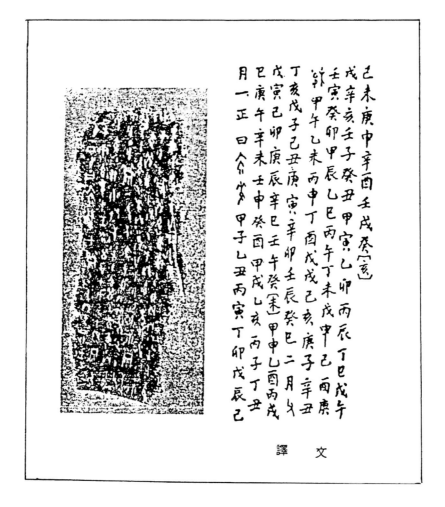

摘自陳遵媯著《中國天文學史》第一冊，頁188。

附圖十八　湖北省雲夢縣睡虎地十一號秦墓簡牘——「日書」甲種「盜者」
　　　　　部分

摘自國立故宮博物院出版，《中華五千年文物集刊》簡牘篇三，頁32。

附圖十九　湖北省雲夢縣睡虎地十一號秦墓簡牘——「日書」甲種「盜者」部分釋文

盗者

子：鼠也（七一）。盗者兌口、希須、善弄、手黑色、面有黑子焉。疵在耳，臧於垣內中糞蔡下。•多鼠，鼷孔，午郢（八二七背）。

丑：牛也。盗者大鼻、長頸、大辟、臑而僂，疵在目，臧牛廄中草木下。•多徐，善趣以未（八二六背）。

寅：虎也。盗者壯、希須、面有黑焉。不全於身，從以上辟，臑梗大，疵在辟，臧於瓦器閒、旦閉夕啟。西方。•多虎，豻貙豹申（八二五背）。

卯：兔也。盗者大面、頭顡、疵在吳，臧於草中，旦閉夕啟。北方。•多兔，竈陘突垣義酉（八二四背）。

辰：盗者男子、青赤色，爲人不穀，要有疵，臧東南反下車人。✓親也勿言已。•多獾，不圖射亥戌（八二三背）。

巳：蟲也。盗者長而黑蛇，目黃色，疵在足，臧於瓦器下。•名西茞亥旦（八二二背）。

午：鹿也。盗者長頸、小胻、其身不全，長耳，而操蔡，疵在肩，臧於草木下、必依阪險，旦啟夕閉。東方。•名徹達祿，得獲錯（八二一背）。

未：馬也。盗者長須，耳（其）爲人〔也〕我我然。好歌。無疵在肩，臧於芻稾，中阪險✓必得。•名建章，丑吉（八二〇背）。

申：環也。盗者圜面，其爲人也鞞鞞然。✓夙得，莫（暮）不得。名責環貉豺干都寅（八一九背）。

酉：水也。盗者𥡴而黃色，疵在面，臧於園中草下，旦啟夕閉✓夙得，莫（暮）不得。•名多，酉起嬰（八一八背）。

戌：老羊也。盗者赤色，其爲人也剛履，疵在頰，臧於糞蔡中土中✓夙得，莫（暮）不得。•名馬，童龏，

摘自國立故宮博物院出版，《中華五千年文物集刊》簡牘篇三，頁139。

第五章　突厥系族入居中國之分布及其管理

第一節　突厥系族入居中國之分布

一、安邊之策

　　四夷為中國之患，由來已久。自漢代以還，對胡之民族政策方面，爭議甚多，或主征伐，或主德化，載籍敘述詳矣！〔註1〕胡族徙居塞內，並常舉事作亂，衍生許多問題，有識之士早已察覺胡族內徙的嚴重性，故西晉郭欽、江統等人主張趁中國尚強，宜遷離中原境內之胡族返其故地，以嚴夷夏之防而杜亂華之萌，遂提出徙戎之論。〔註2〕此種議論，陳義雖高，然實際上難行，朝廷終無有效可行之對策。

　　降至隋文帝時，以突厥為例，是否徙居塞外，仍是爭辯不休的問題。時

〔註1〕桓寬，《鹽鐵論》（臺北，臺灣商務印書館，民國55年10月發行）收錄於《四部叢刊初編‧子部》第十九冊，頁58、68。
　　　《鹽鐵論》，凡十卷六十篇，漢廬江太守丞桓寬撰。按鹽鐵之議，起自漢昭帝之始元中（西元前86～西元前81），召問賢良文學之士，議郡國鹽鐵存廢之論。至宣帝時，桓寬纂集而成書。其中卷七〈備胡篇〉云：「……今不征伐（匈奴），則暴害不息。不備，則是以黎民委敵也。」（頁58）可知部分大夫即主征伐。而卷八和親篇云：「……往昔通關梁，交有無，自單于以下皆親漢，內附往來長城之下……。」（頁68）可見當時亦採行和親政策，胡漢交關互市往來，部分大夫即主和親。
〔註2〕房玄齡等，《晉書》（臺北，鼎文書局，民國76年5月出版）卷五十六〈江統傳〉，頁1529～1534徙戎論。

啓民可汗歸朝，朝廷賞賜甚厚，開皇十九年（599），隋於朔州（今山西馬邑）築大利城以居之。〔註3〕時因其兄雍虞閭（即都藍可汗）侵擾不已，乃遷啓民部落於河南夏、勝二州之間，盡爲其畜牧之地。〔註4〕上述河套平原，水草豐盛，土壤肥沃，致不出數年，突厥「人民羊馬，遍滿山谷」，〔註5〕啓民可汗至爲感激，乃上表稱謝。

煬帝即位後，兵部尙書段文振見文帝納啓民可汗居於塞內，並妻以義成公主，賞賜優厚，甚不以爲然，段文振以夷狄狼子野心，恐爲國患。《隋書》卷六十〈段文振傳〉載其上表曰：

> ……竊見國家容受啓民，資其兵食，假以地利。如臣愚計，竊又未安。何則？夷狄之性，無親而貪，弱則歸投，強則反噬，蓋其本心也……。以臣量之，必爲國患。如臣之計，以時喻遣，令出塞外。
> 然後明設烽候，緣邊鎭防，務令嚴重，此乃萬歲之長策也。〔註6〕

段文振以爲爲國家長治久安之計，遷突厥於塞內，華夷雜處，並不妥當，仍應於適當時機遣出塞外，戍兵鎭防，方爲萬全之策。

迨至唐貞觀四年（630）三月，唐太宗生擒頡利可汗以後，對於突厥降眾之處置問題，朝廷曾有過一場激辯，太宗乃下詔議安邊之術，時朝廷大夫大致持如下三種議論：

（一）朝士之議論，主張「散屬州縣」。《通典》卷一九七〈邊防典北狄突厥傳〉云：

> 朝士多言，突厥恃強，擾亂中國，爲弊日久，今天實喪之，窮來歸我，本非慕義之心，因其歸命，分其種落，俘之兗、徐之地，散屬州縣，各使耕織，百萬胡虜，可得化爲百姓，則中國有加戶之利，塞北可常空虛矣！〔註7〕

可知當時朝士多主張分散突厥種落，遣居於今河北、山東及江蘇、安徽等四省交界處附近，並納入編戶，由各州、縣統轄，納稅服役，與一般中國百姓

〔註3〕 隋大利城，位於定襄郡（今山西忻州）。文帝時，安置突厥降附萬餘家於恆安（今山西大同東北），並督役築金河、定襄二城，以取啓民可汗。詳見魏徵等，《隋書》（臺北，鼎文書局，民國76年5月出版）卷七十四〈趙仲卿傳〉，頁1697。

〔註4〕 魏徵等，前引書，卷八十四〈北狄突厥傳〉，頁1873。

〔註5〕 同上。

〔註6〕 魏徵等，前引書，卷六十〈段文振傳〉，頁1458。

〔註7〕 杜佑，《通典》（臺北，臺灣商務印書館，民國76年12月發行）卷一九七〈邊防典北狄突厥傳〉，頁1071（收錄於《十通》第一種）。

無異。如此，一則可以增加中國之戶口，二則可以削弱塞外胡族勢力。然這種處置方式，過於理想化，如何改變其遊牧本性，行「各使耕織」的農耕生活方式，實際上仍是困難重重，窒礙難行。

（二）中書令溫彥主張徙置於「河南五原塞下，全其部落。」《通典》卷一九七〈邊防典北狄突厥傳〉云：

> 惟中書令溫彥博議請准漢建武時，置降匈奴於河南五原塞下，全其部落，得爲捍禦，又不離其土俗，因而撫之，一則實空虛之地，二則示無負之心，若遣向徐、兗，則乖物性，非含蓄之道。〔註8〕

上述溫彥博之論，更屬一廂情願的說法，他建請准如東漢光武帝故事，安置匈奴於河南五原郡（今甘肅靈州東南）一帶，且「全其部落」，不使之分散，如此則猶如獲得一股生力軍般，得爲悍禦疆土，並可示無猜之心。溫彥博深體太宗持「國朝一家天下，華夷如一」〔註9〕的寬大胸懷，時太宗正圖遠略，以廣招徠，復說之以仁義及儒家「民胞物與」等傳統思想，頗中太宗之意。

（三）秘書監魏徵主張應「遣還河北」。《通典》卷一九七〈邊防典北狄突厥傳〉云：

> 秘書監魏徵奏言：北狄自古至今，未得如斯之破敗也。且其代寇中國，百姓怨讎，若以其降伏不能誅滅，即宜遣還河北，居其本土。此人面獸心，非我族類，強必寇盜，弱則卑服，不顧恩義，其本情也。秦漢患其若是，故發猛將以擊之，收取河南以爲郡縣，奈何以內地居之。且今降者幾至十萬，數年間，孳息日倍，居我肘腋，甫邇王畿，心腹之疾，將爲後患。〔註10〕

由上所述，可知魏徵對於突厥降眾之處置，獨排眾議，認爲不應遷居內地，宜「遣還河北，居其本土」。否則，突厥入居內地，「甫邇王畿」，恐後患無窮。魏徵鑒於前代覆軍，殷鑒不遠，若必遣居河內，與所謂「養獸自遺患」何異，終將成亂階。

溫彥博見反對聲浪日隆，漸有不敵之勢，乃又說太宗以「天地之道」的大道理，謂曰：「古先哲王，有教無類，突厥餘魂，以命歸我，援之護之，收居內

〔註 8〕　同上。

〔註 9〕　李昉等，《文苑英華》（臺北，大化書局，民國 74 年 5 月印行）卷八〇一李華〈壽州刺史壁記〉，頁 1928。

〔註10〕　同註 7。

地，我指麾之，教之以禮法，數載之後……，畏威懷德，何患之有？」〔註11〕
太宗一時失察，竟用其計，處突厥降眾「於朔方之地，幽州至靈州置順、化、
祐、長四州都督府。又分頡利之地六州，左置定襄都督府，右置雲中都督府，
以統其眾。」〔註12〕

　　由上述溫彥博所提「安邊之後」，可知突厥降眾已分處於關內、河東及河
北三道，毗鄰東、西兩都畿輔之地不遠，頗近鄰中國之核心區，勢將威脅京
畿之安全。然太宗竟未警覺事態的嚴重性，並極力扶植收養之，「愛之爲子，
與我百姓不異」，〔註13〕授其酋長官爵，至者皆官拜將軍、中郎將等，布列朝
廷，五品以上高官百餘人，殆與朝士相半，因而入居長安者近萬家。〔註14〕
可見唐太宗對待突厥降眾，甚爲優厚與禮遇。

　　魏徵安邊之論，識廣見遠，果不出其所料，至貞觀十三年（639），頡利
兄（始畢可汗）之子結社率謀反，進犯行宮，太宗始以爲憂，〔註15〕乃又徙
突厥於河北。然突厥入居中原已近十年，遍居中國內地，一時恐無法將之盡
徙出於河北之地。

　　上述三派「安邊之術」的議論，太宗終採溫彥博之議，置突厥降附於朔
方之地，並置六都督府，以羈縻統領之。然上述安置措施，亦遭許多朝士的
反對。如《通典》卷一九七〈邊防典突厥傳〉即載涼州都督李大亮之上疏云：

　　……臣聞欲綏遠者，必先安近……。今者招致突厥，雖入提封，臣
　　愚稍覺其費，未悟其益也。……請停招慰……。近日突厥傾國入朝，
　　既不能俘之江淮，以變其俗，乃置於內地，去京不遠……，亦非久
　　安之計也。……以中國之租賦，供積惡之兇虜，其眾益多，非中國
　　之利也。〔註16〕

可見李大亮亦認爲唐徙突厥於內地，謂已是深入唐之核心區，「去京不遠」，恐

〔註11〕同上。
〔註12〕同上。
〔註13〕劉昫等，《舊唐書》（臺北，鼎文書局，民國74年3月出版）卷一九四〈突厥
　　　　傳〉，頁5164。
〔註14〕同註7。
〔註15〕一、杜佑《通典》卷一九七〈邊防典北狄突厥傳〉，頁1071未明言結社率謀
　　　　反之年。
　　　　二、今採劉昫等《舊唐書》卷三〈太宗紀〉之繫年云：「（貞觀十三年）夏四
　　　　　　月戊寅，幸九成宮。甲申，阿史那結社率犯御營，伏誅……。」（頁50）
〔註16〕同註7。

威脅京畿之安全，終於久安之計，並謂得之「於事無用，徒費中國」，〔註17〕莫若停止招慰，其議與魏徵同。大亮所言，眞是鞭辟入裡，一針見血，非深思熟慮，謀國至誠者，無以見此。

中書侍郎顏師古，亦認爲「凡是突厥、鐵勒，終須河北居住。」〔註18〕然後分置酋長，統領其部落。禮部侍郎李百藥，更深入分析認爲宜區分其部落，各自統攝，各署君長，不相臣屬，如此國小才能分其權勢，各自保全，難相吞滅，各部族勢均力敵，必無抗衡中國之理。〔註19〕

然太宗即位後，即勤遠略，志在懷柔四夷，曾曰：「夷狄亦人耳，其情與中夏不殊……，不必猜忌異類……。」〔註20〕故並未峻夷夏之防。如貞觀十七年（643），阿史那思摩部眾渡河者凡十萬，勝兵四萬人，思摩不能撫其眾，乃相率叛之，南渡河，詔許分處於勝、夏二州之間。〔註21〕勝、夏二州，位於關內道黃河以南，距京師不遠，若胡騎長趨直入，立可威脅京畿之安全。更河況唐太宗正出兵伐遼，而突厥處河南地，密邇京師，遺患無窮，故朝臣皆認爲不妥。

又如玄宗開元三年（715），突厥默啜可汗爲九姓所殺，其下酋長多款塞降附，唐置之於河曲之內，其後小殺（即苾伽可汗）繼位，降者漸叛。河曲位於今河套、鄂爾多斯高原一帶。此一地區自太宗朝以來，一直爲突厥降附繁衍居住之地，人多勢眾，故對唐之統治威脅甚大。《舊唐書》卷九十三〈王晙傳〉云：

> ……今者，河曲之中，安置降虜，此輩生梗，實難處置。日月漸久，姦詐逾深，窺邊間隙，必爲患難。今有降者部落，不受軍州進止，輒動兵馬，屢有傷殺。詢問勝州左側，被損五百餘人。私置烽鋪，潛爲抗拒，公私行李，頗實危懼。北虜如或南牧，降戶必與連衡……，南北信使，委曲通傳，此輩降人，翻成細作。倘收合餘燼，來逼軍州，虜騎憑凌，胡兵應接，表裡有敵，進退無援。雖復韓、彭之勇，

〔註17〕同上。

〔註18〕王溥，《唐會要》（臺北，世界書局，民國71年12月出版）卷七十三〈安北都護府〉，頁1312。

〔註19〕王溥，前引書，卷七十三〈安北都護府〉，頁1313。

〔註20〕司馬光，《資治通鑑》（臺北，世界書局，民國68年5月出版）卷一九七〈太宗貞觀十八年〉，頁6215～6216。

〔註21〕同註10。

　　孫、吳之策，令其制勝，其可必乎！〔註22〕

突厥降附，長期居留內地，弊端叢生，窺探中國虛實，充當奸細，不受指揮，輒動干戈，南北互通氣息，相互應接，形成中國內地表裏有敵，一旦亂起，如何能克敵制勝呢？故王晙建議，爲防突厥降戶私相往來，散令分配於「淮南、河南寬鄉安置」，〔註23〕斯爲上策。如今「置之朔塞，任之來往，通傳信息，結成禍胎……。」〔註24〕此爲無策也，玄宗終未採行，突厥降附果叛。

　　王晙對於突厥降附之處置，建議徙於淮南、河南寬鄉安置，依然蕃漢相參，易生弊端，實際上之問題仍未解決，故以徙還河北原居地始爲上策。清人顧炎武深體歷來外族輒成國患，乃極力主張徙戎於境外，不使久處內地，免遭禍患。顧炎武《日知錄》卷二十九〈徙戎〉目云：

　　　　……夫蕃人貪而好利，乍臣乍叛，荒忽無常。彼來降者，非心悅而誠服也，實慕中國之利也……。前世劉石之亂，可不鑒哉……，其來也懲而禦之，不使之久處；其去也守而備之，不誘其復來……。

〔註25〕

若從歷史之觀點而論，顧炎武深明夷狄之性，突厥等外族窮則歸我，其來降者，並非心悅而誠服，實慕中國之利也，可謂一語道破夷狄之本性，也是其有感而發的深切之論。然若從大中華及漢化立場而論，顧炎武之論爲今日所不取。

二、遷徙路線

　　漢代以來，中國與西域諸國〔註26〕之交通往來，極爲頻繁。西域各國之

〔註22〕劉昫等，前引書，卷九十三〈王晙傳〉，頁 2896。

〔註23〕同上。

〔註24〕劉昫等，前引書，卷九十三〈王晙傳〉，頁 2897。

〔註25〕顧炎武，《日知錄》（臺北，世界書局，民國 73 年 11 月出版）卷二十九〈徙戎〉，頁 691。

〔註26〕一、西域，乃指中國西方或西部之疆域而言，而其範圍在中國史上殊難求得明顯之界限，隨時代地理智識、政治、軍事勢力，及使節、僧侶、商賈等足跡之不同，而有遠近廣狹之異。漢之西域有廣狹二義，狹義僅指天山南路而言；廣義則包括天山南北二路、中亞細亞、印度、歐洲東部，及伊蘭高原至阿拉伯等，皆使節、僧商往來頻繁之地。詳見曾問吾，《中國經營西域史》（臺北，文海出版社，民國 76 年 4 月印行），頁 1～2（收錄於《近代中國史料叢刊續編》第五十二輯）。

使節、僧侶、商賈，常爲報聘、傳教或行商之目的而來，甚而因嚮慕中國文化而定居中國者，不乏其人。〔註 27〕漢與西域之交通，大抵由河西走廊出玉門、陽關，後分二道，以入西域。《漢書》卷九十六〈西域傳〉云：

> 自玉門、陽關出西域有兩道。從鄯善傍南山北，波河西行至莎車，
> 爲南道；南道西踰葱嶺則出大月氏、安息。自車師前王廷隨北山，
> 波河西行至疏勒，爲北道；北道西踰葱嶺則出大宛、康居、奄蔡焉。

〔註 28〕

玉門、陽關二關隘，皆位於今甘肅敦煌之西。旅人出關後，則沿南、北二道而行。南、北二道，始於漢初，至後漢則別有新道，由玉門關向西北行，經橫坑、三隴沙及龍河（或曰龍堆），出五船北達車師（即高昌）。〔註 29〕

前述路線，乃是中國內地和西北邊區，乃至中外間之交通要道，大抵與後代所稱之「絲綢之路」〔註 30〕相吻合。它是一條橫貫歐亞大陸的東西交通路線，原以運銷絲綢著名於世，然對於溝通東西方，不論在政治、經濟、軍事、宗教和文化等各方面，皆發生了極大的作用。歐亞大陸東西交通繁榮的盛況，北魏楊衒之《洛陽伽藍記》卷三〈宣陽門〉載云：

> ……自葱嶺已西，至於大秦，百國千城，莫不歡附。商胡販客，日
> 奔塞下，所謂盡天下之區已。樂中國土風，因而宅者，不可勝數。
> 是以附化之民，萬有餘家。門巷修整，閭闔填列，青槐蔭陌，綠柳
> 垂庭，天下難得之貨，咸悉在焉。〔註31〕

二、漢時，西域之國，亦無定數，武帝時本三十六國，其後稍分至五十餘國。西域諸國特性大率土著，有城廓田畜，皆役屬於匈奴。詳見班固，《漢書》（臺北，鼎文書局，民國 75 年 10 月出版）卷九十六〈西域傳〉，頁 3871～3872。

〔註27〕即以唐代爲例，自玄宗天寶以來，西域胡客留居長安久者，或四十餘年，皆有妻子，買田宅，舉質取利，安居不欲歸，經檢括在長安一地置產田宅者，即達四千餘人，可見一斑。詳見《資治通鑑》卷二三二〈德宗貞元三年〉，頁 7492～7493。

〔註28〕班固，前引書，卷九十六〈西域傳〉，頁 3872。

〔註29〕石璋如等，《中國歷史地理》（臺北，中國文化大學出版部，民國 72 年 6 月出版）〈秦漢篇〉，頁 193。

〔註30〕嚴耕望，〈絲綢之路——中國境內的途程〉（臺北，歷史月刊雜誌社，民國 77 年 11 月發行），頁 31（收錄於《歷史月刊》第十期）。

《絲綢之路》，乃是十九世紀德國學者李希霍芬（Ferdinand Von Richthofen）爲此東西交通路線所給予之稱呼，就西方入口貿易的觀點而言，甚爲恰當。

〔註31〕楊衒之，《洛陽伽藍記》（臺北，正文書局，民國 71 年 9 月發行）卷三〈宣陽

葱嶺，即今帕米爾高原，是中國通往西域必經之地。大秦，即古羅馬帝國。南北朝時代，胡商在歐亞大陸東西交通線上活動的盛況，於此可見。同時也可想見當時西域人流寓中國人數之多，而西域人之成分，亦極複雜，〔註32〕他們往來路線率皆沿「絲綢之路」爲主。至北魏時期，出西域之要路，更增爲四道，即從莎車行一百里至葱嶺，葱嶺西一千三百里至伽倍爲一道；自莎車西南五百里至葱嶺，西南一千三百里至波路爲一道，〔註33〕共爲四道。至此橫貫歐亞大陸東西交通路線，更爲暢通，西域蕃胡東來，更形便捷。

　　隋朝爲了滅陳，統一全國，及強化中央對地方和邊族的控制等需要，乃積極從事運河與道路等的開鑿與建設。其中對西域交通方面，主要可分爲如下二道：

（一）榆林入突厥道

　　自靈武（今甘肅靈武南）以東，由五原（今內蒙五原縣南）、榆林（今內蒙托克托西南）、定襄（今山西平魯）、雲中（今內蒙托克托東北）、涿郡，皆有御道通位於白道（今內蒙呼和浩特市北）之突厥牙帳，其中榆林北經金河到白道川，爲主要通道。〔註34〕

　　隋大業三年（607），煬帝曾在榆林慰諭突厥啓民可汗，爲便於統治及巡行塞外，增進兩國間之關係，乃於同年（大業三年，607）六月，從榆林北境至其牙帳，東達於薊（涿郡治所，今北平市），長三千里，廣百步，舉國就役，開爲御道，〔註35〕兩國間的通使、互市和商旅等往來，即用此御道。

（二）敦煌入西域道

　　敦煌，乃中國內地通往西域的咽喉，也是絲路上的交通要地。隋時，是前往中亞、西亞北、中、南三路交通大道的起點。《隋書》卷六十七〈裴矩傳〉，載其所著《西域圖記》之〈序言〉云：

　　　發自敦煌，至於西海，凡爲三道，各有襟帶。北道從伊吾，經蒲類
　　　海鐵勒部、突厥可汗庭，度北流河水至拂菻國，達於西海。其中道

門〉，頁145。

〔註32〕向達，《唐代長安與西域文明》（臺北，明文書局，民國71年10月出版），頁4。

〔註33〕魏收，《魏書》（臺北，鼎文書局，民國76年5月出版）卷一○二〈西域傳〉，頁2261。

〔註34〕劉希爲，《隋唐交通》（臺北，新文豐出版公司，民國81年3月發行），頁32～33。

〔註35〕司馬光，前引書，卷一八○〈煬帝大業三年〉，頁5631。

> 從高昌、焉耆、龜茲、疏勒，度蔥嶺，又經鏺汗、蘇對沙那國、康
> 國、曹國、何國、大小安國、穆國，至波斯，達於西海。其南道從
> 鄯善、于闐、朱俱波、喝槃陀，度蔥嶺，又經護密、吐火羅、挹怛、
> 帆延、漕國，至北婆羅門，達於西海……。故知伊吾、高昌、鄯善，
> 並西域之門戶也。總湊敦煌，是其咽喉之地。〔註36〕

隋代，因西域諸國多至張掖與中國交市，煬帝乃令裴矩負責接待各國使者和
互市交易之事，諸國商胡至者，令言其國俗和山川險易，乃撰成《西域圖記》
三卷。其中即述及從敦煌出發，前往中亞、西亞北、中、南三道的交通路線；
反之，西域諸國人亦循此路線東來。以下略述裴矩《西域圖記》之三道（如
附圖二○），以明其梗概。

1. 西域北道線

即出玉門關西北行至伊吾（今新疆哈密），越過天山，沿天山北麓，經蒲
類海（今新疆巴里坤湖）南岸西行，經鐵勒部、突厥可汗庭、渡伊梨河、楚
河等水，經碎葉城（今吉爾吉斯托克馬克附近），至怛邏斯（今哈薩克東南），
然後沿藥殺水（Yaxartes），至鹹海和裏海北岸，西北渡得嶷黑河（今烏拉爾河）、
阿提拉河（今伏爾加河），至拂菻國（即東羅馬帝國），達於西海（指地中海）。
北道是經天山北路，而達於地中海的路線。

2. 西域中道線

從高昌出發，經天山與塔里木河之間的焉耆、龜茲、疏勒、出蔥嶺北隘
口，經鏺汗（今烏茲別克費爾干那盆地）、蘇對沙那國（今俄境烏臘提尤別）、
康國（今烏茲別克撒馬爾罕）、曹國（今撒馬爾罕東北）、何國（今撒馬爾罕
西北）、大小安國（今烏茲別克布哈拉）、穆國（位今土庫曼境內），至波斯（今
伊朗），達於西海（指波斯灣）。中道是經天山南路，而達於波斯灣的路線。

3.西域南道線

從鄯善（今新疆羅布泊南）出發，沿塔里木河以南地區，經于闐、朱俱
波（今莎車南）、喝槃陀（今塔吉克），度蔥嶺南隘口，又經護密（今阿富汗
境）、吐火羅、挹怛（即嚈噠，位於今阿姆河南、阿富汗北），南行至帆延（今
阿富汗境）、漕國（今阿富汗境）、北婆羅門（今巴基斯坦），達於西海（指阿
拉伯海）。南道是沿塔里木河之南，而達於阿拉伯海的路線。

〔註36〕魏徵等，前引書，卷六十七〈裴矩傳〉，頁 1579～1580。

　　隋時往來西域之路，較前代更為暢通，比漢代的南、北二道，又增加天山北路一道，且向西擴張，一直延伸至地中海、波斯灣和阿拉伯海沿岸廣大地區。歐、亞陸路三條交通大道總匯於敦煌，東西交通住來更形便捷，更利於西域諸國人民之東來。

　　唐代疆域遼闊，國威遠播，羈縻四夷邊族者眾，是時與鄰近國家交往頻繁，唐都長安不僅是國內政治、經濟、文化的中心；同時也是國際性的大都市，中外使者、僧侶、商賈和留學生等，「不絕於道，寓望迎勞之禮，無曠於日。」〔註37〕充分說明華夷人民來往長安人數之多，迎來勞往之禮不斷，交通繁盛，達於極點。

　　唐代陸路交通極為發達，它是以長安為中心，呈蛛網狀向四面八方輻射，計有七道入四夷之路，從邊州伸展至鄰近四夷國家。《新唐書》卷四十三地理志載，賈耽所記從邊州入四夷之要道有七：

　　　　……貞元宰相賈耽考方域道里之數最詳，從邊州入四夷，通譯於
　　　　鴻臚者，莫不畢記。其入四夷之路與關戍走集最要者七：一曰營
　　　　州入安東道，二曰登州海行入高麗渤海道，三曰夏州塞外通大同
　　　　雲中道，四曰中受降城入回鶻道，五曰安西入西域道，六曰安南
　　　　通天竺道，七曰廣州通海夷道。其山川聚落，封略遠近，皆概舉
　　　　其目……。〔註38〕

德宗朝宰相賈耽，性好地理之學，悉心鑽研域外地理，「凡四夷之使及使四夷還者，必與之從容，訊其山川土地之終始。」〔註39〕賈耽的重要貢獻，是為後人提供詳實而可靠的唐代域外交通史料，其中三道係記載由中國通往塞外突厥和西域等國的情形形，現謹分別詳述如下：

（一）夏州塞外通大同雲中道

　　從夏州（位於榆林西北）北渡烏水，經沃野泊、突紇利泊、大非苦鹽池、庫也干泊，渡過烏那水，經胡洛鹽池、紇伏干泉，北渡黃河可至天德軍（今烏梁素海東北）。東沿黃河可至勝州，渡過黃河即至東受降城（今內蒙托克托

〔註37〕柳宗元，《柳河東集》（臺北，世界書局，民國64年5月發行）卷二十六〈館
　　　　驛使壁記〉，頁295。
〔註38〕歐陽修、宋祁，《新唐書》（臺北，鼎文書局，民國74年2月發行）卷四十三
　　　　〈地理志〉，頁1146。
〔註39〕劉昫等，前引書，卷一三八〈賈耽傳〉，頁3784。

南），傍金河，東可至單于都護府，東南過長城，可至雲中。在此線以北，皆屬突厥等少數民族居住區。此雲中、單于府地區，乃塞外、漠南最肥沃地區，北疆少數民族渡磧南徙者，常以此爲根據地。凡使節往還、商賈行旅，皆取此道。隋世突厥勢衰，啓民可汗南居大利城，煬帝北巡榆林（今托克托西，位於黃河之內，即唐勝州），至其部落，亦取此道。

（二）中受降城入回鶻道

中受降城（今內蒙包頭西，位於黃河北岸）北有呼延谷，爲入回鶻道口，可行車馬，西北行經鷿鵜泉，〔註40〕過沙磧，沿參天可汗道，至回鶻牙帳；〔註41〕另外由天德軍或西受降城（今五原西北），亦可至回鶻牙帳。由回鶻牙帳北行渡仙娥河（即色楞格河），可至骨利幹、都播、堅昆等突厥系族部落。骨利幹、都播二部落北有小海（今貝加爾湖），冰堅馬行可渡。又由回鶻牙帳東北行渡過仙娥河，可至室韋部落。又正北行可至大漢國和骨師國。

（三）安西入西域道

即自沙州西行後，分北、中、南三道，而以中道爲主要交通路線。中道出玉門關後，沿天山、塔里木河間，經高昌、西州、焉耆，過鐵門關，于術守捉，至安西都護府（今新疆庫車），渡白馬河，西入俱毗羅磧，至阿悉言城，又西行至撥換城（今新疆阿克蘇），渡撥換河後，至大石城。又西北行度拔達嶺，至頓多城，又沿熱海之南經凍城、賀獵城、葉支城，而至碎葉川口，先至裴羅將軍城，續西行至碎葉城。又西行經阿史不來城、俱蘭城、終至怛邏斯城。

另一道自撥換城西南行，至濟濁館，又西行至謁者館，後南行至據史德城，渡赤河至葭蘆館，又西行經達漫城至疏勒。自疏勒西南入青嶺，續行至蔥嶺守捉，乃故羯盤陀國之地，係安西極邊戍守之地。另外，自撥換城南，東經崑崗，渡赤河後，南至于闐鎭城。于闐鎭西有葦關，又西北經勃野、皮山、郅支滿城、雙渠、半城，至演渡州，又北至疏勒鎭。又于闐東有坎城鎭、蘭城鎭、且末鎭，南有胡弩鎭，西有固城鎭，吉良鎭。

南道自沙州西至陽關故城，又西至蒲昌海南岸。自蒲昌海南岸，西經七

〔註40〕參見嚴耕望，《唐代交通圖考（五）》（臺北，中央研究院歷史語言研究所，民國 75 年 5 月出版），頁 1339。鷿鵜泉爲唐通回紇兩道之總道口，蓋爲一大泉，故爲胡騎聚集飲馬之地，亦爲漢胡貿易互市之場所。

〔註41〕回紇舊都在娑陵水（即今外蒙古北之色楞格河）。其後牙帳南徙於烏德犍山與昆河之間，位於今和林之北，鄂爾渾河左岸之黑城子。

屯城，又西至新城（即弩支城）。又西經特勒井，渡且末河，至且末城、蘭城及坎城守捉，終至于闐。〔註42〕（如附圖二一）

中原入西域之路，在唐中葉以前暢行無阻，惟至代宗廣德元年（763），吐蕃「盡取河西、隴右之地」〔註43〕以後，傳統的隴山交通路線受阻，通西域之路乃改道北上大漠，經天德軍沿參天可汗道，至回鶻牙帳西行，經杭愛山南至西域。迨宣宗大中五年（851），瓜、沙二州歸唐，至西域不必再繞漠北，而由天德軍西行經居延海、瓜、沙二州，西至西域。

上述賈耽所述「夏州塞外通大同雲中道」，乃中原通往塞外的其中一線而已，其主線應是由太原出雁門關，西北通單于府及河上三受降城。樂史《太平寰宇記》卷四十九河東道雲州縣條，錄北朝人所撰〈入塞圖〉與〈冀州圖〉，皆載有自太原西北出塞之途程云：

> ……按入塞圖云：從晉陽北行百八十里至新興，又西北行二百五十里至馬邑，又東北行二百五十里至平城……。從平城西北五百里至雲中，又西北行五十里至五原，又西北行二百五十里至沃野鎮，又西北行二百五十里至高闕，又西北行二百五十里至郎君戍，又直北三千里至燕山，又北行千里至瀚海，自晉陽至瀚海有此路。又冀州圖云：入塞三道，自周、秦、漢、魏以來，前後出師北伐，唯有三道。其中道，正北發太原，經雁門、馬邑、雲中，出五原塞，直向龍城，即匈奴單于十月大會祭天之所也……。〔註44〕

上述〈冀州圖〉所載，由太原經雁門、馬邑直至雲中，及由西北至單于都護府，尤爲隋唐與塞外交通之要道，蓋因北方勁敵突厥、回紇等，對於中國之壓力，主要在河套地區，而不在太原正北之大同（即雲州）地區，隋及唐初用兵突厥，更常見出兵此道，且常以此道爲中軍主線。〔註45〕太原自有史以

〔註42〕以上交通路線，詳見《新唐書》卷四十三〈地理志〉，頁1147～1151。
〔註43〕司馬光，前引書，卷二二三〈代宗廣德元年〉，頁7146。
〔註44〕樂史，《太平寰宇記》（臺北，文海出版社，民國69年5月出版）卷四十九〈河東道雲州縣〉，頁401。
〔註45〕嚴耕望，前引書，頁1340。
　　　隋及唐代前期數次北伐突厥，如：
　　　一、隋文帝開皇三年（583），衛王爽爲行軍元帥，分八道出塞，爽親督李充等出朔州道，遇沙鉢略可汗於白道，大破之。（詳見《資治通鑑》卷一七五，頁5463）。
　　　二、唐太宗貞觀三年（629），詔數道擊突厥，李靖爲定襄道行軍總管。四年以

來，即爲北方重鎭，唐起太原，在政治上更佔有特殊地位，亦爲中國通北疆的主要交通中心，時中國與突厥、回紇之使節、商賈、僧侶等往還，或軍事行動，莫不由此，尤自唐中葉以後，吐蕃兵據原州，靈、鹽及靈、夏兩路受限，唐、回交通唯太原一道可行，更使太原成爲唐中期以後，北疆政治、軍事以及商業貿易之中心。

三、地理分布

中國自古夷夏觀念，即甚淡薄，故與四夷交往頻繁，邊裔諸國流寓中國者眾，華夷雜處，娶妻生子，更遍居全中國，從事於商賈、傳教或任職軍旅等工作，甚或在朝爲官者，亦不計其數。即以兩京爲例，北魏時流寓洛陽附化之民，即達數萬餘家，〔註46〕京兆長安，更是王都所在，「人物混淆，華戎雜錯」。〔註47〕唐貞觀四年（630），太宗平定東突厥以後，突厥降戶入居長安者，即近萬家，〔註48〕其數目可謂驚人。至於憲宗之際，此輩流人遽增，無怪乎東城老父深爲之感嘆不已，曰：「長安中少年有胡心矣！」〔註49〕

突厥附塞後，唐即於傍塞外處，因其部落列置州縣，稱爲羈縻州，其大者置都督府，並以其首領爲都督、刺史，〔註50〕或拜其酋首爲將軍、中郎將等官，〔註51〕以示羈縻。唐於邊州所設立之都督府或都護府，由其治所所在位置，可以作爲唐代邊界的重要標誌，而治所的遷徙進退，也顯示出唐代國力的消長，更可明瞭突厥種落的地理分布。其後更因突厥個人之因素，內附歸化中國者眾，形成突厥入居中國分布點的重要依據。以下謹就有關史籍記載突厥內附，或所設立羈縻州府之位置，臚列如附表，以明突厥系族徙居中國之地理分布。

正月，靖自馬邑進屯惡陽嶺，夜襲定襄，進破頡利於陰山。又與李世勣
會兵於白道。（詳見《資治通鑑》卷一九三，頁 6066、6070～6071。）
按：白道在單于都護府正北，而貞觀四年（630）之定襄，爲定襄古城，即後
魏之雲中。揆諸史事，朔州北出道爲一重要軍道，且常爲數道並出之中軍路
線；蓋突厥入侵多由白道、陰山，即由北河以北諸磧口入侵也。

〔註46〕同註31。
〔註47〕魏徵等，前引書，卷二十九〈地理志〉，頁817。
〔註48〕王溥，前引書，卷七十三〈安北都護府〉，頁1314。
〔註49〕陳鴻祖，《東城老父傳》（臺北，智揚出版社，民國81年出版），頁232（收錄於《唐人傳奇小說》）。
〔註50〕歐陽修、宋祁，前引書，卷四十三〈地理志〉，頁1119。
〔註51〕劉昫等，前引書，卷一九四〈突厥傳〉，頁5163。

附表七　突厥系族徙居中國地理分布統計表

年　代	史　　實	地理分布 （道別）	相當於今地	出　　處
隋文帝開皇十九年（599）	長孫晟於朔州築大利城以處啓民可汗，尋啓民猶被雍虞閭抄略，乃請徙於五原，處於夏、勝兩州之間。	朔州（河東道） 五原（關內道） 夏、勝兩州之間 （關內道）	今山西朔縣 今陝西定邊縣 今陝西懷遠縣西及鄂爾多斯之間	《隋書》卷五十一〈長孫覽傳附長孫晟〉，頁1334。
隋煬帝時	闞達設初居於會寧，有部落三千餘騎。	會寧郡（關內道）	今甘肅靖遠東北（會州境內）	《舊唐書》卷一九四〈西突厥傳〉，頁5180。
隋煬帝時	特勤史大奈從煬帝討遼東，後分其部落於樓煩	樓煩（河東道）	今山西靜樂縣（嵐州境內）	《舊唐書》卷一九四〈西突厥傳〉，頁5180。
唐高祖武德二年（619）	始畢可汗子什鉢苾年幼，不堪嗣位，使居東偏直幽州之北	幽州之北（河北道）	今河北大興北	《舊唐書》卷一九四〈突厥傳〉，頁5194。
武德六年（623）	蔚州興唐郡，即隋雁門郡之靈丘、上谷郡之飛狐縣地。唐初沒突厥。武德六年置州，并置靈丘、飛狐二縣	蔚州（河東道）	今河北蔚州	《新唐書》卷三十七〈地理志〉，頁1007。
唐太宗貞觀四年（630）	頡利之敗也，太宗處其部落於朔方之地，自幽州至靈州置順、祐、化、長四州都督府，又分頡利之地六州，左置定襄都督府，右置雲中都督府。	朔　方 靈　州 順、祐、化、長四州都督府 定襄都督府 雲中都督府 （關內道）	今陝西懷遠西 今甘肅靈州東南 今河北順義 今陝西榆林府 今綏遠歸化	《舊唐書》卷一九四〈突厥傳〉，頁5163。
貞觀四年（630）	突厥思想結部落將叛，張儉徙之於代州，即以爲儉檢校代州都督，思結卒無叛者。	代　州（河東道）	今山西代州	《資治通鑑》卷一九三「太宗貞觀四年九月」條，頁6082。
貞觀四年（630）	以突厥降附，置豐州都督府，不領縣，唯領蕃戶	豐　州（關內道）	今綏遠鄂爾多斯西	《舊唐書》卷三十八〈地理志〉，頁1417。
貞觀四年（630）	時頡利可汗敗亡，北荒諸部相率內屬。有大度設、拓設、泥熟特勤及七姓種落等，尚散在伊吾，以李大亮爲西北道安撫大使以綏集之。	伊　吾（隴右道）	今新疆哈密	《舊唐書》卷六十二〈李大亮傳〉，頁2388。

貞觀六年（632）	以蘇農部置燕然縣，僑治陽曲。分思結部置懷化縣，僑治秀容。	燕然縣 懷化縣 （河東道）	今山西陽曲東北 今山西忻州	《新唐書》卷三十九〈地理志〉，頁1004；卷四十三，頁1125。
貞觀六年（632）	以突厥降戶置緣州，寄治於平高縣界他樓城。	緣州（原州） （關內道）	今甘肅固原北	《舊唐書》卷三十八〈地理志〉，頁1407。
貞觀六年（632）	契苾何力隨其母率眾千餘家詣沙州，太宗置其部落於甘、涼二州。	甘　州 涼州（隴右道）	今甘肅張掖 今甘肅武威	《舊唐書》卷一〇九〈契苾何力傳〉，頁3291。
貞觀十年（636）	以烏突汗達干落置瑞州，在營州之境。	瑞州（河北道）	今盛京寧遠州西南	《新唐書》卷四十三〈地理志〉，頁1125。
貞觀十五年（641）	李勣破突厥思結於五臺縣，虜其男女千餘口，獲羊馬稱是。	五臺（河東道）	今山西五臺	《舊唐書》卷三〈太宗紀〉，頁53～54。
貞觀二十年（646）	立呼延都督府，領州三：賀魯州、以賀魯部置。葛邏州，以葛邏、挹怛部置。跌州	呼延都督府（關內道）	今綏遠歸化	《新唐書》卷四十三〈地理志〉，頁1120。
貞觀二十二年（648）	阿史那賀魯率其部落內屬，詔居庭州。	庭州（隴右道）	今新疆吐魯番境	《舊唐書》卷一九四〈西突厥傳〉，頁5186。
貞觀二十二年（648）	分瀚海都督俱羅勃部，置燭龍州。	燭龍州（關內道）	今甘肅寧夏府	《新唐書》卷四十三〈地理志〉，頁1121。
貞觀二十三年（649）	車鼻可汗之子羯漫陀來降，以其所統置新黎州。	新黎州（關內道）	今吳喇特境	《新唐書》卷四十三〈地理志〉，頁1121。
貞觀二十三年（649）	置瑤池都督府，隸安西都護。以左衛將軍阿史那賀魯為瑤池都督。	瑤池都督府（隴右道）	今新疆吐魯番境	《資治通鑑》卷一九九太宗貞觀二十三年二月條，頁6266。
高宗永徽元年（650）	廢高闕州，更置稽落州。	高闕州 稽落州 （關內道）	今吳喇特境	《新唐書》卷四十三〈地理志〉，頁1122。
永徽元年（650）	破車鼻可汗，分置單于、瀚海二都護府。	單于都護府 瀚海都護府 （關內道）	今陝西榆林府境 今吳喇特境	《舊唐書》卷一九四〈突厥傳〉，頁5166。

永徽三年 （652）	發薛延陀餘眾渡河，置祁連州以處之	祁連州 （關內道）	今甘肅靈州西南	《冊府元龜》卷九九一，頁11641。
永徽四年 （653）	罷瑤池都督府，即處月置金滿州	金滿州 （隴右道）	今新疆吐魯番境	《新唐書》卷二一五〈西突厥傳〉，頁6062。
顯慶二年 （657）	伊麗道行軍行大總管蘇定方，大破賀魯於金牙山，盡收其所據之地，分其地置蒙池、崑陵二都護府，初治西州	濛池都護府 崑陵都護府 西　州 （隴右道）	今新疆吐魯番境	《唐會要》卷七十三安西都護府條，頁1322～1323。
龍朔中 （661～663）	余吾州，本玄闕州，貞觀中以骨利幹部置，龍朔中更名。	玄闕州 （關內道）	今吳喇特境	《新唐書》卷四十三〈地理志〉，頁1122。
調露元年 （679）	於靈、夏南境，以降突厥置魯、麗、含、塞、依、契六州，以唐人為刺史，謂之六胡州。	六胡州 （關內道）	今甘肅靈州西南	《新唐書》卷三十七〈地理志〉，頁974～975。
武后垂拱元年 （685）	同羅、僕固等諸部叛，遣劉敬同發河西騎士出居延海以討之，同羅、僕固等皆敗散，敕僑置安北都護府於同城，以納降者。	安北都護府 （關內道）	今綏遠歸化	《資治通鑑》卷二〇三〈則天后垂拱元年〉，頁6453。
中宗景龍二年 （708）	胡祿屋二萬帳，詣北庭內屬，敕郭虔瓘存恤之。	北庭都護府 （隴右道）	今新疆吐魯番境	《冊府元龜》卷九七四〈外臣部〉，頁5044。
玄宗時 （712～755）	先有六州，群胡編列，積有年序，如聞已有逃在關內諸州及先招攜在靈、慶州界者，宜委侍中牛仙客於鹽、夏等州界內，選土地良沃之處，置州、縣。	靈、慶州界 （關內道）	今甘肅靈州東南、固原交界	《唐大詔令集》卷一二八〈綏撫〉，頁690。
玄宗時 （712～755）	突厥九姓新內屬，雜屬太原北，張嘉貞請置天兵軍綏護其眾，即以為天兵使。	太　原 （河東道）	今山西太原東北	《新唐書》卷一二七〈張嘉貞傳〉，頁4442。
玄宗開元元年 （713）	燕然州，以多濫葛部置，隸燕然都護，僑治回樂。雞鹿州，以奚結部置，僑治回樂。雞田州，以阿跌置，僑治回樂。東皋蘭州，以渾部置，僑治鳴沙。燭龍州，僑治溫池。燕山州，僑治溫池。右隸靈州都督府。	燕然州 雞鹿州 雞田州 東皋蘭州 燭龍州 燕山州 （關內道）	今喀爾喀 今甘肅寧夏府 〃 〃 〃 〃	《新唐書》卷四十三〈地理志〉，頁1121。

開元二年（714）	突厥屈利頡斤及三姓烏波都擔等詣幷州內屬	幷　州（河東道）	今山西太原	《冊府元龜》卷九七七〈外臣部〉，頁5061。
開元四年（716）	拔曳固、回紇、同羅、霫、僕固五部皆來降，置於大武軍北。	大武軍（即大同軍）（河東道）〔註52〕	今山西代州北	《資治通鑑》卷二一一玄宗開元四年，頁6719、6741。
開元十年（722）	開元十年，平康待賓，遷其人於河南及江、淮。	江、淮（淮南道、江南道）	今淮南、江南地區	《新唐書》卷三十七〈地理志〉，頁975。
開元十年（722）	平康待賓餘黨康願子，徙六州殘胡五萬餘口於許、汝、唐、鄧、仙、豫等州。	許　州 汝　州 唐　州 鄧　州 仙　州 豫　州 （河南道）	今河南葉縣南 今河南汝州 今河南葉縣南 今湖北襄陽 今河南葉縣南 今河南葉縣南	《資治通鑑》卷二一二玄宗開元十年，頁6745～6752。
開元十五年（727）	初，突厥默啜之強也，迫奪鐵勒之地，故回紇、契苾、思結、渾四部度磧徙居甘、涼之間以避之。時河西節度使王君㚟奏四部難制，於是瀚海大都督回紇承宗流瀼州，渾大德流吉州，賀蘭都督契苾承明流藤州，盧山都督思結歸國流瓊州。	瀼　州 （嶺南道） 吉　州 （江南道） 藤　州 （嶺南道） 瓊　州 （嶺南道）	今廣西上思州南 今江西南昌 今廣西貴縣南 今廣東瓊山東南	《資治通鑑》卷二一三玄宗開元十五年，頁6779。
開元廿六年（738）	敕河曲六州胡坐康待賓散隸諸州者，聽還故土，於鹽、夏之間，置宥州以處之。	鹽、夏州之間 （關內道） 宥　州 （關內道）	今甘肅靈州東南、陝西懷遠西 今鄂爾多斯西	《資治通鑑》卷二一四玄宗開元二十六年，頁6832。
玄宗時（712～755）	史思明，寧夷州突厥種，初名窣于，玄宗賜其名。	寧夷州 （嶺南道）	今貴州石阡	《新唐書》卷二二五〈史思明傳〉，頁6426。
玄宗時（712～755）	哥舒翰，其先蓋突騎施酋長哥舒部之裔。交道元，爲安西都護將軍，赤水軍使，故仍世居安西。	安　西 （隴右道）	今新疆庫車	《新唐書》卷一三五〈哥舒翰傳〉，頁4569。

〔註52〕司馬光，前引書，卷二一二〈玄宗開元八年〉，頁6741。
元胡三省注云：「大同軍即大武軍，武后大足元年更名。杜佑曰：在代州北三百里，去幷州八百餘里。」

德宗貞元二年（786）	馬燧擊吐蕃，至右州、河曲六胡州皆降，遷於雲、朔之間。	石州（河東道）河曲六胡州（關內道）雲、朔之間（河東道）	今山西永寧今甘肅靈州西南今山西大同、朔州之間。	《資治通鑑》卷二三二德宗貞元二年，頁7477。
憲宗元和六年（811）	振武節度使李泳奏：招收得黑山外契苾部落四百七十三帳。	黑山（關內道）	今綏遠殺虎山	《冊府元龜》卷九七七〈外臣部〉，頁5062。
文宗開成二年（837）	振武突厥百五十帳叛。	振武（關內道）	今綏遠歸綏縣南	《資治通鑑》卷二四五文宗開成二年，頁7930。
宣宗大中元年（847）	突厥掠漕米及行商，振武節度使史憲忠擊破之。〔註53〕	振武節度使（關內道）	今綏遠和林格爾縣	《資治通鑑》卷二四八，頁8031。
宣宗時（847～859）	回紇厖特勤自稱可汗，居甘州，有磧西諸城。	甘州（隴右道）	今甘肅張掖	《新唐書》卷二一七〈回鶻傳〉，頁6133。
宣宗時（847～859）	突厥居特峨山者千二百人，相率自外塞渡河，歸附於公。突厥酋長釋兵解甲，伏以聽命，因請從齊、魯之間隙地以居之，編籍爲耕民。	齊、魯之間（河南道）	今山東歷城、河南魯山之間	《全唐文》卷七二四〈徐襄州碑〉，頁9441。

　　由上列統計表，可知突厥入塞遍及於唐代河北、河南、河東、關內、隴右及淮南、江南、嶺南等八道，其中以分布於關內及隴右二道居多，而最南則分布於淮南、江南及嶺南等三道。可見突厥入塞分布範圍之廣（如附圖二二）；尤值得一提的是，突厥降眾內附後，已遷居深入中原的核心區。以唐爲例，華夷雜錯於兩京——長安、洛陽等地，貞觀四年（630）頡利可汗被擒後，突厥降戶入居長安者近萬家，〔註54〕數量之多，誠可謂驚人。而當時四夷質子亦多往來於京師，皆因入侍得見中國法度，山川虛實，及還，並爲邊害。〔註55〕至於四夷流寓洛陽者亦夥，洛陽居民受胡風影響，以至「洛陽家家學胡樂」。〔註56〕

〔註53〕按突厥滅亡已久，蓋猶有餘種在振武之北。此突厥餘種，乃保塞內屬者也。
〔註54〕同註48。
〔註55〕歐陽修、宋祁，前引書，卷一一二〈薛登傳〉，頁4170。
〔註56〕清聖祖御定，《全唐詩》（臺北，明倫出版社，民國60年10月出版）卷二九

　　反觀，與鮮卑拓跋氏極重視其核心區之安全，迥然而異。〔註57〕北魏拓跋氏所建立之核心組織，係由環繞核心區向外依親疏、婚姻、功勳等因素，由一圈圈同心圓的核心人物所組成，在此核心區內是不容許具有侵略性，或有反叛性的其他種族遷入，惟移入工匠及生產者除外；〔註58〕否則，如非國人之流民進入此一核心區，必遭屠戮或逐出，這也就是北魏拓跋氏能在複雜的民族環境之中，勢力線延近二百年（338～534）之主因。

　　相形之下，唐卻未具有此防備之心，貞觀十八年（644），太宗詔允分處阿史那思摩部眾十萬於勝、夏二州之間，此舉即遭當時群臣反對，以為勝、夏二州與京師長安同屬關內道，距京畿不遠，「豈得不為後患」。〔註59〕為防萌杜漸，朝臣期期以為不可，明言突厥降眾深入唐之核心區，勢必威脅京師之安全，終將釀成巨禍，其後安史之亂的發生，其遠因恐與太宗羈縻懷柔的對外政策，有密切的關係。唐太宗始終抱持「夷狄亦人，以德治之，可使如一家。」〔註60〕的崇高理想，有唐一代在此政策指引之下，乃演成肘腋之患。

四、西域地理圖志之編纂

　　中國與域外交通自古即甚為發達，彼此間之使者、商賈及僧侶，往來頻繁，因而更促進彼此間之瞭解。華夷雙方皆基於軍事上之考量，為獲取情報，克敵制勝，因此均極重視刺探對方的民情風俗與山川險易。在此殷切需求的情況之下，有關西域地理圖志之編纂，乃應運而生。其編纂方式，其中之一係採口述方式加以編載，如西魏恭帝三年，韋瑱除瓜州刺史，州通西域，蕃夷往來不絕。其子韋師耳濡目染，雅知諸蕃風俗及山川險易，其有蕃夷朝貢，韋師必接對詢問，論其國俗，如視諸掌，夷人驚服，無敢隱情。〔註61〕此舉

八〈王建──涼州行〉，頁3374。
〔註57〕毛漢光，〈北魏東魏北齊之核心集團與核心區〉（臺北，聯經出版事業公司，民國79年1月出版），頁33～34（收錄於《中國中古政治論》第二篇）。
〔註58〕北魏拓拔氏曾遷徙非國人入雲、代、幷區，惟以遷入生產者為主。如：《魏書》卷一一○〈食貨志〉載云：「（太祖）既定中山，分徙吏民及徒何種人、工伎巧十萬餘家以充京都，各給耕牛，計口授田。」（頁2849～2850）
　　　　又如：《魏書》卷四〈世祖紀〉云：
　　　　「（太平真君七年）三月……。徙長安城工巧二千家於京師。」（頁100）
〔註59〕王溥，前引書，卷九十四〈北突厥〉，頁1690。
〔註60〕同上。
〔註61〕李延壽，《北史》（臺北，鼎文書局，民國74年3月出版）卷六十四〈韋瑱傳〉，頁2276。

乃基於現實上之需要，多識蕃情，以提供國家對外關係之參考。

隋煬帝時，西域諸蕃多至張掖，與中國互市，煬帝乃令裴炬主掌互市交易之事。隋鑒於自漢以來，只略知西域諸國戶數，而諸國山川未有名目，如姓氏風土、服章物產，全無纂錄，世所弗聞，乃令裴矩誘使諸國商胡至者，言其國俗山川險易，撰爲《西域圖記》三卷，合計四十四國。圖記內容「依其本國服飾儀形，王及庶人，各顯容止，即丹青模寫……。仍別造地圖，窮其要害。從西頃以去，北海之南，縱橫所亙，將二萬里……。」〔註62〕並詳載通西域之路，「發自敦煌，至於西海，凡爲三道……。」〔註63〕上述裴矩《西域圖記》所載範圍，包括青海以西，鹹海以南，地中海以東諸國。其內容分爲兩部分，一就各國人物之風俗服飾，以丹青敷彩爲圖，並爲之記述介紹。二就各國山川要害，繪製地圖。此實爲西元七世紀初年，中亞及西亞一部體例完整之自然和人文地理的圖記。

唐初，突厥不時南侵，亦急切需要瞭解中國國力虛實、兵馬強弱及山川險易等情報，故武德末年，突厥南侵，唐以右衛大將軍張瑾爲幷州道行軍總管，出兵拒之，溫彥博爲行軍長史，與突厥戰於太谷（今山西太谷），軍敗，溫彥博沒於虜庭。突厥爲刺取軍情，數逼問溫彥博。《舊唐書》卷六十一〈溫大雅傳附溫彥博〉云：

> ……突厥以其近臣，苦問以國家虛實及兵馬多少，彥博固不肯言。
>
> 頡利怒，遷於陰山苦寒之地。太宗即位，突厥送款，始徵彥博還
>
> 朝……。〔註64〕

溫彥博雖爲突厥囚禁鞠問，然基於國家安全理由，惟恐遺國家無窮後患，堅不吐實。可見，雙方鄰國平時皆極重視收集對方之國俗、山川險易及國力虛實等情況，以覘知敵情，作爲戰時策略應用上之參考。

平時兩國之間的貢使、商旅等往來，即負有收集輿國情報之責，其方式「使絕域者還，上聞見及風俗之宜」。〔註65〕又如貞觀年間，唐命韋機充使往西突厥，冊立同俄設爲可汗，會石國反叛，路絕，三年不得歸。韋機乃裂裳錄所經諸國風俗、物產，名爲《西征記》。及還，太宗問蕃中事，韋機因奏所

〔註62〕魏徵等，前引書，卷六十七〈裴矩傳〉，頁1579。

〔註63〕同上。

〔註64〕劉昫等，前引書，卷六十一〈溫大雅傳附溫彥博〉，頁2361。

〔註65〕歐陽修、宋祁，前引書，卷四十六〈百官志〉，頁1196。

撰書，太宗大悅。〔註66〕另外高宗時，西域平，帝遣使者分行諸國，訪其風
俗、物產，返國後錄其所聞，詔許敬宗與史官撰《西域圖志》。〔註67〕可見唐
代對西域地理圖志之編纂，平素即甚爲重視。

　　唐天寶年間，玄宗訊問諸蕃國遠近，鴻臚卿王忠嗣以西域圖對，才十數國。
其後德宗朝宰相賈耽，性好地理學，凡四夷之使者及使四夷還，賈耽必接對，
與之從容，訊問出使國山川、土地之終始。是以九州之險易，百蠻之土俗，區
分指畫，莫不詳備。並畫關中隴右及山南九州等圖一軸，撰別錄六卷、黃河經
界遠近編爲四卷，通錄共成十卷以獻。至貞元十七年（801），又撰成《海內華
夷圖》一軸，長三丈三尺，寬三丈，以一寸折成百里爲比率，〔註68〕高山大川，
歷歷在目。嗣後幷撰成《古今郡國縣道四夷述》四十卷，詳盡考述郡縣增減及
蕃落盛衰，尤以考方域道里之數最詳。賈耽詳述從邊州入四夷之要路，及山川
聚落，封略遠近，皆慨舉其目。〔註69〕

　　以下謹將有關史籍記載隋唐時代西域地理之圖志，臚列於後，以供查考。

（一）《隋書》卷三十三〈經籍志〉：〔註70〕

1. 隋區宇圖志　一百二十九卷〔註71〕
2. 隋諸州圖經集　一百卷　郎蔚之撰
3. 隋諸郡土俗物產　一百五十卷
4. 方物志　二十卷　許善心撰
5. 大隋翻經婆羅門法師外國傳　五卷
6. 隋西域圖記　三卷　裴矩撰
7. 西域道里記　三卷

〔註66〕劉昫等，前引書，卷一八五〈韋機傳〉，頁4795。

〔註67〕歐陽修、宋祁，前引書，卷二二一〈龜茲傳〉，頁6232。

〔註68〕劉昫等，前引書，卷一三八〈賈耽傳〉，頁3784～6786。

〔註69〕同註38。

〔註70〕魏徵等，前引書，卷三十三〈經籍志〉，頁986～987。

〔註71〕隋世所撰《區宇圖志》有數部，《隋志》著錄只一二九卷，蓋其節本或別本歟？
　　　　《隋書》卷七十七〈崔廓傳〉附崔賾云：「（大業）五年，受詔與諸儒撰《區
　　　　宇圖志》二百五十卷，奏之。帝不善之，更令虞世基，許善心衍爲六百卷。」
　　　　（1757頁）。又《太平御覽》卷六〇二引《大業拾遺記》曰，大業初，敕內史
　　　　舍人豆盧威等三十餘人撰《區宇圖志》五百餘卷。又敕虞世基等續撰成八百
　　　　卷。帝仍以部帙太少，重修爲一千二百卷（民國81年1月商務版，頁2840
　　　　～2841）。

8. 諸蕃國記　十七卷

（二）《新唐書》卷五十八〈藝文志〉：〔註72〕

1. 西域圖志　六十卷　許敬宗等撰〔註73〕

2. 元和郡縣圖志　五十四卷　李吉甫撰〔註74〕

3. 地圖　十卷　賈耽撰

4. 皇華四達記　十卷　賈耽撰

5. 古今郡國縣道四夷述　四十卷　賈耽撰〔註75〕

6. 西域圖記　三卷　裴矩撰

7. 諸蕃記　一卷　戴鬥撰

8. 北荒君長錄　三卷　李繁撰

9. 四夷朝貢錄　十卷　高少逸撰

10. 黠戛斯朝貢圖傳　一卷　呂述撰

11. 大唐西域求法高僧傳　二卷　義淨撰

12. 大唐西域記　十二卷　玄奘撰

至於天下地理圖籍之編纂，係由兵部職方郎中及員外郎主其事。《唐六典》卷五〈尚書兵部職方郎中〉載云：

> 職方郎中一人，從五品上。員外郎一人，從六品上；主事二人，從九品上。職方郎中、員外郎掌天下之地圖……，辨其邦國、都鄙之遠邇及四夷之歸化者。凡地圖委州府三年一造，與板籍偕上省。其外夷每有番官到京，委鴻臚訊其人本國山川、風土，爲圖以奏焉；副上於省。

〔註72〕歐陽修、宋祁，前引書，卷五十八〈藝文志〉，頁1506～1528。
其他如開元時，任安西都護之蓋嘉運著《西域記》……等均是，不一一備載（詳見《唐會要》卷一〇〇，頁1785，臺北，世界書局出版）。

〔註73〕歐陽修、宋祁，前引書，卷五十八〈藝文志〉，頁1506。
原文誤植爲《西域國志》，正確應爲《西域圖志》。高宗時，遣使分往康國、吐火羅，訪其風俗物産，畫圖以聞。詔史官撰次，許敬宗領之，顯慶三年（658）書成上呈。《新唐書》卷二二一〈龜茲傳〉（頁6232），記載相同，可參照。

〔註74〕李吉甫，《元和郡縣圖志》（日本京都，中文出版社，1979年4月發行）四十卷。《新唐書》卷五十八〈藝文志〉載爲五十四卷，而今本存四十卷，内多卷缺。南宋孝宗淳熙二年（1175），程大昌跋稱，圖已亡，獨志存焉。

〔註75〕賈耽通習荒情，精於地理學，博洽而不誤。《古今郡國縣道四夷述》四十卷，德宗貞元十七年（801）撰成，表獻之。書中詳盡考述郡縣之增減及蕃落盛衰。詳見《舊唐書》卷一三八〈賈耽傳〉，頁3784～3786。

其五方之區域，都鄙之廢置，疆場之爭訟者，舉而正之。〔註76〕
由上所述，可知職方郎中及員外郎，係掌天下地圖之編造，若有外夷番官到
京，則委鴻臚卿訊問其國山川、風土，爲圖上奏。至於「殊俗入朝者，圖其
容狀、衣服以聞。」。〔註77〕

　　天下地理圖籍之編纂，與「鴻臚寺」有密切之關係，至其編制與職掌，《唐
六典》卷十八〈鴻臚寺〉載云：

> 鴻臚寺，卿一人，從三品；少卿二人，從四品上。鴻臚卿之職，掌
> 賓客及凶儀之事，領典客、司儀二署，以率其官屬，而供其職務；
> 少卿爲之貳。凡四方夷狄君長朝見者，辨其等位，以賓待之。凡二
> 王之後及夷狄君長之子襲官爵者，皆辨其嫡庶，詳其可否，以上尚
> 書。〔註78〕

可見鴻臚寺係掌蕃夷賓客及朝會、吉凶弔祭之禮儀，其官位爲從三品，較職
方郎中從五品上爲高，顯見鴻臚卿職位之重要，一般係以熟識蕃情夷語者任
之，係一涉外之單位。

第二節　蕃胡之管理

一、掌理單位

　　唐代蕃胡之掌理單位，爲兵部之職方。周官即有職方氏之職，掌天下之
地圖，主四方之職貢。〔註79〕後周依周官，隋開皇初，始置職方侍郎一人；
煬帝時，稱爲職方郎。唐武德三年（620），始曰職方郎中。至其職掌。《唐六
典》卷五〈尚書兵部〉云：

> 職方郎中、員外郎掌……四夷之歸化者……。其外夷每有番官到京，
> 委鴻臚訊其人本國山川、風土，爲圖以奏焉；副上於省……。〔註80〕

可見職方郎中、員外郎除掌天下地圖之編造外，尚掌管四夷之歸化等職務。

〔註76〕李林甫等，《唐六典》（北平，中華書局，西元 1992 年 1 月出版）卷五〈尚書
　　　　兵部〉，頁 161～162。
〔註77〕歐陽修、宋祁，前引書，卷四十六〈百官志〉，頁 1198。
〔註78〕李林甫等，前引書，卷十八〈鴻臚寺〉，頁 504～505。
〔註79〕林尹，《周禮今註今譯》（臺北，臺灣商務印書館，民國 76 年 9 月發行）卷八
　　　　〈夏官司馬〉，頁 344。
〔註80〕同註 76。

先是四夷「殊俗入朝者，始至之州給牒，覆其人數，謂之邊牒。」〔註 81〕後引見於宣政殿，並於禮賓院設宴款待，〔註 82〕事後則委鴻臚訊問其人本國山川、風土，繪圖上奏，並副上於尙書省。

　　唐代蕃胡之掌理單位，除兵部職方郎中和員外郎等外，尙與鴻臚寺有密切之關係。周官云：「大行人，掌大賓之禮，及大客之儀。」〔註 83〕秦官有典客，掌諸侯及歸義蠻夷。漢始改爲鴻臚，掌蠻夷之歸降者。魏及晉初皆有之，自東晉至於宋、齊，有事則權置兼官，事畢則省，可見鴻臚寺在當時爲一種臨時建置的單位。梁初，猶依宋、齊，無卿名，梁武帝天監（502～519）中，則以大鴻臚爲鴻臚卿，掌理導護贊拜之事。北齊置鴻臚寺卿一人，掌蕃客朝會，吉凶弔祭之事；其下統典客、典寺、司儀等，置令、丞。後周司寇有蕃部中大夫，掌諸侯朝覲之敘；另有賓部中大夫，掌大賓客之儀。隋初，置鴻臚寺卿一人，統典客、司儀、崇玄等三署，唐朝依焉。〔註 84〕

　　至於唐代鴻臚寺之職，乃在掌理蕃夷賓客及朝會、吉凶弔祭之禮儀。〔註 85〕其職位以後魏大鴻臚卿第二品上爲最高，隋初正第三品次之，唐從三品又次之。綜觀鴻臚寺之職，乃一涉外業務之單位，權責至重，故編階稍高。唐代鴻臚卿又下領典客署《唐六典》卷十八〈鴻臚寺〉載其職掌云：

> 典客署，令一人，從七品下……。典客令掌……東夷、西戎、南
> 蠻、北狄歸化在蕃者之名數……。凡朝貢、宴享、送迎預焉，皆
> 辨其等位而供其職事。凡酋渠首領朝見者，則館而以禮供之……。
>
> 〔註 86〕

由上述，可知典客署乃蕃夷入朝的實際接待單位，舉凡歸化蕃夷名冊的繕造、朝貢、宴享、迎送等，皆參與焉。隋時，典客署另設有京邑薩甫二人、諸州薩甫一人，〔註 87〕負責接待僑居京邑及諸州之外國人，尤以接待火祆教教徒爲主。

〔註 81〕同註 65。
〔註 82〕司馬光，前引書，卷二四〇〈憲宗元和十四年〉，頁 7758～7759。
〔註 83〕林尹，前引書，卷九〈秋官司寇〉，頁 400。
〔註 84〕同註 78。
　　　　另參見《隋書》卷二十七〈百官志鴻臚寺〉條（頁 756），及《通典》卷二十六〈職官鴻臚卿〉，頁 153。
〔註 85〕李林甫等，前引書，卷十八〈鴻臚寺〉，頁 505。
〔註 86〕李林甫等，前引書，卷十八〈鴻臚寺〉，頁 506。
〔註 87〕魏徵等，前引書，卷二十七〈百官志〉，頁 756。
　　　　薩甫，即回鶻文 Sartpau 之譯音，原義爲隊商首領，此指掌理西域火祆教之官也。

　　隋時，設典蕃署，並於建國門外置四方館，以待四方之使者。其四方館，負責東方曰：東夷使者，南方曰：南蠻使者，西方曰：西戎使者，北方曰：北狄使者，各一人，各掌其方國及互市之事，後罷之，有事則置。〔註88〕隋置四方館，係起源於後周之東、南、西、北四掌客，分掌四夷之使者，而後為隋所沿用。

二、犯法之處置

　　華夷或蕃胡之間雜處，勢必產生諸多爭端，而其處置方式，視爭端對象之不同而有各種不同的處理方式。《唐律疏議》卷六〈化外人相犯〉條云：

> 諸化外人，同類自相犯者，各依本俗法；異類相犯者，以法律論。
> 〔註89〕

所謂「化外人」，乃指諸蕃夷之國的人民，移居中國境內者而言。因蕃夷之國，自立君長，各有風俗，法律自有不同。其同類自相犯者，因彼此同其風俗，習性相類，即從各該國之法以斷之；若異類之人相犯，因兩種人彼此習俗既異，夷狄之法，又各不相同，自不宜以其中一國之法斷罪，遂以中國之法斷之，以求公允。

　　其同類自相犯者，即以各該國之法斷罪。即以突厥刑法為例，《北史》卷九十九〈突厥傳〉載云：

> ……其刑法：反叛、殺人及姦人之婦、盜馬絆者，皆死；淫者，割勢而腰斬之；姦人女者，重責財物，即以其女妻之；鬥傷人者，隨輕重輸物，傷目者償以女，無女則輸婦財，折支體者輸馬；盜馬及雜物者，各十餘倍徵之。〔註90〕

中國古文獻對突厥刑法之記載，以《北史》最為詳贍，據上引史料，突厥人犯罪約可分為下列四種：即叛國罪、侵犯財產罪、妨害家庭及侵犯人身罪等四種。刑罰則可分為死刑、體刑、罰款及賠償等四種。若突厥同類人在中國境人犯罪者，則準用上述突厥刑法判決；其他異類人相犯者，則準用中國法律判決。至於突厥官制中，有「熱汗掌監察非違，釐整班次」〔註91〕之記載，

〔註88〕魏徵等，前引書，卷二十七〈百官志〉，頁798。

〔註89〕長孫無忌等，《唐律疏義》（臺北，弘文館出版社，民國75年3月出版）卷六〈化外人相犯〉，頁133。

〔註90〕李延壽，前引書，卷九十九〈突厥傳〉，頁3288。

〔註91〕杜佑，前引書，卷一九七〈邊防典北狄突厥傳〉，頁1068。

「熱汗」一職，即是司法審判之官員。

中國關禁之管理，法令規定甚嚴，一般皆設有關塞及屯戍卒，以隔華夷。若私自越度，則準用中國法律處理之；若與外人私相交易，亦同。《唐律疏議》卷八〈越度緣邊關塞〉條云：

> 諸越度緣邊關塞者，徒二年。共化外人私相交易，若取與者，一尺徒二年半，三匹加一等，十五匹加役流；私與禁兵器者，絞；共爲婚姻者，流二千里。未入、未成者，各減三等。即因使私有交易者，準盜論。〔註92〕

由上述可知私自越度緣邊關塞者，處二年徒刑。若與化外人私相交易，或取蕃人之物，及將物與蕃人，皆屬犯法。其化外人越度入境，和私與化內人交易，得罪並與化內人越度、交易同。所謂「未入者」，即指禁兵器未入境達成交易而言，得減死三等，處二年半徒刑。未成者，指婚姻未成，減流三等，得徒二年。

《唐律疏議》卷八又載蕃漢婚姻等規定云：

> ……準別格：「諸蕃人所取得漢婦女爲妻妾，並不得將還蕃內。」又準主客式：「蕃客入朝，於在路不得與客交雜，亦不得令客與人言語。州、縣官人若無事，亦不得與客相見。」〔註93〕

可見唐代是准許蕃漢通婚的，並規定蕃人入朝聽住者，得娶漢婦女爲妻妾，惟不得將漢婦女攜還蕃內，若將還蕃內，以違敕論處，可見唐代胡漢雜居的情形，甚爲普遍，人民交往頻繁，致有蕃人取漢婦女爲妻妾的情形。胡漢血統融合，文化當互受影響。其次蕃客入朝，嚴著法令，規定國內官人、百姓，在路途中不得與蕃客交關言語；蕃客入朝，在路途中亦不得與人言語。否則，以違敕論，皆準用中國法律科之，以防杜其爲姦或行間諜工作。

三、華夷雜處之弊

華夷雜處的結果，難免產生一些治安上的問題，尤其在胡著漢帽或漢著胡帽的情況下，輒有難以分辨之苦。《大唐新語》卷九〈從善目〉所載，即是一最好的說明：

〔註92〕長孫無忌等，前引書，卷八〈諸越度緣邊關塞〉，頁 177。
〔註93〕長孫無忌等，前引書，卷八〈諸越度緣邊關塞〉，頁 178。
　　　　另見《唐會要》卷一百〈雜錄〉：「貞觀二年六月十六日敕，請蕃使人所娶得漢婦女爲妾者，並不得將還蕃。」（頁 1796，世界書局出版）上述敕文，似僅規定蕃使人娶漢婦女爲妾者，不得攜帶蕃國而已，娶爲妻者，得從寬規定。

> 貞觀中，金城坊有人家爲胡所劫者，久捕賊不獲。時楊纂爲雍州長
> 史判，勘京城坊市諸胡，盡禁推問。司法參軍尹伊異判之曰：「賊出
> 萬端，詐僞非一，亦有胡著漢帽，漢著胡帽，亦須漢裡兼求，不得
> 胡中直覓，請追禁西市胡，餘請不問。」纂初不同其判，遽命沈吟，
> 少選乃判曰：「纂輸一籌，餘依判。」……俄果獲賊。〔註94〕

由上述可知貞觀年間，因京師長安蕃胡移居者眾，胡商活動復極頻繁，致有
金城坊人家爲胡所劫，然因胡漢相參，所著衣帽，詐僞不一，與其身分絕不
相類，乍看之下，難以分辨，有胡著漢帽者，故須「漢裡兼求」，始能尋覓出
蕃胡中著漢帽之盜賊。

蕃胡不斷移居中國，中原人士服飾衣著方面，乃大受影響。開元初，宮人
馬上始著胡帽，靚妝露面，士庶咸倣之，漢人著胡服、胡帽、胡履等，乃大爲
流行。〔註95〕因此造成胡漢衣著上難以分辨之苦。唐代諸蕃仰慕中華文化而著
漢服者，人數極夥，然徒增管理上之困擾，故代宗大曆十四年（779）七月，下
詔云：「迴紇諸蕃住京師者，各服其國之服，不得與漢相參。」〔註96〕先是迴
紇留京師者常千人，商胡僞服而雜居者又倍之，官府供其膳食，他們善營貲產，
開第舍、商店，利益皆歸之，日縱貪橫，吏不敢問。他們或衣華服，誘取漢婦
妻妾，故有此令。〔註97〕由此亦可證明，唐代長安蕃胡華化之一端也，同時也
造成治安上的諸多問題。

安史亂起，回紇藉平亂有功，動輒殺人，所過剽掠。《舊唐書》卷一三四
〈馬燧傳〉載云：

> （肅宗）寶應中……。是時迴紇大軍還國，恃復東都之功，倔強恣
> 睢，所過或虜掠廩粟，供饋小不如意，恣行殺害……，燧自贊請主
> 郵驛……。燧取死囚給左右廝役，小違令，輒殺之。迴紇相顧失色，
> 虜涉其境，無敢暴掠。〔註98〕

可知安史亂後，迴紇恃功橫行，倨傲狂妄，所過虜掠，供食小不如意，即行
殺人。

〔註94〕劉肅，《大唐新語》（臺北，臺灣商務印書館，民國54年12月發行）卷九〈從
　　　　善〉，頁99。
〔註95〕劉肅，前引書，卷一○〈釐革〉，頁107。
〔註96〕王溥，前引書，卷一○○〈雜錄〉，頁1798。
〔註97〕司馬光，前引書，卷二二五〈代宗大曆十四年〉，頁7265。
〔註98〕劉昫等，前引書，卷一三四〈馬燧傳〉，頁3690。

又如文宗時，迴鶻驕悍橫暴，恣意搶掠，吏不敢問。《舊唐書》卷一八○〈李載義傳〉載云：

> 迴鶻每遣使入朝，所至強爆。邊城長吏多務苟安，不敢制之以法，
> 但嚴兵防守，虜益驕悍，或突入市肆，暴橫無所憚。至是，有迴鶻
> 將軍李暢者，曉習中國事，知不能以法制馭，益驕恣。鞭捶驛吏，
> 貪求無已。載義因召李暢與語曰：「可汗使將軍朝貢，以固舅甥之好，
> 不當使將軍暴踐中華。今朝廷饗餼至厚，所以禮蕃客也。苟有不至，
> 吏當坐死。若將軍之部伍不戢，凌侮上國，剽掠廬舍，載義必殺為
> 盜者。將軍勿以法令可輕而不戒勵之！」……虜知其不為下，無敢
> 犯令……。〔註99〕

由上述可知迴紇諸蕃入華，輒恃其軍功，養成其橫暴驕恣的行徑，所過剽掠
市肆、廬舍，橫須索，吏不敢禁，致引起朝廷的反感。

第三節　蕃胡之禮遇

一、對外政策

中國與域外諸民族間之關係，由來已久，至隋唐之世，尤見其盛。唐代
之所以能多方面吸取外來的文化，主要是唐人在種族觀念上的改變。太宗曾
謂侍臣曰：「自古皆貴中華，賤夷、狄，朕獨愛之如一，故其種落皆依朕如父
母……。」〔註100〕太宗何以能對夷狄「獨愛之如一」，掃除種族上之歧視，而
以父母自居，視夷狄如子民，端在唐太宗心中存有天下共主的世界觀。一方
面因自南北朝以來，胡人南下，不斷與中原民族接觸、融合；另一方面由於
李唐皇室混雜有胡族血統有關，〔註101〕故其對待夷狄的態度，一直未嚴夷夏
之防，視「國朝一家天下，華夷如一」。〔註102〕

唐代既無種族上之歧視，故胡人入居中原，亦樂於接受漢人教育。《新唐
書》卷四十四〈選舉志〉云：

> ……（中宗時）三衛番下日，願入學者，聽附國子學、太學及律館

〔註99〕劉昫等，前引書，卷一八○〈李載義傳〉，頁4675。

〔註100〕司馬光，前引書，卷一九八〈太宗貞觀二十一年〉，頁6247。

〔註101〕若以女系母統言之，唐代初期君主，如高祖之母為獨孤氏，太宗之母為竇氏，
　　　　高宗之母為長孫氏，皆是胡種，而非漢族，故李唐皇室雜有胡族血胤甚明。

〔註102〕同註9。

習業。蕃王及可汗子孫願入學者，附國子學讀書。〔註103〕

因此蕃胡徙居中國，大都可盡情發揮其才能，文官可以爲相，武官可以任將。據《新唐書》〈宰相世系表〉所載，九十八族三六九人爲相中，其爲外族者即佔十七姓三十二人，〔註104〕所佔比率不可謂不高。而蕃將之多，則更不待言，即天子禁衛軍中，亦雜用蕃兵。〔註105〕可見唐代對外政策，並不因其種族爲蕃胡而有華夷之別。

綜觀中古時代，胡漢之別，實不論其血統，端視其所受之教化爲漢抑爲胡而定。凡漢化之人，即目爲漢人；胡化之人，即目爲胡人，〔註106〕而不以種族因素列爲最主要之考慮，即以此觀點爲基礎，進而影響及中國的對外政策。

二、優惠措施

中國對於邊疆民族所存的畛域觀念，至爲淡薄，反而加以扶持存養之。即以財政措施方面爲例，因其生產技術落後和生活方式的改變，生活的困窘，是可想而知的。因此，此等編戶之徵稅，終不能期求和內地人民一樣，而要顧及其生活的保障，合理的課稅，乃屬必要。《晉書》卷二十六〈食貨志〉云：

> 及平吳之後……。又制戶調之式，丁男之戶，歲輸絹三匹，綿三斤……。其諸邊郡或三分之二，遠者三分之一。夷人輸賓布，戶一匹，遠者或一丈……。遠夷不課田者輸義米，戶三斛，遠者五斗，極遠者輸算錢，人二十八文。〔註107〕

上述稅賦，乃是針對邊疆夷獠之戶的一種優惠措施，減輕其稅賦，只合徵內地的三分之二，更偏遠地區則只徵三分之一。因邊遠諸州所產不同，晉規定得輸

〔註103〕歐陽修、宋祁，前引書，卷四十四〈選舉志〉，頁1164。

〔註104〕外族爲相數之統計，共十七姓，三十二人，詳見：藍文徵，《隋唐五代史》（臺北，臺灣商務印書館，民國61年12月發行），頁26～27。

上述統計，與《新唐書》卷七十五〈宰相世系表〉所列：「唐宰相三百六十九人，凡九十八族」（頁3465）相較，則蕃人約佔十二分之一，蕃族約佔五分之一，不可謂不多矣！

〔註105〕劉昫等，前引書，卷一〇六〈王毛仲傳〉，頁3252。

載云：「初，太宗貞觀中，擇官戶蕃口中少年驍勇者百人，每出遊獵，令持弓矢於御馬前射生，令騎豹文韉，著畫獸文衫，謂之「百騎」。至則天時，漸加其人，謂之「千騎」，分隸左右羽林營。孝和謂之「萬騎」，亦置使以領之。」

〔註106〕陳寅恪，《唐代政治史述論稿》（臺北，樂天出版社，民國61年3月出版）上篇統治階級之氏族及其升降，頁12～13。

〔註107〕房玄齡等，《晉書》（臺北，鼎文書局，民國76年5月出版）卷二十六〈食貨志〉，頁790。

賽布、米或算錢。賦稅因地制宜,「隨事斟量,不必同之華夏」。〔註108〕如此有別的優惠措施,有助於邊遠諸州人民的向心力,及鼓勵其生產力的發展。

唐代對於嶺南諸州夷獠之戶,或蕃人內附者,皆減輕其稅賦,以示優待。《通典》卷六〈食貨典賦稅門〉云:

> ……(武德)二年制,每一丁租二石。若嶺南諸州則稅米,上戶一石二斗,次戶八斗,下戶六斗。若夷獠之戶,皆從半輸;蕃人內附者,上戶丁稅錢十文,次戶五文,下戶免之。附經二年者,上戶丁輸羊二口,次戶一口,下戶三戶共一口。〔註109〕

可見唐時對於邊遠諸州之賦稅,依戶等而訂有減稅之優惠。當時蕃胡戶等之規定爲:「凡諸國蕃胡內附者,亦定爲九等。四等已上爲上戶,七等已上爲次戶,八等已下爲下戶。」〔註110〕其中蕃胡內附經二年以上,另依戶等加收輸羊的附加稅,稅賦均甚輕微,上戶丁輸羊二口,次戶一口,下戶三戶共一口。

中國對於四夷來朝貢或內附者,禮遇甚厚。《新唐書》卷二二一〈西域傳〉云:

> ……西方之戎……。唐興,以次脩貢,蓋百餘,皆冒萬里而至。亦已勤矣!然中國有報贈、冊弔、程糧、傳驛之費……,視地遠近而給費……。〔註111〕

唐代對於四夷之朝貢或使臣,禮數甚週,例先引見於東內宣政殿,而後在禮賓院設宴款待,〔註112〕亦即韓愈所謂「宣政一見,禮賓一設」,〔註113〕並視蕃夷遠近而給程糧、傳驛等各種不同慰勞之費。

唐時,禮部主客郎中、員外郎,主諸蕃朝聘之事。〔註114〕諸蕃胡來朝,唐給與種種優惠措施。《新唐書》卷四十六〈百官志〉載:

> ……蕃州都督、刺史朝集日,視品給以衣冠、袴褶……,西北諸蕃,

〔註108〕杜佑,前引書,卷六〈食貨典賦稅門〉,頁33。
〔註109〕同上。
〔註110〕李林甫等,前引書,卷三〈尚書戶部〉,頁77。
〔註111〕歐陽修、宋祁,前引書,卷二二一〈西域傳〉,頁6264。
〔註112〕司馬光,前引書,卷二四○憲宗元和十四年,頁7758〜7759。
　　　　元胡三省注云:「唐時四夷入朝貢者,皆引見於宣政殿。」又云:「唐有禮賓院,凡胡客入朝,設宴於此。元和九年,置禮賓院於長興里之北。」
〔註113〕韓愈,《韓昌黎文集》(臺北,世界書局,民國71年3月出版)卷八〈論佛骨表〉,頁356。
〔註114〕李林甫等,前引書,卷四〈尚書禮部〉,頁129。

　　則給度磧程糧……。蕃王首領死，子孫襲初授官，兄弟子降一品，

　　兄弟子代攝者，嫡年十五還以政……〔註115〕

西北諸羈縻州來朝之都督、刺史，視品位給與衣物、糧食，酋領另授予官職，子孫並得世襲，惟兄弟之子繼承，則降一品，代攝者年滿十五歲則須還授。以唐貞觀四年（630），突厥頡利可汗敗亡降附爲例，時諸部降者，「人賜袍一領、帛五匹，首領拜將軍、中郎將，列五品者贏百員。」〔註116〕可見唐對來朝使者及諸部降附，待遇甚優，國家財政所費不貲，以致河西州縣蕭條，民不聊生，朝臣李大亮等均主張不如且罷招慰爲便，〔註117〕太宗終從其所請。

　　西北諸蕃胡之使著來朝，除在世時享受各種禮遇外，身殁亦得享有種種優惠。《唐會要》卷六十六〈鴻臚寺〉云：

　　天寶八載三月二十七日敕：九姓堅昆諸蕃客等，因使入朝身死者，

　　自今後，使給一百貫充葬。副使及妻，數內減三十貫。其墓地，州

　　縣與買，官給價直，其墳墓所由營造。〔註118〕

九姓堅昆，同屬突厥系族，其使入朝身死者，給葬料一百貫；〔註119〕副使及妻則給七十貫。墓地及墳墓，由官方負責價購及營造。可見唐代對於諸蕃客生活照顧等方面，禮數至爲優渥。

三、蕃官之任用

　　中古時代以後，中國與邊疆民族之交往，日益頻繁，蕃胡因而入居中國者眾，尤其自貞觀四年（630），唐太宗平定東突厥頡利可汗以後，其部落來降者甚夥，酋首至者皆拜以官職。《舊唐書》卷一九四〈突厥傳〉云：

　　……（溫）彥博既口給，引類百端，太宗遂用其計，於朔方之地，

　　自幽州至靈州，置順、祐、化、長四州都督府，又分頡利之地六州，

　　左置定襄都督府，右置雲中都督府，以統其部眾。其酋首至者皆拜

　　爲將軍、中郎將等官，布列朝廷，五品以上百餘人……。〔註120〕

可見唐貞觀四年（630），突厥諸部落酋首來歸者，皆拜爲將軍和中郎將等官，

〔註115〕同註65。

〔註116〕歐陽修、宋祁，前引書，卷九十九〈李大亮傳〉，頁3911。

〔註117〕司馬光，前引書，卷一九三太宗貞觀四年，頁6081。

〔註118〕王溥，前引書，卷六十六〈鴻臚寺〉，頁1151。

〔註119〕貫，乃古代錢貝之謂也，千錢謂之一貫。文內葬料一百貫，即相當於十萬錢。

〔註120〕同註51。

授予五品以上高位者，即達百餘人，而五品以下者，當亦不少。

唐興以後，西北諸蕃及蠻夷歸附內屬者，唐即於其部落之地，列置州、縣，設立羈縻州、府，其大者置都督府，並任命其首領官職。《舊唐書》卷一九四〈突厥傳〉云：

> 車鼻既破之後，突厥盡爲封疆之臣，於是分置單于、瀚海二都護府。單于都護領狼山、雲中、桑乾三都督、蘇農等一十四州，瀚海都護領瀚海、金微、新黎等七都督、仙萼、賀蘭等八州，各以其首領爲都督、刺史……。〔註121〕

車鼻，乃突厥之別部，同屬阿史那族，頡利可汗敗後，北荒諸部推爲大可汗。永徽元年（650）爲唐將高侃所敗，拜爲左武衛將軍，其下各部首領則拜爲都督、刺史等職，並得世襲。〔註122〕

至於回紇，太宗仍爲其置州、府，設漢官。《舊唐書》卷一九五〈迴紇傳〉云：

> 貞觀中，擒降突厥頡利等可汗之後，北虜唯菩薩、薛延陀爲盛……。迴紇酋帥吐迷度與諸部大破薛延陀多彌可汗，遂併其部曲，奄有其地。貞觀二十年，南過賀蘭山，臨黃河，遣使入貢……。太宗爲置六府七州，府置都督，州置刺史，府州皆置長史、司馬已下官主之……。〔註123〕

貞觀四年（630），東突厥汗國滅亡後，薛延陀據有其地，稱雄於漠北，後爲迴紇所破，唐爲之設羈縻州府，並置都督、刺史和長史、司馬等官以外，尙有入朝任武職，其職稱如將軍、中郎將等即是。《唐六典》卷五〈兵部〉載云：

> ……朗中一人，掌考武官之勳祿品命，以二十有九階承而敍焉。從一品曰驃騎大將軍；正二品曰輔國大將軍；從二品曰鎮軍大將軍；正三品曰冠軍大將軍、懷化大將軍；從三品曰雲麾將軍、歸德將軍；正四品上曰忠武將軍，正四品下曰壯武將軍；從四品上曰宣威將軍，從四品下曰明威將軍；正五品上曰定遠將軍，正五品下曰寧遠將軍；從五品上曰游騎將軍，從五品下曰游擊將軍；正六品上曰昭武校尉，下曰昭武副尉；從六品上曰振威校尉，下曰振威副尉；正七品上曰

〔註121〕劉昫等，前引書，卷一九四〈突厥傳〉，頁5166。
〔註122〕同註50。
〔註123〕劉昫等，前引書，卷一九五〈迴紇傳〉，頁5196。

致果校尉，下曰致果副尉；從七品上曰翊麾校尉，下曰翊麾副尉；
正八品上曰宣節校尉，下曰宣節副尉；從八品上曰禦武校尉，下曰
禦武副尉；正九品上曰仁勇校尉，下曰仁勇副尉；從九品上曰陪戎
校尉，下曰陪戎副尉。凡懷化、歸德將軍量配於諸衛上下，其餘並
兵部定其番第……。

凡應宿衛官各從蕃第。諸衛將軍、中郎將、郎將及諸衛率、副率、
千牛備身、備身左右、太子千牛並長上折衝、果毅應宿衛者，並一
日上，兩日下……。〔註124〕

上述懷化大將軍及歸德將軍二職，唐朝所置，規定專授予蕃官，不得授予漢
人，並量配於諸衛押領，其官階分別列為正三品及從三品，位階崇高，以示
對蕃酋之禮遇。

　　茲根據中國史籍記載，以突厥系族入朝為武職，或任羈縻州府軍銜為例，
謹臚列蕃將姓名及所授軍銜如下：

附表八　突厥系族蕃將所授軍銜一覽表

蕃　將	國　族	年　代	所授軍銜	出　　處
執失思力	突　厥	武德九年（626）	左領軍將軍	《新唐書》卷一一○〈執失思力傳〉，頁 4116。
哥舒口口 哥舒季通	突騎施	武德中	越州刺史 左監門衛副率	《唐文拾遺》卷十六〈王知敬，大唐左監門衛副率哥舒季通葬馬銘〉，頁 262。
阿史那什缽苾（突利可汗）	突　厥	貞觀四年（630）	右衛大將軍	《舊唐書》卷一九四〈突厥傳〉，頁 5161。
康蘇蜜	突　厥	貞觀四年（630）	雲麾將軍	《新唐書》卷二一七〈迴鶻傳〉，頁 6144。
阿史那咄苾（頡利可汗）	突　厥	貞觀四年（630）	右衛大將軍	《舊唐書》卷一九四〈突厥傳〉，頁 5159。

〔註124〕李林甫等，前引書，卷五〈兵部〉，頁 152～154。
　　　　另外《唐會要》卷一○○〈歸降官位目〉，載唐授予賦降者之官品及俸料甚詳，
　　　　正可彌補《唐六典》史料之不足：
　　　　「高宗顯慶三年（658）八月，置懷德大將軍，正三品。歸化將軍，從三品。
　　　　以授初投首領，仍隸屬諸衛，不置員數，及月俸料。」
　　　　德宗貞元十一年（795）正月，更明白規定歸降者每月之料錢。這似與蕃將歸
　　　　降日久，漸納入國家常規體制，官位、俸料及遷轉等，均有一定。（詳見：《唐
　　　　會要》卷一○○〈歸降官位〉，頁 1798～1799，世界書局出版）。

阿史那思摩 （乙彌泥孰俟利苾可汗）	突　厥	貞觀四年 （630）	右武侯大將軍 化州都督 懷化郡王	《舊唐書》卷一九四〈突厥傳〉，頁5163。
阿史那結社率	突　厥	貞觀四年 （630）	郎　將	《新唐書》卷二一五〈突厥傳〉，頁6039。
阿史那蘇尼失	突　厥	貞觀四年 （630）	右衛大將軍 北寧州都督 懷德郡王	《舊唐書》卷一〇九〈阿史那社爾傳附阿史那蘇尼失〉，頁3290。
史善應	突　厥	貞觀四年 （630）	中郎將 北撫州都督	《資治通鑑》卷一九三〈太宗貞觀四年〉，頁6079。
史大奈	突　厥	貞觀四年 （630）	金紫光祿大夫 右武衛大將軍 豐州都督	《舊唐書》卷一九四〈突厥傳〉，頁5180。
阿史那忠（阿史那泥孰）	突　厥	貞觀四年 （630）	左屯衛將軍	《舊唐書》卷一〇九〈阿史那社爾傳附阿史那忠〉，頁3290。
契苾何力	契　苾	貞觀六年 （632）	左領軍將軍	《舊唐書》卷一〇九〈契苾何力傳〉，頁3291。
阿史那社爾 （都布可汗）	突　厥	貞觀九年 （635）	左驍衛大將軍	《舊唐書》卷一〇九〈阿史那社爾傳〉，頁3289。
阿史那彌射	西突厥	貞觀十二年 （638）	右監門大將軍	《舊唐書》卷一九四〈西突厥傳〉，頁5188。
阿史那步眞	西突厥	貞觀十八年 （644）	左屯衛大將軍 驃騎大將軍 行右衛大將軍	《舊唐書》卷一九四〈西突厥傳〉，頁5188。
咄摩支	薛延陀	貞觀二十年 （646）	右武衛大將軍	《資治通鑑》卷一九八〈太宗貞觀二十年〉，頁6238。
渾潭（阿貪支） 渾　汪	渾	貞觀二十年 （646）	右領軍衛大將軍 雲摩將軍	《新唐書》卷二一七〈迴鶻傳〉，頁6141。
屈利失	拔野古	貞觀二十一年（647）	右武衛大將軍	《新唐書》卷二一七〈迴鶻傳〉，頁6140。
吐迷度	回　紇	貞觀二十一年（647）	懷化大將軍 瀚海都督	《新唐書》卷二一七〈迴鶻傳〉，頁6113。
婆閏	回　紇	貞觀二十二年（648）	左驍衛大將軍	《新唐書》卷二一七〈迴鶻傳〉，頁6113。

俱羅勃呑	回　紇	貞觀二十二年（648）	右武衛大將軍	《冊府元龜》卷九七四〈外臣部〉，頁5043。
阿史那賀魯	西突厥	貞觀二十二年（648）	左驍衛大將軍	《舊唐書》卷一九四〈突厥傳〉，頁5186。
屈裴祿	西突厥	貞觀二十二年（648）	忠武將軍	《冊府元龜》卷一七〇〈帝王部〉，頁904。
失缽屈阿棧	堅　昆	貞觀二十二年（648）	左屯衛大將軍	《新唐書》卷二一七〈迴鶻傳〉，頁6149。
菴　鑠	突　厥	貞觀二十三年（649）	左屯衛將軍	《舊唐書》卷一九四〈突厥傳〉，頁5166。
蘇農泥孰	突　厥	貞觀中	左屯衛大將軍 穀州刺史	《元和姓纂》卷三〈蘇農〉，頁251。
阿史那車鼻	突　厥	永徽元年（650）	左武衛將軍	《舊唐書》卷一九四〈突厥傳〉，頁5165。
阿史那咥運	西突厥	永徽二年（651）	右驍衛大將軍	《新唐書》卷二一五〈西突厥傳〉，頁6061。
舍利叱利	突　厥	永徽六年（655）	左武衛將軍	《冊府元龜》卷九八六〈外臣部〉，頁5102。
多覽葛塞匐	回　紇	顯慶三年（658）	右驍衛大將軍 燕然都督 右衛大將軍	《冊府元龜》卷九六四〈外臣部〉，頁4999。
阿史德樞賓 延陀梯眞	突　厥 薛延陀	顯慶五年（660）	定襄都督 左武侯將軍	《冊府元龜》卷九八六〈外臣部〉，頁5103。
沙陀金山	沙　陀	龍朔三年（663） 長安二年（702）	墨離軍討擊使 金滿州都督	《新唐書》卷二一八〈沙陀傳〉，頁6154。
蘇　農	突騎施	神龍中（705～706）	右驍衛大將軍	《元和姓纂》卷三〈蘇農〉，頁251。
阿史那都支	西突厥	咸亨二年（671）	左驍衛大將軍	《新唐書》卷二一五〈西突厥傳〉，頁6064。
阿史德多覽	突　厥	永淳元年（682）	右武衛大將軍	《元和姓纂》卷五〈阿史德〉，頁409。
結嶲釁匐 膚莫賀咄 毒勤德	堅　昆 西突厥		左威衛大將軍 堅昆都督 左威衛大將軍兼鷹沙都督	高宗乾陵園神牆朱雀門外兩側六十餘尊人像，均背刻銜名，年久漫漶，字跡難以辨認。上列十四位均爲突厥系族蕃臣，當爲高宗、武后朝之侍衛。

傍　斳	突騎施		右威衛將軍兼潔山都督	詳見陳國燦，〈唐乾陵石人像及其銜名的研究〉（北平，文物出版社，1980年9月出版）頁189～203（收錄於《文物集刊》第二期）。
護　斯	西突厥		左武衛將軍兼雙可都督	
阿史那盎路	西突厥		左威衛將軍兼婆延都督	
昆　職	咽　麵		右金吾衛大將軍兼大漠都督	
阿悉吉度悉波	西突厥		右領軍將軍兼千泉都督	
藍　羨	西突厥		右衛將軍兼頡利都督	
安車鼻施	西突厥		碎葉州刺史	
社　利	西突厥		左武衛大將軍	
阿悉吉那斳	西突厥		右金吾衛將軍兼俱蘭都督	
移力貪汗	突　厥		宿　衛	
葛暹嘖	突　厥		宿　衛	
阿史那元慶	西突厥	垂拱元年（685）	左豹韜衛翊府中郎將	《資治通鑑》卷二〇三〈則天后垂拱元年〉，頁6435。
斛瑟羅	西突厥	垂拱二年（686）	右玉鈐衛將軍	《資治通鑑》卷二〇三〈則天后垂拱二年〉，頁6441。
阿史那惠	突　厥	天授元年（690）	將　軍	《新唐書》卷四〈則天皇后紀〉，頁90。
薛咄摩	薛延陀	天授元年（690）	右玉鈐衛大將軍	《資治通鑑》卷二〇四〈則天后天授元年〉，頁647。
阿史那忠節	西突厥	長壽元年（692）	武衛大將軍	《資治通鑑》卷二〇五〈則天后長壽元年〉，頁6487。
契苾明 契苾鐋 契苾嵩 契苾崇	契　苾 契　苾 契　苾 契　苾	延載元年（694）	鎮軍大將軍 左豹韜衛大將軍 右武威衛郎將 右玉鈐衛郎將	《全唐文》卷一八七〈婁師德，上柱國涼國公契苾府君碑銘並序〉，頁2398～2399。
默　啜 （遷善可汗）	突　厥	萬歲通天元年（696）	左衛大將軍	《舊唐書》卷一九四〈突厥傳〉，頁5168。
阿史那毗伽	突　厥	神功元年（697）	雲麾將軍 玉鈐衛翊府中郎將	《全唐文》卷二二五〈張說，爲河內郡王武懿宗平冀州賊契丹等露布〉，頁2870～2871。
回鶻果	回　紇		左金吾衛翊府郎將	
俱羅罹淮	回　紇		壯武將軍	
蘇達俟斤度施	突　厥		左玉鈐衛翊府郎將	

阿史皎	突　　厥		潞州府果毅員外同正	
阿史德奉職	突　　厥		左武衛中郎將	
業溫啜剌俟斤	突　　厥		右鷹揚衛將軍	
執失守直	突　　厥		右金吾衛東毅	
阿所那	突　　厥		右鷹揚郎將員外置同正員	
僕固郡骨支	僕　　固		右鷹揚郎將	
阿史德伏麾支	突　　厥		右武威衛郎將東河察使	
葛羅枝延	葛邏祿		左金吾衛長上	
契苾木昆	契　苾		游擊將軍	
車鼻施俟斤	突　　厥		游擊將軍	
			折衝都尉	
阿史那懷道	西突厥	長安四年（704）	右武威衛大將軍	《冊府元龜》卷九六四〈外臣部〉，頁 4999。
阿史那大節	突　　厥	長安中	左驍騎大將軍	《元和姓纂》卷五〈阿史那〉，頁 409。
烏質勒 娑葛（阿史那守忠）	突騎施	神龍二年（706）	懷德郡王 左驍騎大將軍	《冊府元龜》卷九六四〈外臣部〉，頁 4999。
阿史那守節	突騎施	景雲元年（710）	右監衛將軍	《唐大詔令集》卷一三〇〈命呂休璟等北伐制〉，頁 705。
阿史那獻（阿史那承獻）	西突厥	景雲二年（711）	左驍衛大將軍攝鴻臚卿	《全唐文》卷二五〇〈蘇頲，授阿史那承獻特進制〉。
楊我支	突　　厥	開元元年（713）	（宿衛）	《新唐書》卷二一五〈突厥傳〉，頁 6047。
石阿失畢	突　　厥	開元二年（714）	左衛員外大將軍	《冊府元龜》卷一七〇〈帝王部〉，頁 904。
執失善光	突　　厥	開元二年（714）	右監門將軍	《冊府元龜》卷一一八〈帝王部〉，頁 620。
鶻屈頡斤 苾悉頡力	突　　厥	開元三年（715）	左驍衛將軍員外置 左武衛將軍員外置	《冊府元龜》卷九六四〈外臣部〉，頁 5000。
支匐忌	西突厥	開元三年（715）	大首領軍衛將軍員外置	《冊府元龜》卷九七四〈外臣部〉，頁 5044。

裴達干	葛邏祿	開元三年（715）	果毅	《冊府元龜》卷九七四〈外臣部〉，頁 5044。
磨散	思結		左威衛將軍	《冊府元龜》卷九七四〈外臣部〉，頁 5044。
移利殊功	斛薛		右領軍衛將軍	
邪沒施	契苾		右威衛將軍	
莫賀突默	西突厥		右驍衛將軍	
薛渾達	薛延陀		右威衛將軍	
伏帝匐	回紇	開元四年（716）	左金吾衛大將軍	《唐大詔令集》卷一三○〈命薛訥等與九姓共伐默啜制〉，頁 706～707。
渾元忠	渾		左衛大將軍	
契苾承祖	契苾		右武衛將軍	
蘇祿（忠順可汗）	突騎施	開元五年（717）	右武衛大將軍	《新唐書》卷二一五〈西突厥傳〉，頁 6067。
突厥（使者）	突厥	開元五年（717）	郎將	《冊府元龜》卷九七四〈外臣部〉，頁 5045。
骨篤祿毗伽可汗	堅昆	開元六年（718）	右武衛大將軍	《冊府元龜》卷九八六〈外臣部〉，頁 5106。
頡質略	拔野古		右武衛大將軍	
毗伽末啜	同羅		右監門衛大將軍	
默特勒逾輪	突厥		右金吾衛大將軍	
阿史那褐多	突厥		右領軍衛大將軍	
賀魯室合真阿婆嚼	西突厥		右驍衛大將軍	
曳勒哥	僕骨		左驍衛將軍	
延陀磨覽	薛延陀	開元七年（719）	中郎將	《冊府元龜》卷九七四〈外臣部〉，頁 5045。
阿史德暾泥熟	突厥	開元十年（722）	右驍衛大將軍員外置	《冊府元龜》卷九七五〈外臣部〉，頁 5046。
可還拔護他滿達干	突厥	開元十年（722）	將軍	《冊府元龜》卷九七五〈外臣部〉，頁 5046。
伊悉鉢舍友者畢施頡斤	堅昆	開元十年（722）	中郎將	《冊府元龜》卷九七五〈外臣部〉，頁 5046。
葛邏昆池等八人	突騎施	開元十年（722）	將軍	《冊府元龜》卷九七五〈外臣部〉，頁 5046。
沙羅烏卒	西突厥	開元十一年（723）	郎將	《冊府元龜》卷九七五〈外臣部〉，頁 5046。
阿史那瑟鉢達干等三十二人	突厥	開元十一年（723）	大將 郎將	《冊府元龜》卷九七五〈外臣部〉，頁 5046。
俱力貧賀忠頡斤	堅昆	開元十一年（723）	郎將	《冊府元龜》卷九七五〈外臣部〉，頁 5046。

裴啜羅	突　厥	開元十二年（724）	郎　將	《冊府元龜》卷九七五〈外臣部〉，頁5047。
采施裴羅	突　厥	開元十三年（725）	折　衝	《冊府元龜》卷九七五〈外臣部〉，頁5047。
康思琮、執失頡利發等三百餘人 梅錄啜	突　厥 突　厥 突　厥	開元十四年（726）	將　軍 果　毅 將　軍	《冊府元龜》卷九七五〈外臣部〉，頁5047。
阿句支	突騎施	開元十四年（726）	中郎將	《冊府元龜》卷九七五〈外臣部〉，頁5047。
承　宗 渾大德 契苾承明 思結歸國 伏帝難	回　紇 　　渾 契　苾 思　結 回　紇	開元十五年（727）	瀚海大都督 左武衛大將軍 賀蘭都督 盧山都督 瀚海大都督	《資治通鑑》卷二一三〈玄宗開元十五年〉，頁6779。
屈達干 伊難如裴	突　厥 葛邏祿	開元十六年（728）	將　軍 中郎將	《冊府元龜》卷九七五〈外臣部〉，頁5048。
葉支阿布思	突騎施	開元十七年（729）	郎　將	《冊府元龜》卷九七五〈外臣部〉，頁5048。
米旅裴羅	突　厥	開元十八年（730）	折　衝	《冊府元龜》卷九七五〈外臣部〉，頁5048。
哥解骨支比施頡斤等五十人	突　厥	開元十九年（731）	折　衝	《冊府元龜》卷九七五〈外臣部〉，頁5048。
蘇農屈達干	突　厥	開元十九年（731）	郎　將	《冊府元龜》卷九七五〈外臣部〉，頁5048。
蘇農出羅達干等二十四人	突　厥	開元十九年（731）	郎　將	《冊府元龜》卷九七五〈外臣部〉，頁5048。
阿支監擦	突　厥	開元二十年（732）	將　軍	《冊府元龜》卷九七五〈外臣部〉，頁5049。
斯壁紆思鮮闕等十六人 烏鶻達干	突　厥	開元二十一年（733）	郎　將 將　軍	《冊府元龜》卷九七五〈外臣部〉，頁5049。
牟伽難達干等十二人	突　厥	開元二十一年（733）	郎　將	《冊府元龜》卷九七五〈外臣部〉，頁5049。
何羯達	突騎施	開元二十二年（734）	鎮　副	《冊府元龜》卷九七五〈外臣部〉，頁5049。
薩合朱	突　厥	開元二十四年（736）	折衝員外置	《冊府元龜》卷九七五〈外臣部〉，頁5049。
胡祿達干	突騎施	開元二十四年（736）	右金吾將軍員外置	《冊府元龜》卷九七五〈外臣部〉，頁5049。

史思明 （史窣干）	突　厥	開元二十四 年（736）	果　毅	《資治通鑑》卷二一四玄宗開元二 十四年，頁 6817。
莫賀咄頡斤	突　厥	開元二十六 年（738）	左金吾衛大將軍 員外置	《冊府元龜》卷九七五〈外臣部〉， 頁 5050。
延陀俱末啜刺 達干	突　厥	開元二十七 年（739）	將　軍	《冊府元龜》卷九七五〈外臣部〉， 頁 5050。
阿史那洪達	突騎施	開元二十八 年（740）	太僕員外卿	《冊府元龜》卷九七五〈外臣部〉， 頁 5050。
蘇　農 蘇農盡忠	突　厥	開元中	左羽林衛大將軍 左金吾大將軍	《元和姓纂》卷三〈蘇農〉，頁 251 ～252。
都磨度闕頡斤	葛邏祿	天寶元年 （742）	左羽林軍大將軍 員外置同正員	《冊府元龜》卷九七五〈外臣部〉， 頁 5050。
阿布思 （李獻忠）	突　厥	天寶元年 （742）	朔方節度副使	《資治通鑑》卷二一六玄宗天寶十 一載，頁 6910。
渾大寧 契苾嘉賓	渾 契　苾	天寶元年 （742）	大將軍 將　軍	《全唐文》卷三五二〈樊衡，河西 破蕃賊露布〉，頁 4518。
骨力裴羅 阿悉爛頡斤	回　紇	天寶四載 （745）	右驍衛員外將軍 右武衛員外將軍	《冊府元龜》卷九七五〈外臣部〉， 頁 5050。

　　上表所列，係自唐武德九年（626）起，統計至玄宗天寶四載（745）突厥汗國滅亡為止，總計約一百二十餘年間，唐所授予突厥系族蕃官之軍銜，其中當還有許多遺漏，猶待補遺。然由上表所列，可知突厥系族蕃將所授之軍銜，以唐貞觀十八年（644），西突厥阿史那步真所授「驃騎大將軍」從一品之官銜為最高。阿史那步真，乃室點密可汗之五代孫，系出皇門貴冑，後因與其族弟阿史那彌射爭立可汗，乃生嫌隙，遂自立為咄陸葉護，惟其部落多不服，乃於貞觀中來朝，授左屯衛大將軍，後因討平阿史那賀魯有功，遂加授「驃騎大將軍」一銜，〔註125〕其得以獲頒授高官勳爵，可謂淵源有自。其次，以武后元載元年（694），契苾明所授「鎮軍大將軍」從二品之官銜次之。契苾明所授「鎮軍大將軍」，乃承襲其父契苾何力之官銜而來。〔註126〕《唐六典》所載兵部二十九種正式編階之軍銜中，授予突厥系族之軍銜，除了上述驃騎大將軍、鎮軍大將軍二種外，尚包括懷化大將軍、雲麾將軍、忠武將軍、壯武將軍、游擊將軍等五種，總計佔兵部二十九種正式編階中之七種，而其他將軍、大將軍、郎

〔註125〕劉昫等，前引書，卷一九四〈西突厥傳〉，頁 5188～5189。
〔註126〕清仁宗敕製，《全唐文》（臺北，臺灣大通書局，民國 68 年 7 月出版）卷一八
　　　　七〈婁師德〉，鎮軍大將軍行左鷹揚衛大將軍兼賀蘭州都督上柱國涼國公契苾
　　　　府君碑銘并序，頁 2397。

將、中郎將及折衝、果毅等官銜，尚不包括在內。

至於其他國族所授之軍銜，尚包括輔國大將軍、冠軍大將軍、歸德將軍、宣威將軍、定遠將軍、游騎將軍及陪戎校尉、陪戎副尉等八種。〔註127〕可見唐代兵部二十九種正式編階之軍銜，不只授予國內軍階人士，還頒授予蕃胡來朝歸化或降附之酋領。其軍階高下及遷轉，當與其出身、戰功及年資有關。《冊府元龜》卷九九九〈外臣部請求門〉，載開元六年（718）吐火羅特勤僕羅上書訴云：

> ……竊見石國、龜茲幷餘小國王子、首領等入朝，元無功效，竝緣蕃望，授三品將軍。況僕羅身特勤，本蕃位望，與親王一種比類，大小與諸國王子懸殊，卻授僕羅四品中郎，但在蕃王子弟婆羅門瞿曇金剛、龜茲王子白孝順等，皆數改轉，位至諸衛將軍，唯僕羅最是大蕃，去神龍元年蒙恩敕授左領軍衛翊府中郎將，至今經一十四年，久被淪屈，不蒙准例授職，不勝苦屈之甚。敕鴻臚卿准例定品秩，勿令稱屈。〔註128〕

由上所述，可知一般蕃胡入朝，最初當是授中郎將，由中郎將而授將軍、大

〔註127〕突厥系族除外，其他國族蕃將所授之軍銜，尚包括如下表：

蕃將	國族	年　代	所授軍銜	出　　　處
金理洪	新羅	長壽二年（693）	輔國大將軍	《冊府元龜》卷九六四〈外臣部〉，頁4999。
金崇基	新羅	延載元年（694）	輔國大將軍	《唐會要》卷九十五〈新羅〉，頁1712。
金興光	新羅	長安二年（702）	輔國大將軍	《冊府元龜》卷九六四〈外臣部〉，頁4999。
裴索	疏勒	開元中	冠軍大將軍	《全唐文》卷二七二〈徐堅，裴公墓誌銘〉，頁3498。
康寧	康國	開元二十八年（740）	歸德將軍	向達《唐代長安與西域文明》，頁16。
裴戢	疏勒		宣威將軍	向達，前引書，頁10。
張毗羅		天寶十四載（755）	定遠將軍	《唐文拾遺》卷六十六〈張府君墓誌序〉，頁847。
康匿	康國		游騎將軍	向達，前引書，頁16。
康枕康武通	康國	唐　初	陪戎校尉陪戎副尉	向達，前引書，頁31。

〔註128〕王欽若等，《冊府元龜》（臺北，大化書局，民國73年10月印行）卷九九九〈外臣部請求門〉，頁5167。

將軍等，〔註129〕其間逐級改轉，當有常例。僕羅久不得升遷，當是作業疏忽，僕羅所以叫屈。

蕃官所任左右領軍同左右衛，亦掌宮禁宿衛，分兵主守皇城西面助鋪及京城、苑城諸門。〔註130〕其他蕃官，俱是以宿衛京城之官居多。上表所列武職蕃官，部分尚可兼攝文職，如阿史那獻獲授左驍衛大將軍，尚兼攝鴻臚卿一職，似即借重其語言與涉外事務之專長有關，以協助朝廷掌理蕃夷賓客及朝會、吉凶弔祭之禮儀等事宜。

附圖二十　隋代敦煌入西域路線圖

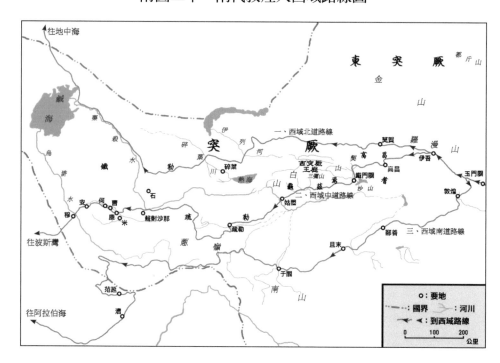

摘自譚其驤《中國歷史地圖》第五冊，頁30～31

（電腦繪圖：國立故宮博物院研究助理林加豐先生）

〔註129〕蕃官逐級遷轉，《新唐書》卷四十九〈百官志〉云：「左右衛：上將軍各一人，從二品：大將軍各一人，正三品：將軍各二人，從三品。掌宮禁宿衛，凡五府及外府皆總制焉……，將軍缺，以中郎將代將軍，掌貳上將軍之事。」（頁1279）。

〔註130〕歐陽修、宋祁，前引書，卷四十九〈百官志〉，頁1284。

附圖二一　唐代安西入西域路線圖

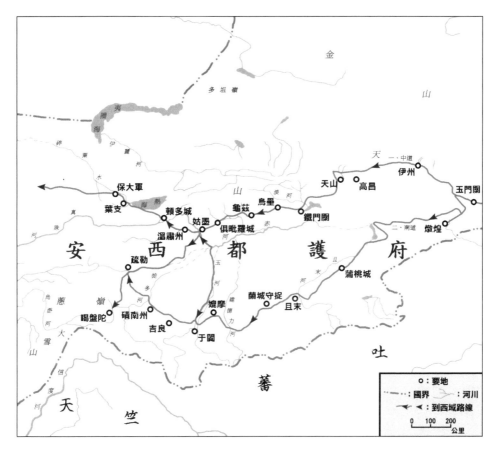

摘自譚其驤《中國歷史地圖》第五冊，頁 63～64

（電腦繪圖：國立故宮博物院研究助理林加豐先生）

附圖二二　突厥系族徙居中國之地理分布圖

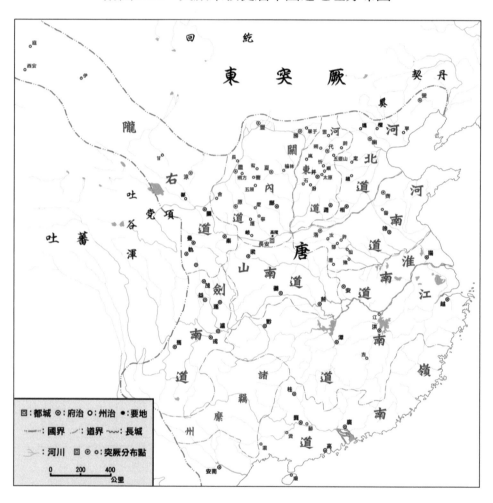

摘自程光裕、徐聖謨《中國歷史地圖上冊》，頁 45～46

（電腦繪圖：國立故宮博物院研究助理林加豐先生）

第六章　結　論

　　西元六世紀中葉，自突厥崛起以後，一直與中原國家維持著密切的關係，乃是史不絕書，毋庸置疑的問題。然對其族屬問題，始終爲中外學者所感興趣的問題，其所得的結論也屬見仁見智，不一其說。其中關鍵即在於史料缺乏，遠古史跡荒渺難稽，且遊牧部族行「穹廬氈帳，隨水草遷徙」〔註1〕的生活方式，屬於一種具有移動特性的遊牧行國生活，其行蹤飄忽不定。因遷徙頻繁，在與不同部族混合、雜居的情況下，欲求其純種的民族，殆屬不可能。〔註2〕因此崛起於西魏以後之突厥，恐已非其原來之面目矣！（如附圖二三）

　　突厥之先世，有線索可尋當追溯至秦漢時代居於匈奴之北的「丁零」。〔註3〕

〔註 1〕　令狐德棻等，《周書》（臺北，鼎文書局，民國 76 年 2 月出版）卷五十〈異域　　　　突厥傳〉，頁 909。

〔註 2〕　林惠祥，《中國民族史》（臺北，臺灣商務印書館，民國 72 年 11 月發行）上　　　　冊，頁 6～8。載云：
　　　　「民族非固定而一成不變者，其變遷秩序時時在進行，不但名稱常有更改，
　　　　即其成分因與其他民族接觸混合，亦必有變化。」
　　　　接著他又強調：
　　　　「歷史上一民族常不止蛻嬗爲現代一民族，而現代一民族亦不止爲歷史上一
　　　　民族之後裔。歷史上諸民族永遠互相接觸，無論其方式爲和平或戰爭，總之
　　　　均爲接觸；有接觸即有混合。有混合斯有同化，有同化則民族之成分，即複
　　　　雜而不純矣。」誠哉斯言！突厥族亦可作如是觀。唐代北疆地區發現有許多
　　　　突厥石人像，其形像特徵臉形寬圓，顴骨較高，多鬚髯，具有明顯的蒙古人
　　　　種類型（如附圖二三），恐有異於原始的突厥種。

〔註 3〕　《史記》卷一一〇〈匈奴傳〉載云：「（冒頓）北服渾庚、屈射、丁零、鬲昆、
　　　　薪犁之國……。」（鼎文版，頁 2893）
　　　　《漢書》卷九四〈匈奴傳〉亦云：「（郅支單于）發其兵，西破堅昆，北降丁
　　　　令、幷三國。」（鼎文版，頁 3800）

匈奴西遷後，鮮卑乃移居其地。南北朝時，鮮卑遷入中國後，丁零始南下漠北居之，故蒙古古突厥碑文「闕特勒碑」曾記載突厥之事蹟云：「沙塞之國，丁零之鄉，雄武鬱起，于爾先王，爾君克長，載赫殊方。」〔註4〕由上所述，可知位於沙塞之地的漠北，乃是丁零的故鄉，也是突厥先王「雄武鬱起」之地，顯見「丁零」原屬突厥族。〔註5〕而南北朝時代，丁零之居於漠北者，稱爲鐵勒（一名敕勒），移居於漠南者，則稱爲高車。〔註6〕故高車與鐵勒乃一族之二稱，可證丁零、高車、鐵勒和突厥，原屬同種同族。〔註7〕

　　總之，突厥之先世，已曠古難稽，至於有史料線索可尋者，乃是源於高車、鐵勒，更可上溯於丁零，曾居住於「沙塞之國」的漠北，爲一遊牧民族，始有丁零之稱，續有高車、鐵勒之名。六世紀中葉，阿史那土門獨立建國以後，始漸強盛，終以「突厥」爲部族之名。以上爲本論文在終了總結之際，對「突厥」之族屬以及民族之變遷情形，作一總結性的概要補充說明。

　　中世紀歐亞大陸的遊牧文化圈，分布極廣，東起興安嶺、蒙古高原，迤至南西伯利亞，西達黑海以北之俄羅斯草原等地區，上述區域構成一個整體性的遊牧世界，也是歷史上遊牧民族的舞台。草原遊牧民族先天即具有戰鬥性、機動性與移動等特性，牲畜乃是其主要的財富，人民食肉飲酪，「衣其皮革，被旃裘」，〔註8〕日常生活一切均所仰賴焉。

　　　　同書卷五十四蘇武傳亦云：「（單于）徙武北海上無人處……。其冬，丁令盜武牛羊……。」（鼎文版，頁2463）

　　　　由上載，可知丁零乃居於匈奴之北，殆無疑義。丁零之名，尚有丁令、丁靈和釘靈等不同名稱。

〔註4〕劉義棠，《中國邊疆民族史》（臺灣中華書局，民國71年5月發行）上冊，頁221。

　　　　詳見土耳其文本「Eski Turk Yazitlari, Istanbul, 1936」。

〔註5〕劉義棠，前引書，頁221。

〔註6〕魏收，《魏書》（臺北，鼎文書局，民國76年5月出版）卷一〇三〈高車傳〉，頁2307～2308。載云：「高車，蓋古赤狄之餘種也，初號爲狄歷，北方以爲敕勒，諸夏以爲高車、丁零。」高車之名，乃因其「車輪高大，輻數至多」而得名。

〔註7〕林惠祥，前引書，下冊，頁2。

　　　　突厥之前爲鐵勒，最早則爲丁零。鐵勒即丁零之異譯，蓋丁與令末音均爲（Ng），在不慣讀此音之民族，即幾於省去而近於鐵勒矣。此外，尚有高車之別名，則係取其意而非譯音。

〔註8〕司馬遷，《史記》（臺北，鼎文書局，民國75年10月出版）卷一一〇〈匈奴傳〉，頁22879。

　　　　近代學者大多主張突厥是匈奴的一支，姓阿史那氏，由於同屬突厥系族，故生活方式頗相近似。突厥最初遊牧於蒙古以西和康努烏梁海一帶，輾轉遷徙

　　突厥乃是上述草原遊牧民族之一，是繼匈奴、鮮卑、柔然等族之後，崛起於中北亞的一個遊牧國家。中世紀時，乃上述歐亞草原遊牧區的主人，它的興起並非單一的因素所造成的，在其未興起以前，中北亞草原遊牧地區的形勢，東有奚、霫、契丹、韃靼等族，北有柔然、高車、契骨等，西有嚈噠、吐谷渾等各部族林立，而當時中北亞遊牧部族，大多臣屬於柔然，北魏初年，柔然因國內迭生內亂，繼位主殘暴好殺，部眾攜離，國勢逐漸衰弱，影響最大者，厥爲高車、敕勒等諸部之叛離，阿伏至羅率眾十餘萬落西走，〔註9〕國力大削，其後復不時遭高車等部之侵暴，內亂外患接踵而至，遂導至柔然汗國之衰亡。在此不利的形勢下，卒爲突厥有機可乘，西魏廢帝元年（552），阿史那土門乃發兵大破之於懷荒北。〔註10〕魏恭帝二年（555），柔然終於在突厥、齊、魏之夾擊下滅亡。

　　柔然滅亡後，中北亞並無可與突厥相匹敵的對手，突厥乃繼柔然之後，雄踞於中北亞草原。總之，六世紀中葉，中北亞形勢已全然改觀，突厥乃得以乘勢崛起。突厥之興起，實不僅由於其自身具有高昂之精神與豐厚之物力，實亦由於柔然本身之腐朽衰弱有以致之。上述情況，適足以闡明陳寅恪「外族盛衰之連環性」的理論，〔註11〕作最佳之註腳。

　　一國之盛衰強弱，與其國內是否有雄厚的經濟實力，有密切的關係，突厥之崛起，即是最好的說明。早年因突厥役屬於柔然，乃柔然統治下之「鍛奴」，〔註12〕精於鐵作（如附圖二五、二六），其產品除供給柔然外，尚可與中國和西域等國家交易，充分厚植了突厥的經濟實力。其次，突厥以其豐盛的畜產，與鄰近國家交易，阿史那土門時即曾至中國塞外「市繒絮」，〔註13〕然後再以其所得的絲絹，轉售於西域、波斯和東羅馬等地獲利。一般而言，中國與中北亞遊牧民族間之貿易，仍以絲、馬等爲大宗，中國與突厥間之貿易，貢獻和賞賜，亦不例外。然值得一提的是，中國與突厥間的貿易，大部

　　　　至金山以南，臣屬於柔然。
〔註9〕魏收，前引書，卷一〇三〈蠕蠕傳〉，頁2296。
〔註10〕同註1。
　　　　懷荒，位於今察哈爾蔚縣，乃北魏六鎮之一。北魏道武帝時，因北有柔然之患，乃於緣邊設置六個兵鎮，派重兵長期屯戍，以保衛首都平城之安全。
〔註11〕陳寅恪，《唐代政治史述論稿》（臺北，樂天出版社，民國61年3月發行）下篇〈外族盛衰之連環性及外患與內政之關係〉，頁94。
〔註12〕令狐德棻等，前引書，卷五十〈異域突厥傳〉，頁908。
〔註13〕同上。

分是經由粟特人從中捐介販售的，如阿史那土門始至西魏邊塞交易購買繪絮時，即有粟特人安諾槃陁參與貿遷絲馬等交易活動。安諾槃陁乃居於酒泉而出身於粟特地區的安國人，丞相宇文泰曾任命其爲西魏之使者，前往突厥交涉通使與互市諸事宜。粟特族本爲一善於經商的民族，其對突厥的經濟發展、貢獻卓著。另一方面，突厥等遊牧民族，只要以軍事力量保障粟特人貿易之安全，助其拓展國際市場，即可獲得龐大的經濟利益。〔註 14〕西魏廢帝元年（552），突厥之能一舉而擊敗柔然，與上述長年累積下來的雄厚財力，有極密切的關係。

就生活方式而言，遊牧民族與定居型的農業民族迥然不同，連帶的亦影響其價值觀和對物資需求的看法，故爲全面瞭解遊牧民族與中原國家軍事衝突的眞正原因，必須從經濟、政治、環境、地理及意識型態……等因素，加以探討，始易明其眞象。凡僅從單方面或數方面加以考量，均係片面之辭，恐無法窺其全貌，然其中又以經濟因素爲突厥南侵的主要原動力。由於中北亞遊牧民族與中原農業國家，存在著先天上的差異，故雙方若能基於互補互利和共存共榮之體認，從事平和的通貢、互市關係，勢能將彼此的衝突化解至最低。

當突厥崛起時，中國正處於分裂的局面，魏分東西，周齊繼之而起，突厥瞭解周齊爭相交好的心理弱點，乃藉機漁利，對周齊施行兩面伎倆，維持「兩箇兒」並存的均勢，實是一種對其最有利的選擇，突厥極不願見一國獨存，其出發點也是基於經濟上的考量。而突厥最常入侵的地點，經統計以原州（今甘肅固原）居多，顯係由經濟及地理因素所造成的，因原州附近地勢平坦，地形起伏小，便於胡騎之馳騁運動。更因原州位於河套平原之南，土壤肥沃，物產富饒，故每爲突厥覬覦之地，經常選爲入侵的地點。而唐時隸屬於河東道的朔州、幷州及代州居次，以其地胡漢往來頻繁，胡化情形嚴重有密切的關係。至於入侵的時節，則以夏、秋兩季（四月～九月）的頻率爲最高，經統計高達總次數的百分之六十八，又與經濟及氣候因素有密切的關係。而中原國家備邊之道在於修築長城、設置烽堠及移民實邊等措施，然此三者皆係消極的治標辦法，根本解決之道在於互相尊重，互相承認遊牧文化與農業文化係立於對等的地位，〔註 15〕彼此互通有無，漢族更應有因此而受

〔註 14〕掛田良雄，《粟特的研究》（國立臺灣師範大學，民國 77 年 1 月博士論文），頁 105。
〔註 15〕姚大中，《古代北西中國》（臺北，三民書局，民國 70 年 5 月出版），頁 35。

惠的體認，得以接受再刺激、再反應的情況下，推動漢族文化再向上與再進步。有此體認與共識，胡漢才有可能和平相處，達到共存共榮的目的。

　　突厥自阿史那土門建立政權以後，即與中原國家維持密切的關係。平時開邊互市，貿商往來；戰時則互動干戈，攻伐殺掠，史不絕書，也經由交流與接觸，因而促進各種不同層面的交流，尤以突厥不論在精神或物質方面皆深受中原國家的影響。在政治方面，突厥系族的職官制度普遍使用漢語的對音。例如：cǎŋši（長史）、čigsi（刺史）、tutug（都督）……等，均是其顯例。此外，中原國家並未嚴夷夏之防，故外族人士入居中國者眾，入仕中原朝廷者，更不乏其人。中原國家亦常受胡風的影響，好胡服、胡語及胡舞等，唐太宗長子承乾即是一例，常效突厥之俗以作樂。〔註 16〕皇室亦雜有胡族血統，胡化甚深。經濟方面，北亞遊牧民族對中原農業國家之物資經濟，倚賴甚深，他們若無法達成有無相通的目的，輒藉武力之虜掠等方式，以滿足他們在經濟上的需求。〔註 17〕突厥亦常「請緣邊置市，與中國貿易」，〔註 18〕並藉朝獻、貢方物等各種名義，以換取農業物資。其次突厥在經濟方面的借字，亦大量採用漢語的對音，可知此乃突厥與中原國家往來頻繁，交往密切之後所衍生的結果。軍事外交方面，突厥常遣將助國討平叛亂或遣子宿衛等，無形中促進兩國文化的交流。又往往在突厥助戰平亂之後，中原國家輒餉遺不可勝紀，如大唐初起義時，高祖嘗遣使求援於突厥，始畢可汗乃遣軍助戰，唐除授予軍銜官職以外，尚「賞賜不可勝紀」，〔註 19〕以犒賞滿足其物資上之需求，此舉即有點類似「僱傭性質」。雙方並有條件交換，相互約定「若能從我，不侵百姓，征伐所得，子女玉帛皆可汗有之……。」〔註 20〕至中、晚唐以後，唐為平定安史、藩鎮之亂，更是大舉借用回紇兵力，而唐則以大量的絹、帛、絲綢等為酬庸。由此觀之，其似「僱傭性質」，更屬毋

〔註 16〕司馬光，《資治通鑑》（臺北，世界書局，民國 68 年 5 月出版）卷一九六太宗
　　　　貞觀十七年（643），頁 6189～6190。

〔註 17〕札奇斯欽，《北亞遊牧民族與中原農業民族間的和平戰爭與貿易之關係》（臺
　　　　北，正中書局，民國 66 年 7 月發行），頁 5。

〔註 18〕魏徵等，《隋書》（臺北，鼎文書局，民國 76 年 5 月出版）卷八四〈北狄突厥
　　　　傳〉，頁 1871。

〔註 19〕杜佑，《通典》（臺北，臺灣商務印書館，民國 76 年 12 月發行）卷一九七〈邊
　　　　防典北狄突厥傳〉，頁 1069。

〔註 20〕溫大雅，《大唐創業起居注》（臺北，臺灣商務印書館，民國 75 年 3 月出版）
　　　　收錄於《景印清文淵閣四庫全書》第三〇三冊，卷上，頁 961。

庸置疑。在語言文字方面，突厥亦大量採借漢語之對音，最引人注目的即是中國文房四寶中的筆（bir）、墨（mäkkä）和穀紙（qaraz）等，顯見漢文化的傳播，乃是無所不在的。又漢文教育亦曾推行於西域，由新疆吐魯番一帶出土甚多的漢籍經典、文獻等資料（如附二七～三〇），可知漢文教育確曾推行於西域各地，且成效斐然，其結果漢人頗能通解突厥語，突厥人亦能譯解漢語，他們每爲在位者延攬爲通譯之人才，可見彼此均深受文化交流的影響。在宗教信仰方面，突厥許多佛典上的梵語，大多採借自漢之譯語，從而突厥人在佛教信仰上，反受中國佛教的影響，其中佛教因果輪迴及報應等教義，早已深植於突厥人之心中，影響所及他們往往在領軍南侵時，輒先詣祠祭酹求福。〔註21〕由此可見中國之佛教，影響突厥人心之深遠。在葬俗方面，突厥原始之葬俗，係採行「俗死則焚」〔註22〕的火葬方式，其後因受漢文化的影響，改行「葬皆起墓」〔註23〕的土葬方式，尤以客居中國或因使入朝身死者，更是如此。清末，於外蒙古鄂爾渾河右岸所發現的「闕特勤碑」及「苾伽可汗碑」等，可以看出突厥在陵墓結構上，已有立碑之俗，並在享堂描繪戰陣的壁畫作風，顯係仿自中國葬俗中墓制的形式。最後在曆法方面，突厥舊無曆法，「唯以草青爲記」。〔註24〕然自沐於中國文化以後，遂採行中國之曆法，以干支或十二支獸之方式紀年，其中十二支獸名稱，係譯自漢語，顯受中國文化的影響所致。

中國與四夷往來，源遠流長，關係密切，且上下未嚴夷夏之防，尤以唐代承繼五胡亂華及南、北朝之後，經過相當程度的雜居與融合，而李唐皇室更是淵源於北朝胡化之漢人，故對於夷夏之辨，更爲薄弱，反具有「華夷一家」的觀念，進而對夷狄亦視同華夏一般，不加猜防，尤以唐太宗爲甚。他曾謂侍臣曰：「自古皆貴中華，賤夷狄，朕獨愛之如一……。」〔註25〕驗之於貞觀四年（630），唐太宗平定東突厥以後，採溫彥博「安邊之術」，〔註26〕安置突厥降眾於河南五原郡（今甘肅靈州東南）塞下，並授其酋長官爵，至

〔註21〕杜佑，前引書，卷一九八〈邊防典北狄突厥傳〉，頁1074。
〔註22〕歐陽修、宋祁，《新唐書》（臺北，鼎文書局，民國74年2月發行）卷二一五〈突厥傳〉，頁6034。
〔註23〕同上。
〔註24〕令狐德棻等，前引書，卷五十〈突厥傳〉，頁910。
〔註25〕司馬光，前引書，卷一九八太宗貞觀二十一年（647），頁6247。
〔註26〕杜佑，前引書，卷一九七〈邊防典北狄突厥傳〉，頁1070。

者皆拜將軍、中郎將等官，甚至於五品以上高官布列朝廷，達百餘人，殆與朝士相半，因而入居長安者更近萬家，可見唐太宗言行前後如一。此正說明唐室對於夷狄並無畛域之見，故於用人方面，唯才是視，華夷均能一體任用。

由於中國未嚴夷夏之防，故往往於王都所在地，「人物混淆，華戎雜錯」。〔註 27〕四夷分布於中國境內至廣，即以廣代為例，突厥入塞後，曾分布於河北、河南、河東、關內、隴右及淮南、江南、嶺南等八道。可見突厥入塞後之地理分布，不可謂不廣，且雜錯於兩京等地區，並已深入中國之核心地區，威脅中國本土的安全至鉅。

由於蕃胡分布中國之地至廣，人數至夥，故對於蕃胡之管理，亦形成一大問題。一般而言，蕃胡之掌理單位，為兵部之職方郎中、員外郎及鴻臚寺卿，負責掌理四夷之歸化及訊問其國山川、風土等，並編造地圖上奏，其皆屬涉外業務之單位，權責至重。以中古時代華夷交往之頻繁，歸化人數之眾，其業務至為繁雜可知矣！由於華夷相參，勢必產生諸多弊端，故《唐律疏議》中有種種關於諸化外人犯法或相犯之處置規定。〔註 28〕且華夷雜處的結果，勢必產生一些治安上的問題，尤其在竊盜的行為上，胡漢所著衣帽，詐偽不一，輒令管理者有難以分辨之苦。其後，更有回紇藉平定安史之亂有功，動輒殺人，所過剽掠，吏不敢禁，形成唐室對蕃胡管理上的一大困擾。其形成之遠因，恐與中國之對外政策及對蕃胡之優遇有關，以致造成外族恃寵而驕的心態，終究要付出極高的代價。

在中國歷史上，胡漢之關係誠至為複雜、微妙，處置方法上，如何拿捏得宜，適得其要，恐是一大問題。首先應瞭解胡漢間盛衰之關係及彼方盛衰之策略運用，以期知所因應，庶免備預無方。在這一問題上，後晉劉昫等史家，已有詳盡的剖析，他在《舊唐書》卷一九六〈吐蕃傳〉中曾感慨地說：

> ……戎狄之為患也久矣！自秦、漢已還，載籍大備，可得而詳也……，我衰則彼盛，我盛則彼衰，盛則侵我郊圻，衰則服我聲教。懷柔之道，備預之方，儒臣多議於和親，武將唯期於戰勝，此其大較也。〔註 29〕

〔註 27〕魏徵等，前引書，卷二九〈地理志〉，頁 817。

〔註 28〕長孫無忌等，《唐律疏議》（臺北，弘文館出版社，民國 75 年 3 月出版）卷六，頁 133、177～178。

〔註 29〕劉昫等，《舊唐書》（臺北，鼎文書局，民國 74 年 3 月出版）卷一九六〈吐蕃傳〉，頁 5266。

上述劉昫等史臣剴切之言，已陳明戎狄之本性，其備預之方已盡在其中矣！惟儒臣和武將所議「和親」及「攻戰」二途之中，勢不能偏執一方而須知所權變，始爲董理夷務之要也。

其次，因胡漢關係所衍生出來的文化問題，中國古籍上雖常見「胡」、「蕃」、「虜」、「戎」、「羯」……等含種族意識之文字，似仍有華夷之分，然其意義未必全指血統而言，乃側重於文化上之區別。換言之，胡漢之別，「凡漢化之人即目爲漢人，胡化之人即目爲胡人，其血統如何，在所不論。」〔註30〕只視其所受之教化爲漢抑爲胡而定，而已漢化之胡人亦常自視與未漢化之胡人不同，凡未漢化之胡人，始被視作「異族」。故胡漢之分，不在種族、血統，而在文化，其理至明。此種只論文化不論血統之種族觀念，上古時代即已存在，至唐尤然。《全唐文》卷七六七載〈陳黯——華心〉一文，最足以表現唐人對華夷之辨的觀點：

> ……苟以地言，則有華夷，以教言，亦有華夷乎？夫華夷者，辨在心。
> 辨心在察其趣嚮，有生出中州而行戾乎禮義，是形華而心夷也。生於夷域而行合乎禮義，是形夷而心華也。若盧綰少卿之叛亡，其夷人乎？
> 金日磾之忠赤，其華人乎？繇是觀之，皆任其趣嚮耳！〔註31〕

上述所謂「夫華夷者，辨在心」，乃是唐人種族觀念最高理想之體現。唐人對於已華化之夷人，絕未因其血統之不同而有仇視之意，但對於尚未華化之夷人，則採敵視防患之態度。

對於華夷之辨，與陳黯〈華心〉一文有異曲同工之妙，而發揮更爲淋漓盡致者厥爲程晏之〈內夷檄〉一文。《全唐文》卷八二一載其文曰：

> 四夷之民長，有重譯而至，慕中華之仁義忠信，雖身出異域，能馳心於華，吾不謂之夷矣！中國之民長，有倔強王化，忘棄仁義忠信，雖身出於華，反竄心於夷，吾不謂之華矣！……豈止華其名，謂之華；夷其名，謂之夷邪！華其名有夷其心者，夷其名有華其心者。是知棄仁義忠信於中國者，即爲中國之夷矣！不待四夷之侵我也。……四夷內嚮，樂我仁義忠信，願爲人倫齒者，豈不爲四夷之華乎？〔註32〕

〔註30〕陳寅恪，前引書，上篇〈統治階級之氏族及其升降〉，頁12～13。

〔註31〕清仁宗敕製，《全唐文》（臺北，臺灣大通書局，民國68年7月出版）卷七六七陳黯〈華心〉，頁10094。

〔註32〕清仁宗敕製，前引書，卷八二一程晏〈內夷檄〉，頁10901。

由上文可知程晏對於華夷之辨，有極深刻之體認，始有此一針見血之論，他不以一般世俗的眼光去分辨華夷，即一般人僅從外表上去分辨——「華其名，謂之華」、「夷其名，謂之夷」而已。而程晏係從另外一個角度更深入去探討它，即「雖身出異域，能馳心於華，吾不謂之夷矣！」，反之「雖身出於華，反竄心於夷，吾不謂之華矣！」誠值得發人深省的至為精闢之論。是故有華其名而夷其心者，其自身實即為四夷侵我之先導也。

　　上述先賢對「華夷之辨」的深切體認，乃是經過數千年來胡漢密切的接觸，往來和融合之後，對華夷的分野，始有更深一層的認識，而其根本分辨之處，仍在中國傳統的仁、禮、義、忠、信等方面，而此精神文化層面，尤為融合複雜民族之要道。〔註33〕在中世紀時，中北亞遊牧民族與中原國家，若能身體力行上述的理念；換言之，若能深切體認遊牧文化與漢族文化係立於對等的地位，並承認上述二元文化在中國歷史上，乃呈雙軌性的發展，且並行而不悖，則當時的軍事衝突，當可降至最低的程度。

　　《北史》卷九十四李延壽又論曰：「廣谷大川異制，人生其間異俗，嗜欲不同，言語不通⋯⋯。」〔註34〕誠哉斯言！以宇宙之至廣，世界上各民族的文化，亦呈現出多樣性和相對性，以致各民族的風俗、嗜欲、言語⋯⋯等各不相同，甚至於各民族的價值觀和道德標準也是相對的，而沒有絕對的標準，各民族的生活方式應以各該族自己的是非觀去判斷。此派學說的倡導者賀斯科維茲（Melville Herskovits），並強調文化相對觀，謂：「每個風俗傳統都有其本身特有的尊嚴」，〔註35〕而不容加以抹煞的；另一位學者布阿斯（Boas）甚至認為：「文化無所謂高低之別」，〔註36〕是有其道理的。

　　總之，中古時代突厥與中原國家之軍事衝突，當時雙方若能以上述理論作基礎，承認草原遊牧文化與定著農業文化互有差異性的存在，進而以和平的方式開邊互市、遣使通貢，當有助於降低或消弭彼此間的軍事衝突於無形，是斷然可知的。

〔註33〕陳寅恪，前引書，上篇〈統治階級之民族及其升降〉，頁11。
〔註34〕李延壽，《北史》（臺北，鼎文書局，民國74年3月出版）卷九十四，頁3138。
〔註35〕基辛（R. Keesing）著、于嘉雲譯，《當代文化人類學》（Cultural Anthropology A Contemporary Perspective）上，頁268～269。
〔註36〕鄭金德，《人類學理論發展史》（臺北，臺灣商務印書館，民國69年發行），頁85。。

附圖二三　唐代突厥墓前石人像及石人背面圖（石人像下半部刻有突厥文
　　　　　字的銘文）

摘自《雄獅美術》，第一二二期，74年出版，頁124。

附圖二四　東突厥人之塑像

摘自李家正文，《中國古代の諸民族》，
東京，木耳杜，1989 年 1 月發行，頁 71。

附圖二五　突厥各式之錢幣

摘自陳慶隆，《遊牧民族的國家》，圖文出版社，
75 年 3 月出版，頁 16。

附圖二六　突厥人製的金屬盆

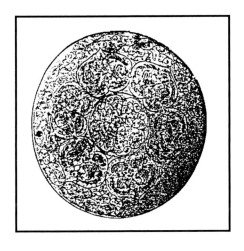

摘自陳慶隆，《遊牧民族的國家》，圖文出版社，
75 年 3 月出版，頁 17。

附圖二七　回鶻人坎曼爾自編漢文歌謠殘片

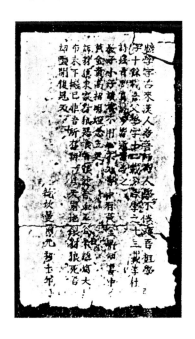

摘自《雄獅美術》，第一二二期，70 年 4 月出版，頁 126。

附圖二八　龜茲附近出土之《漢書・張良傳》殘片

摘自羽田亨，《西域文明史概論》，
東京弘文堂書房，昭和十五年六月發行，頁138。

附圖二九　《詩經》和杜甫〈兵車行〉詩殘片

摘自《雄師美術》，第一二二期，70年4月出版，頁126。

附圖三十　唐坎曼爾詩（抄自白居易〈賣炭翁〉詩殘片）

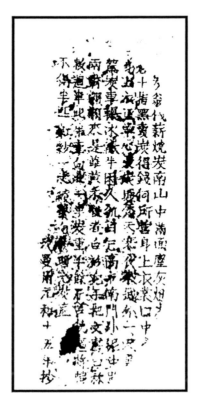

摘自《雄師美術》，第一二二期，70 年 4 月出版，頁 126。

參考書目

壹、重要文獻

1. 《論衡》，三十卷，王充，中國子學名著集成編印基金會，民國 67 年 12 月出版。

2. 《唐會要》，一百卷，王溥，臺北，世界書局，民國 71 年 12 月出版。

3. 《冊府元龜》，一千卷，景明崇禎十五年刻本，王欽若等，臺北，大化書局，民國 73 年 10 月印行。

4. 《元稹集》，六十八卷（含外集），四部刊要，元稹，臺北，漢京文化事業有限公司，民國 72 年 10 月出版。

5. 《史記》，一百三十卷，司馬遷，臺北，鼎文書局，民國 75 年 10 月出版。

6. 《資治通鑑》，二百九十四卷，司馬光，臺北，世界書局，民國 68 年 5 月出版。

7. 《周書》五十卷，令狐德棻等，臺北，鼎文書局，民國 76 年 2 月出版。

8. 《唐大詔令集》，一百三十卷，宋綬、宋敏求，臺北，鼎文書局，民國 67 年 4 月出版，712 頁。

9. 《元史》，二百十卷，宋濂等，臺北，鼎文書局，民國 75 年 3 月出版。

10. 《壽州刺史壁記》，李華，臺北，大化書局，民國 74 年 5 月發行，《文苑英華》卷八〇一，頁 1928。

11. 《北史》，一百卷，李延壽，臺北，鼎文書局，民國 74 年 3 月出版。

12. 《北齊書》，五十卷，李百藥，臺北，鼎文書局，民國 76 年 2 月出版。

13. 《太平廣記》，五百卷，李昉等，臺北，古新書局，民國 69 年 1 月出版。

14. 《太平御覽》，一千卷，南宋蜀刊本，四部叢刊三編子部，李昉等，臺北，臺灣商務印書館，民國 81 年 1 月發行。

15. 《唐六典》，三十卷，李林甫等，北平，中華書局，1992 年 1 月出版。

16. 《漢西域圖考》，七卷，李恢垣，臺北，樂天出版社，民國 63 年 5 月發行，496 頁。

17. 《通典》，二百卷，杜佑，臺北，臺灣商務印書館，民國 76 年 12 月發行。

18. 《宋書》，一百卷，沈約，臺北，鼎文書局，民國 73 年 1 月出版。

19. 《貞觀政要》，十卷，吳兢，臺北，宏業書局，民國 72 年 9 月出版。

20. 《唐賈耽記邊州入四夷道里考實》，中華史地名著叢刊之三，吳承志，臺北，文海出版社，民國 57 年 3 月出版，700 頁。

21. 《晉書》，一百三十卷，房玄齡等，臺北，鼎文書局，民國 76 年 5 月出版。

22. 《元和姓纂（上、下冊）》，林寶，臺北，台聯國風出版社，民國 64 年 11 月發行，1126 頁。

23. 《唐律疏義》，三十卷，長孫無忌等，臺北，弘文館出版社，民國 75 年 3 月出版。

24. 《後漢書》，九十卷，范曄，臺北，鼎文書局，民國 76 年 1 月出版。

25. 《雙溪醉隱集》，六卷，景印文淵閣四庫全書第一一九九冊，耶律鑄，臺北，臺灣商務印書館，民國 75 年 3 月發行。

26. 《梁書》，五十六卷，姚思廉，臺北，鼎文書局，民國 75 年 10 月出版。

27. 《柳河東集》，四十五卷，柳宗元，臺北，世界書局，民國 64 年 5 月發行。

28. 《神策軍紀聖德碑》，柳公權，東京，株式會社二玄社，1974 年 4 月發行。

29. 《唐音癸籤》，三三卷，胡震亨，臺北，臺灣商務印書館，民國 74 年 11 月出版。

30. 《酉陽雜俎》，前集二十卷，段成式，臺北，漢京文化事業有限公司，民國 72 年 10 月出版。

31. 《漢書》，一百卷，班固，臺北，鼎文書局，民國 75 年 10 月出版。

32. 《鹽鐵論》，十卷，四部叢刊初編子部，第十九冊，桓寬，臺北，臺灣商務印書館，民國 55 年 10 月發行。

31. 《唐兩京城坊考》，五卷，徐松，臺北，世界書局，民國 73 年 2 月出版。

32. 《魏略》，二十五卷，收錄於《三國志》附編，魚豢，臺北，鼎文書局，民國 75 年 6 月出版。

33. 《曲江張先生文集》，二十卷，四部叢刊初編集部，第三十五冊，張說，臺北，臺灣商務印書館，民國 64 年 6 月發行。

34. 《宋史》，四九六卷，脫脫等，鼎文書局，民國 72 年 11 月出版。

35. 《陳伯玉文集》十卷，四部叢刊初編集部，第三十五冊，陳子昂，臺北，臺灣商務印書館，民國 60 年 6 月發行。

36. 《東城老父傳》，收錄於《唐人傳奇小說》，陳鴻祖，臺北，智揚出版社，民國 81 年出版。

37. 《全唐文》，一千卷，清仁宗敕製，臺北，臺灣大通書局，民國 68 年 7 月出版。

38. 《全唐詩》，九百卷，清聖祖御定，臺北，明倫出版社，民國 60 年 10 月出版。

39. 《教坊記》，崔令欽，臺北，宏業書局，民國 62 年元月出版，288 頁。

40. 《十六國春秋》，據漢魏叢書本校刊，崔鴻，臺北，臺灣中華書局，民國 55 年 3 月發行。

41. 《大唐西域求法高僧傳》，義淨，北平，中華書局，1988 年 9 月出版，302 頁。

42. 《大唐創業起居注》，三卷，溫大雅，臺北，臺灣商務印書館，收錄於景印清文淵閣四庫全書第三○三冊，民國 75 年 3 月發行。

43. 《洛陽伽藍記》，五卷，楊衒之，臺北，正文書局，民國 71 年 9 月發行。

44. 《大唐內典錄》，十卷，大正新修《大藏經》第五五冊，道宣，臺北，新文豐出版公司，民國 74 年 1 月發行。

45. 《水經注疏》，四十卷，無名氏撰、酈道元注、楊守敬、熊會貞疏，江蘇古籍出版社，1989 年 6 月發行。

46. 《蒙兀兒史記》，一百六十卷，屠寄，臺北，世界書局，民國 51 年 10 月出版。

47. 《武經總要前集》，二十卷，收錄於景印清文淵閣四庫全書，曾公亮、丁度等，第七二六冊，臺北，臺灣商務印書館，民國 75 年 3 月發行。

48. 《北堂書鈔》，一百六十卷，虞世南，臺北，宏業書局，民國 63 年 10 月出版。

49. 《吳越春秋》，十卷，四部叢刊初編史部，趙曄，臺北，臺灣商務印書館，民國 64 年 6 月發行。

50. 《陔餘叢考》，四十三卷，趙翼，臺北，世界書局，民國 67 年 4 月出版。

51. 《舊唐書》，二百卷，劉昫等，臺北，鼎文書局，民國 74 年 3 月出版。

52. 《大唐新語》，十三卷，劉肅，臺北，臺灣商務印書館，民國 54 年 12 月發行。

53. 《藝文類聚》，一百卷，歐陽詢等，臺北，文光出版社，民國 63 年 8 月出版。

54. 《新唐書》，二二五卷，歐陽修、宋祁，臺北，鼎文書局，民國 74 年 2 月出版。

55. 《大唐大慈恩寺三藏法師傳》十卷，大正新修《大藏經》第五十冊，慧立

本、彥悰箋，臺北，新文豐出版公司，民國 74 年 1 月出版。

56. 《往五天竺國傳》，全一卷，大正新修《大藏經》第五十一冊，慧超，臺北，新文豐出版公司，民國 74 年 1 月出版。

57. 《太平寰宇記》，二百卷，樂史，臺北，文海出版社，民國 69 年 5 月出版。

58. 《隋書》，八十五卷，魏徵等，臺北，鼎文書局，民國 76 年 5 月出版。

59. 《魏書》，一百一十四卷，魏收，臺北，鼎文書局，民國 76 年 5 月出版。

60. 《南齊書》，五十九卷，蕭子顯，臺北，鼎文書局，民國 76 年 1 月出版。

61. 《韓昌黎文集》，八卷，韓愈，臺北，世界書局，民國 71 年 3 月出版。

62. 《顏氏家訓》，七卷，顏之推，臺北，明文書局，民國 73 年 1 月出版。

63. 《顏魯公文集》，十五卷，四部叢刊初編集部，顏真卿，臺北，臺灣商務印書館，民國 64 年 6 月發行。

64. 《入唐求法巡禮行記》，四卷，釋圓仁，臺北，文海出版社，民國 65 年 10 月出版。

貳、一般論者

一、中 文

（一）專 書

1. 《蓬萊軒地理學叢書》，全四冊，丁謙，臺北，正中書局，民國 51 年 9 月出版。

2. 《觀堂集林》（上、下冊），二十二卷，王國維，臺北，世界書局，民國 72 年 5 月出版。

3. 《聖武親征錄校注》，全一卷，《王觀堂先生全集》第十二冊，王國維，臺北，文華出版公司，民國 57 年 3 月出版。

4. 《碑版廣例》，行素草堂金石叢書，卷八，王芑孫，頁 38。

5. 《唐代蕃鎮與中央關係之研究》，王壽南，臺北，大化書局，民國 67 年 9 月發行，1019 頁。

6. 《隋唐史》，王壽南，臺北，三民書局，民國 75 年 12 月出版，881 頁。

7. 《中國歷史地理》（上冊），王恢，臺北，臺灣學生書局，民國 65 年 4 月出版。

8. 《中西交通史》，全五冊，方豪，臺北，中華文化出版事業社，民國 57 年 7 月出版。

9. 《韃靼千年史》（中譯本），巴克爾著、黃淵靜譯，臺北，臺灣商務印書館，民國 65 年 9 月發行，282 頁。

10. 《中國中古政治史論》，毛漢光，臺北，聯經出版事業公司，民國 79 年 1

月出版，509 頁。

11. 《中國中古社會史論》，毛漢光，臺北，聯經出版事業公司，民國 77 年 2 月出版，502 頁。

12. 《北亞遊牧民族與中原農業民族間的和平戰爭與貿易之關係》，札奇斯欽，臺北，正中書局，民國 66 年 7 月發行，584 頁。

13. 《唐代對西域之經營》，包慧卿，臺北，文史哲出版社，民國 76 年 8 月出版，136 頁。

14. 《中國歷史地理》，石璋如等，臺北，中國文化大學出版部，民國 72 年 6 月出版。

15. 《唐代的行政地理》，平岡武夫、市原亨吉，上海古籍出版社，1989 年 11 月出版，382 頁。

16. 《唐代長安與西域文明》，向達，臺北，明文書局，民國 71 年 10 月出版。

17. 《多桑蒙古史》（中譯本），萬有文庫薈要第一一七○冊，多桑著，馮承鈞譯，臺北，臺灣商務印書館，民國 54 年 8 月發行，188 頁。

18. 《西突厥史料》（中譯本），沙畹著、馮承鈞譯，臺北，臺灣商務印書館，民國 53 年 4 月發行，373 頁。

19. 《中國民族及其文化論稿》（上、中、下），芮逸夫，國立臺灣大學人類學系，民國 78 年 3 月出版。

20. 《突厥集史》（全二冊），岑仲勉，北平，中華書局，1958 年 10 月出版，1136 頁。

21. 《隋唐史》，岑仲勉，未著出版年、月，681 頁。

22. 《侯家莊（第二本）一○○一號大墓（上冊）——中國考古報告集之三》李濟，臺北，中央研究院歷史語言研究所，民國 51 年 10 月出版。

23. 《李符桐論著全集》（全五冊），李符桐，臺北，臺灣學生書局，民國 81 年 4 月出版。

24. 《中國古代社會史》，李宗侗，臺北，華岡出版有限公司，民國 66 年 9 月出版，278 頁。

25. 《中國北方民族貨幣史》，李俠、曉峰，黑龍江人民出版社，1989 年 8 月發行，252 頁。

26. 《唐史新論》，李樹桐，臺北，臺灣中華書局，民國 61 年 4 月發行，311 頁。

27. 《唐史考辨》，李樹桐，臺北，臺灣中華書局，民國 61 年 11 月發行，335 頁。

28. 《唐史索隱》，李樹桐，臺北，臺灣商務印書館，民國 77 年 2 月發行，262 頁。

29. 《中西文化交流史》，沈福偉，臺北，東華書局，民國 78 年 12 月出版，470 頁。

30. 《戰爭論》，克勞塞維茨（Karl Von Clausewitz）著、鈕先鍾譯，臺北，軍事譯粹社，民國 69 年出版。

31. 《古突突厥魯尼文碑銘——中亞細亞史原始文獻》，（蘇）C.P.克利亞什托爾內著、李佩娟譯，黑龍江教育出版社，1991 年 8 月出版，355 頁。

32. 《中國民族史》（上、下冊），林惠祥，臺北，臺灣商務印書館，民國 72 年 11 月發行。

33. 《民俗學》，林惠祥，臺北，臺灣商務印書館，民國 57 年 2 月發行，91 頁。

34. 《突厥研究》，林恩顯，臺北，臺灣商務印書館，民國 77 年 4 月發行。359 頁。

35. 《中國邊疆研究理論與方法》，林恩顯，臺北，渤海堂文化事業有限公司，民國 81 年 8 月發行，930 頁。

36. 《周禮今註今譯》，林尹註釋，臺北，臺灣商務印書館，民國 76 年 9 月發行，489 頁。

37. 《突厥與中原朝庭和戰之研究——和戰因素之探討》，林靜玉，國立政治大學邊政研究所碩士論文，民國 68 年 11 月出版，154 頁。

38. 《隋至盛唐定都關中的因應策略及其影響——歷史地理的區域研究》，易毅成，國立臺灣大學地理學研究所碩士論文，民國 77 年 6 月出版，183 頁。

39. 《中國北方民族關係史》，孟廣耀，中國社會科學出版社，1987 年 7 月出版，頁 155～209。

40. 《古代絲綢之路的音樂》，岸邊成雄著、王耀華譯，北平，人民音樂出版社，1988 年 5 月出版，158 頁。

41. 《唐代音樂史的研究》（上、下冊），岸邊成雄著、梁在平、黃志炯譯，臺北，臺灣中華書局，民國 62 年 10 月發行。

42. 《中華五千年文物集刊簡牘篇三》，吳昌廉，臺北，國立故宮博物院中華五千年文物集刊編輯委員，民國 75 年 6 月出版，182 頁。

43. 《古代北西中國》，姚大中，臺北，三民書局，民國 70 年 5 月出版，353 頁。

44. 《唐代夷狄邊患史略》，侯林伯，臺北，臺灣商務印書館，民國 61 年 3 月發行，390 頁。

45. 《西突厥在中西交通史上之貢獻——文化交流之探討》，侯守潔，國立政治大學邊政研究所碩士論文，民國 69 年 12 月出版，205 頁。

46. 《丁零、突厥、回紇——其起源、其興衰、其西遷及其文化史意義》，胡

秋原，臺北，世界文化出版社，不著出版年、月，31 頁。

47. 《丁零、高車與鐵勒》，段連勤，上海人民出版社，1988 年 6 月出版，566 頁。

48. 《北狄與中山國》，段連勤，河北人民出版社，1982 年出版，67～69 頁。

49. 《北朝胡姓考》，姚薇元，臺北，華世出版社，民國 66 年 6 月出版，435 頁。

50. 《唐代戰爭詩研究》，洪讚，臺北，文史哲出版社，民國 76 年 10 月出版，430 頁。

51. 《突厥人和突厥汗國》，馬長壽，上海人民出版社，1957 年 5 月出版，106 頁。

52. 《人口論》，馬爾薩斯（Thomas Robert Malthus），臺北，三民書局，民國 55 年 3 月發行，185 頁。

53. 《敦煌突厥回鶻文書導論》，耿世民，臺北，新文豐出版股份有限公司，民國 83 年 7 月發行，148 頁。

54. 《中西交通史料彙編》（一～六冊），張星烺，臺北，世界書局，民國 72 年 5 月。

55. 《邊疆民族在中國歷史上的重要性》，收錄於《邊疆史研究集──宋金時期》，陶晉生，臺北，臺灣商務印書館，民國 75 年 11 月發行。

56. 《邊塞研究》，黃麟書，香港，造陽文學社，民國 68 年 12 月出版，364 頁。

57. 《邊塞研究續集》，黃麟書，臺北，東明文化基金會，民國 75 年 6 月出版，258 頁。

58. 《唐代蕃將研究》，章群，臺北，聯經出版事業公司，民國 75 年 3 月出版，710 頁。

59. 《唐代蕃將研究》（續編），臺北，聯經出版事業公司，民國 79 年 9 月出版，283 頁。

60. 《唐代政治史述論稿》，陳寅恪，臺北，樂天出版社，民國 61 年 3 月出版，116 頁。

61. 《陳寅恪讀書札記》，舊唐書新唐書之部，陳寅恪，上海古籍出版社，1989 年 4 月出版，170 頁。

62. 《中國天文學史》，陳遵嬀，臺北，明文書局，民國 73 年 2 月出版，252 頁。

63. 《遊牧民族的國家》，第八冊，陳慶隆，臺北，圖文出版社，民國 75 年 3 月出版。

64. 《西域南海史地考證譯叢》（甲、乙、丙、丁、戊集），馮承鈞（編譯），

臺北，臺灣商務印書館，民國 61 年 8 月發行。

65. 《唐代華化蕃胡考》，馮承均，臺北，新文豐出版公司，民國 68 年 5 月出版，頁 127〜171。

66. 《唐代前期的邊防》，康樂，國立臺灣大學文學院，民國 68 年 6 月出版，224 頁。

67. 《粟特的研究》，掛田良雄，國立臺灣師範大學歷史研究所博士論文，民國 77 年 1 月出版，352 頁。

68. 《中國經營西域史》，近代中國史料叢刊續編第五一三冊，曾問吾，臺北，文海出版社，民國 71 年 7 月出版，238 頁。

69. 《漢唐史論集》，傅樂成，臺北，聯經出版事業公司，民國 70 年 6 月出版，頁 275〜303。

70. 《漢唐烽燧制度研究》，程喜霖，臺北，聯經出版事業公司，民國 80 年 10 月出版。

71. 《回紇與維吾爾》，畢長樸，臺北，新文豐出版股份有限公司，民國 75 年 1 月出版，117 頁。

72. 《亞洲腹地旅行記》，斯文赫定著、李述禮譯，臺北，臺灣開明書店，民國 65 年 3 月發行，604 頁。

73. 《斯坦因西域考古記》，斯坦因（Sir Aurel Stein）著、向達譯，臺北，臺灣中華書局，民國 77 年 5 月發行，300 頁。

74. 《阿拉伯、波斯、突厥人東方文獻輯注》（上、下），中外關係史名著譯叢，（法）費瑯編、耿昇、穆根來譯，北平，中華書局，1989 年 2 月出版。

75. 《中國西北少數民族史》，楊建新，寧夏人民出版社，1988 年 12 月出版，580 頁。

76. 《說文解字詁林正補合編》（十二冊），楊家駱主編，臺北，鼎文書局，民國 83 年 3 月出版。

77. 《突厥汗國政治組織之社會基礎研究》，裘友任，國立政治大學邊研究所碩士論文，民國 71 年 6 月出版，219 頁。

78. 《中西文化交通小史》，劉伯驥，臺北，正中書局，民國 76 年 9 月印行，206 頁。

79. 《隋唐交通》，劉希為，臺北，新文豐出版股份有限公司，民國 81 年 3 月發行。

80. 《中國邊疆民族史》（上、下冊），劉義棠，臺北，臺灣中華書局，民國 71 年 5 月發行。

81. 《突回研究》，劉義棠，臺北，經世書局，民國 79 年 1 月印行，870 頁。

82. 《兩唐書回紇傳》，回鶻傳疏證，劉美崧，北平，中央民族學院出版社，

1988 年 12 月發行，216 頁。

83. 《唐代宮廷舞蹈之研究》，劉慧芬，中國文化大學藝術研究所碩士論文，民國 75 年 12 月出版，291 頁。

84. 《北魏與蠕蠕關係研究》，潘國鍵，臺北，臺灣商務印書館，民國 77 年 3 月發行，281 頁。

85. 《人類學理論發展史》，鄭金德，臺北，臺灣商務印書館，民國 69 年 3 月發行，240 頁。

86. 《國史大綱》（上、下冊），錢穆，臺北，臺灣商務印書館，民國 67 年 11 月發行。

87. 《建國以來新疆考古的主要收穫》，穆舜英、王明哲、王炳華，新疆人民出版社，1983 年 6 月出版。

88. 《隋唐五代史》，藍文徵，臺北，臺灣商務印書館，民國 61 年 12 月發行。

89. 《唐代留華外國人生活考述》，謝海平，臺北，臺灣商務印書館，民國 67 年 12 月發行，489 頁。

90. 《唐代詩人與在華外國人之文字交》，謝海平，臺北，文史哲出版社，民國 70 年 6 月出版，185 頁。

91. 《唐代文化史》，羅香林，臺北，臺灣商務印書館，民國 57 年 3 月發行，255 頁。

92. 《西北古地研究》，藤田豐八等著、楊鍊譯，臺北，臺灣商務印書館，民國 63 年 10 月發行，160 頁。

93. 《西域研究》，藤田豐八等著、楊鍊譯，臺北，臺灣商務印書館，民國 74 年 2 月發行 185 頁。

94. 《唐史研究叢稿》，嚴耕望，香港，新亞研究所，民國 58 年 10 月出版，頁 663。

95. 《唐代交通圖考》（五），嚴耕望，臺北，中央研究院歷史語言研究所，民國 75 年 5 月出版。

（二）論　文

1. 〈北魏建國時期與塞外民族之關係 —— 北魏平城時代與塞外民族關係之一〉，王吉林，史學彙刊，第九期，民國 67 年 10 月出版，頁 47～59。

2. 〈統一期間北魏與塞外民族之關係 —— 北魏平城時代與塞外民族關係之二〉，王吉林，史學彙刊，第十期，民國 69 年 6 月出版，頁 65～86。

3. 〈唐太宗對外經略及其困境〉，王吉林，史學彙第十六期，臺北，中國文化大學出版部，民 79 年 7 月發行，頁 17～41。

4. 〈柔然與北魏關係之探討〉，王吉林，國際中國邊疆學術會議論文集，臺北，國立政治大學，民國 74 年 4 月出版，頁 325～344。

5. 〈唐代公主之婚姻〉，王壽南，收錄於第一屆歷史與中國社會變遷（中國社會史）研討會（上冊），臺北，中央研究院三民主義研究所，民國 71 年 6 月出版，頁 151～191。

6. 《突厥文化回紇英武威遠毗伽可汗碑譯釋》，王靜如，北平，中華書局，1987 年 7 月出版，頁 669～705。

7. 〈唐代西州高昌城周圍的水利灌溉〉，王仲犖，《文物集刊》第二期，文物出版社，1980 年 9 月出版，頁 204～207。

8. 〈北魏東魏北齊之核心集團與核心區〉，毛漢光，收錄於《中國中古政治史論》，第二篇，臺北，聯經出版事業公司，民國 79 年 1 月出版。

9. 〈從北亞史觀點看拓跋與柔然對立時代的歷史關係〉，札奇斯欽，國立政治大學邊政研究所年報，第七期，民國 65 年 7 月出版，頁 1～24。

10. 〈唐代士族婚姻中的夷夏之辨〉，任育才，幼獅月刊，第四十七卷第五期，民國 67 年 5 月出版，頁 51～56。

11. 〈唐朝對塞外系內徙民族之基本態度〉，伊瀨仙太郎著、邱添生譯，大陸雜誌，第三十六卷第十一期，民國 57 年 6 月出版，頁 29～33。

12. 〈柔然與西域關係述考〉，余泰山，新疆社會科學，第四期，1985 年出版，頁 67～80。

13. 〈外族附塞後之胡漢順應關係〉，車傳鼎，文史學報，第二十期，國立中興大學文學院，民 79 年 3 月發行，頁 97～118。

14. 〈突厥的族屬、發祥地及社會分期〉，吳景山，蘭州，西北民族研究（半年刊），1989 年 6 月出版，頁 106～116。

15. 〈論唐高祖成功及失敗的關鍵〉，李樹桐，第一屆國際唐代學術會議論文，中華民國唐代研究學者聯誼會，民國 78 年 2 月出版，頁 461～477。

16. 〈唐代四裔賓服的文化因素〉，李樹桐，幼獅月刊第四十七卷第五期，臺北，幼獅月刊社，民國 67 年 5 月 1 日出版，頁 41～44。

17. 〈母系社會——永寧土司調查記之一〉，李霖燦，臺北，大陸雜誌，民 39 年 8 月 31 日出版，第一卷第四期，頁 16～18。

18. 〈狄名探原〉，岑仲勉，北平，中華書局，1958 年 10 月出版，頁 1042～1044。

19. 〈從政治地理看胡人南下牧馬〉，沙學浚，收錄於《地理學論文集》，臺北，臺灣商務印書館，民國 61 年 12 月發行。

20. 〈征服王朝〉（上），村上正二著、鄭欽仁譯，食貨月刊復刊第十卷第八期，民國 69 年 11 月出版。

21. 〈東漢至西晉初期（250～280）中國境內遊牧民族的活動〉，金發根，食貨月刊，第九、十期，民國 73 年 1 月出版，頁 8～19。

22. 〈唐朝起用外族人士的研究〉，邱添生，臺北，大陸雜誌，民國 58 年 2 月

出版，第三十八卷第四期，頁 126～138。

23. 〈唐代文化與外來文化〉，邱添生，師大學報，第十六期，國立臺灣師範大學，民國 60 年 6 月發行，頁 235～268。

24. 〈南朝境內之各種人及政府對待之政策〉，周一良，中央研究院歷史語言研究所集刊，第七本第四分，民 27 年發行。

25. 〈北朝的民族問題與民族政策〉，周一良，第三十九期，燕京大學哈佛學社，1950 年 12 月印行，頁 62～130。

26. 〈論宇文周之種族〉，周一良，中央研究院歷史語言研究所集刊，第七本第四分，民國 60 年 1 月再版發行，頁 505～517。

27. 〈論中國造紙術之原始後記〉，周法高，國立中央研究院歷史語言研究所集刊第十九本，上海商務印書館，民 37 年 10 月發行，頁 499～500。

28. 《突厥社會制度初探》，林幹，北平，中華書局，1987 年 7 月出版，頁 213～233。

29. 〈略論古代北方遊牧民族奴隸制的特點──兼論後突厥和西突厥社會的性質〉，林幹，西北史地，第四期，蘭州大學，1985 年出版，頁 1～8。

30. 〈絲綢之路與東西文化交流〉，長澤和俊著、張英利譯，西北史地，第三期，1984 年，頁 118～126。

31. 〈鐵勒與突厥的關係及鐵勒是否可以被稱作民族的問題〉，段連勤，新疆社會科學（雙月刊），第二期，1986 年 4 月出版，頁 96～101。

32. 〈試論突厥汗國封建社會的形成──兼與馬長壽先生商榷〉，侯尚智，北平，中華書局，1987 年 7 月出版。

33. 〈唐代教育的特色〉，高明士，幼獅月刊，第四十七卷第五期，民國 67 年 5 月出版，頁 63～67。

34. 《古代突厥文碑銘述略》，耿世民，北平，中華書局，1987 年 7 月出版，頁 566～581。

35. 〈從圖騰跡象看中國邊疆民族的類緣〉，桑秀雲，慶祝李濟先生七十歲論文集，中央研究院，民國 54 年出版，頁 371～386。

36. 〈土耳其所藏唐代大鏡考〉，莊申，大陸雜誌，第十八卷第四期，民國 48 年 3 月發行，頁 12～16。

37. 〈中央亞細亞對於唐代藝術之影響〉（上、下），Osvald Siren 著、莊申譯，大陸雜誌，第十六卷第十、十一期，民國 47 年 5 月（6 月）出版。

38. 〈古代新疆商業的發展及商人的活動〉，殷晴，西北民族研究（半年刊），第二期，1989 年出版，頁 138～153。

39. 〈晉代北境各族『變亂』的性質及五胡政權在中國的統治〉，唐長孺，魏晉南北朝史論叢，不著出版社及年、月，頁 127～192。

40. 〈拓跋國家的建立及其封建化〉，唐長孺，魏晉南北朝史論叢，不著出版社及年、月，頁 193～249。

41. 〈魏晉雜胡考〉，唐長孺，魏晉南北朝史論叢，不著出版社及年、月，頁 383～450。

42. 〈拓跋族的漢化過程〉，唐長孺，魏晉南北朝史論叢續編，臺北，帛書出版社，民國 74 年 7 月出版，頁 148～200。

43. 〈南北朝期間西域與南朝的陸道交通〉，唐長孺，魏晉南北史論拾遺，不著出版社及年、月，頁 172～200。

44. 〈論唐代之蕃將與府兵〉，陳寅恪，收錄於〈陳寅恪先生全集〉（上冊），臺北，九思出版有限公司，民國 66 年 12 月發行，頁 665～677。

45. 〈論唐高祖稱臣於突厥事〉，陳寅恪，前引書，頁 607～618。

46. 〈歷史上的突厥名稱〉陳慶隆譯註、Ibrahim kafesoglu 原著，大陸雜誌，第三十九卷第九期，民國 58 年 11 月發行，頁 12。

47. 〈堅昆、點戛斯與布魯特考〉，陳慶隆，大陸雜誌，第五十一卷第五期，民國 64 年 11 月出版，頁 1～11。

48. 〈內亞遊牧民族的船舟〉，陳慶隆，大陸雜誌，第八十五卷第一期，民國 81 年 7 月 15 日出版，頁 1～7。

49. 〈從借字看突厥、回紇的漢化〉，陳慶隆，中央研究院歷史語言研究所集刊，第四七本第三分，民國 65 年 9 月發行，頁 433～465。

50. 〈突厥族的農耕〉，陳慶隆，中央研究院國際漢學會議論文集，中央研究院，民國 70 年 10 月出版，頁 795～816。

51. 〈突厥族族的兵器〉，陳慶隆，大陸雜誌，第六十八卷第五期，民國 73 年 5 月發行，頁 1～10。

52. 〈唐乾陵石人像及其銜名的研究〉，陳國燦，《文物集刊》第二期，北平，文物出版社，1980 年 9 月出版，頁 189～203。

53. 〈前突厥汗國實施『四部分國制』之探討〉，陳欽育，中國歷史學會史學集刊，第二十六期，民國 83 年 9 月出版，頁 71～84。

54. 〈唐代降胡安置考——兼論若干羈縻州沿革〉，章群，新亞學報，第一卷第一期，香港，新亞書院圖書館，1955 年 8 月發行，頁 249～329。

55. 〈唐代蕃將與其部落的關係〉，章群，漢學研究，第七卷第二期，國立中央圖書館漢學研究中心，民國 78 年 12 月出版，頁 75～82。

56. 〈關於唐代乾陵石人像問題〉，章群，第一屆國際唐代學術會議論文集，臺灣學生書局，民國 78 年 2 月發行，頁 748～775。

57. 〈唐代之馬匹貿易——兼論唐予回紇馬價絹的性質〉，章群，收錄於《晚唐的社會與文化》，臺灣學生書局，民國 79 年印行，頁 329～353。

58. 〈略論李唐起兵與突厥關係〉，黃約瑟，食貨月刊復刊，第十六卷第十一、十二期，民國 77 年 3 月出版，頁 14～25。

59. 〈新疆考古的發現——伊犁的調查〉，黃文弼，考古，1960 年出版，第二期。

60. 《遊牧的封建社會》，張之毅，北平，中華書局，1987 年 7 月出版，頁 124～131。

61. 〈中國古代史的世界舞台〉，張光直，臺北，歷史月刊雜誌社，民國 77 年 11 月發行，頁 24～29。

62. 〈論中國造紙術之原始〉，勞榦，國立中央研究院歷史研究所集刊第十九本，上海商務印書館，民 37 年 10 月發行，頁 489～498。

63. 〈唐代胡商與珠寶〉，葉德祿，輔仁學誌，第十五卷一、二合期，民 36 年 12 月出版，頁 93～118。

64. 〈漢匈戰爭與自然環境的關係〉，傅樂治，簡牘學報，第五期，民國 66 年 1 月出版，頁 367～381。

65. 〈六胡州初探〉，鈕仲勛，西北史地，第四期，蘭州大學，1984 年出版，頁 69～72。

66. 〈漢譯『突厥』名稱之起源〉，伯希和（M. Paul Pelliot）、馮承鈞譯，收錄於《西域南海史地考証譯叢乙集》，臺北，臺灣商務印書館，民國 61 年 8 月發行，頁 58～59。

67. 〈蒙古古突厥碑文（闕特勤碑、苾伽可汗碑及暾欲谷碑）與術語及專名詞表〉，湯姆森（V. Thomsen）著及導言、韓儒林譯，《突厥與回紇歷史論文選集（上）——林幹編》，北平，中華書局，1987 年 7 月出版，594 頁。

68. 〈西突厥的形成、屬部及其它有關問題〉，楊建新，西北史地，第四期，蘭州大學，1984 年出版，頁 17～23。

69. 〈從戰略發展看唐朝節度體制的創建〉，雷家驥，簡牘學報，第八期，民國 68 年 11 月出版，頁 215～259。

70. 〈論唐與東突厥陰山會戰〉，雷家驥，歷史月刊，第十期，民國 77 年 11 月出版，頁 140～150。

71. 〈十二生肖靈徵與姓氏的關係〉，趙振績，第三屆亞洲族譜學術研討會，臺北，聯經出版事業公司，民國 76 年 9 月發行，頁 141～148。

72. 〈從全唐詩看唐代外來文化之盛行〉，蔣武雄，中國邊政季刊，第八十五期，民國 73 年 3 月出版，頁 3～13。

73. 〈北亞遊牧民族南侵各種原因的檢討〉，蕭啓慶，食貨月刊復刊第一卷第十二期，民國 61 年 3 月 15 日出版，頁 1～11。

74. 《突厥法初探》，蔡鴻生，北平，中華書局，1987 年 7 月出版，頁 277～306。

75. 〈出土文物所見中國十二支獸的形態變遷〉，謝明良，故宮學術季刊第三卷第三期，臺北，國立故宮博物院，民國 75 年春季出版，頁 59～105。

76. 〈突厥始祖傳說發微 —— 論阿史那氏到突厥族的歷史演變〉，薛宗正，新疆社會科學，第一期，1987 年出版，頁 71～87。

77. 〈西突厥開國史考辨 —— 兼評沙畹說和王環說〉，薛宗正，新疆社會科學（雙月刊），1985 年 8 月出版，頁 81～98。

78. 〈西突厥開國史續辨 —— 兼與吳已貴同志切磋論難〉，薛宗正，蘭州，西北民族學院西北民族研究所，1989 年 6 月出版，總第四期，頁 205～227。

79. 〈東突厥汗國的政治結構〉，薛宗正，新疆社會科學編輯部，1986 年 4 月出版，新疆社會科學（雙月刊），總第二一期。

80. 〈突厥族名、族源傳說和初期史實考〉，錢伯泉，西北民族文叢，1984 年出版，第二期。

81. 《突厥官號研究》，韓儒林，北平，中華書局，1987 年 7 月出版，頁 234～255。

82. 〈佛藏所見之稽胡地理分佈區〉，嚴耕望，大陸雜誌，第七十二卷第四期，民國 75 年 4 月出版，頁 3～5。

83. 〈絲綢之路 —— 中國境內的途程〉，嚴耕望，歷史月刊雜誌社（第十期），臺北，民國 77 年 11 月出版，頁 30～37。

84. 〈唐代北疆直接領轄之境界〉，嚴耕望，第一屆國際唐代學術會議論文集，中華民國唐代研究學者聯誼會，民國 78 年 2 月出版，頁 7～24。

二、日　文

（一）專　書

1. 《北アジア史研究 —— 鮮卑、柔然、突厥篇》，內田吟風，京都，同朋社，1970 年出版。

2. 《西突厥史の研究》，內藤おどヮ，東京，早稻田大學出版部，1988 年 2 月出版，456 頁。

3. 《白鳥庫吉全集》（第一～十卷），白鳥庫吉，東京，岩波書店，昭和 44～46 年 11 月發行。

4. 《唐代詔敕目錄》，石川重雄等，東洋文庫唐代史研究委員會編集，東京，東洋文庫，昭和 56 年 3 月發行，615 頁。

5. 《隋唐史研究 —— 唐朝政權の形成》，布目潮渢，東洋史研究叢刊之二十，京都，同朋社，昭和 54 年 12 月發行，500 頁。

6. 《アジア史お考える —— アジア史を構成する四フの歷史世界 —— 中央公論社》，田村實造，1990 年 1 月 10 日發行，497 頁。

7. 《西域文明史概論》，羽田亨，東京，弘文堂書房，昭和 15 年 6 月 10 日

發行，200 頁。

8. 《西域文化史》，羽田亨，東京，座右寶刊行會，昭和 23 年 6 月 10 日發行，179 頁。

9. 《騎馬民族國家》（中譯本），江上波夫著、張承志譯，北平，光明日報出版社，1988 年 2 月出版，224 頁。

10. 《中國西域經營史研究》，伊瀨仙太郎，東京，巖南堂書店，昭和 30 年 11 月 28 日第一刷發行，563 頁。

11. 《古代東アジアの裝飾墓》，町田章，京都，同朋舍，昭和 62 年 2 月出版，298 頁。

12. 《中國古代の諸民族》，李家正文，東京，木耳社，1989 年 1 月出版，227 頁。

13. 《東西交涉の考古學》，周崎敬，東京，平凡社，1973 年 12 月發行，446 頁。

14. 《東西の交流》，岩崎吉一等，財團法人日本萬國博覽會協會，1970 年 3 月發行，83 頁。

15. 《東西文化交流の諸相》，前信次，東京，東西文化交流の諸相刊行會，昭和 46 年 3 月發行，1224 頁。

16. 《隋唐時代西域人華化考》桑原隲藏著、何健民譯，臺北，新文豐出版股份有限公司，民國 68 年 5 月發行，126 頁。

17. 《東洋に於ける素朴主義の民族と文明主義の社會》，宮崎市定，東京，富山房，昭和 15 年 4 月 10 日發行，197 頁。（另收於（一）宮崎市定アジア史論考上卷，朝日新聞社，昭和 51 年 1 月 31 日第一刷發行：（二）宮崎市定全集 2 東洋史，岩波書店，1992 年 3 月 9 日發行）

18. 《古代北方系文物の研究（復刻版）》，梅原末治，東京，新時代社，1971 年 5 月發行，298 頁。

19. 《東西交涉史の研究》（西域篇），藤田豐八，東京，荻原星文館，昭和 18 年 6 月發行，365 頁。

20. 《內陸アジア世界の展開 I（總說）》，護雅夫，世界歷史 9 中世 3（岩波講坐），東京，岩波書店，1982 年 5 月發行，頁 1～17。

（二）論　文

1. 〈匈奴の『二十四長』〉，山田信夫，東方學論集（小野勝年博士頌壽紀念），京都，龍谷大學東洋史學研究會，1982 年 12 月發行，574 頁。

2. 《突厥に關する 2 章——覺書，北アジア遊牧民族史研究》，山田信夫，東京大學出版會，1989 年 7 月發行，頁 87～93。

3. 〈中國史籍中所記載的突厥——蒙古遊牧民族的社會集團〉，山田信夫，

第六屆阿爾泰學會議論文，民國 72 年，台北市政府出版。

4. 〈突厥碑文譯注〉，小野川秀美，漢蒙史論叢第四，京都，同朋舍，1933 年發行。

5. 〈騎馬民族說とタテ社會論〉，中根千枝，江上波夫教授古稀記念論集〈民族、文化篇〉，東京，山川出版社，昭和 52 年 4 月發行，頁 1～12。

6. 〈西突厥の一君主 Tourxanthos について〉，內藤みどり，東方學第二十四輯，東京，東方學會，1962 年發行。

7. 〈唐の突厥遺民に對する措置をめぐって〉，石見清裕，中國社會、制度、文化史の諸問題論集（日野開三郎博士頌壽紀念），福岡，中國書店，1987 年 10 月發行，頁 509～528。

8. 〈アジア社會の後進性と遊牧民族との歷史的關係〉，田村實造，遊牧民族の社會と文化，京都，自然史學會，1952 年 2 月發行，頁 1～8。

9. 白鳥庫吉，《白鳥庫吉全集》，東京，岩波書店，昭和 45 年 5、9 月發行。
    一、〈塞外民族〉（第四卷），頁 485～535。
    二、〈蒙古及び突厥の起源〉（第四卷），頁 541～548。
    三、〈突厥闕特勤碑銘考〉（第五卷），頁 23～44。
    四、〈可汗及可敦稱號考〉（第五卷），頁 141～182。
    五、〈突厥王庭鬱督軍山の位置その名稱について〉（第五卷），頁 495～501。
    六、〈突厥及び蒙古の狼種傳說〉（第五卷），頁 515～518。

10. 〈突厥初期の可汗系譜について〉，伊瀨仙太郎，東洋學報，第三十八卷第四號，東京，東洋文庫，1956 年發行。

11. 《羽田博士史學論文集》（上、下卷），羽田亨，京都，同朋舍，昭和 50 年 8 月發行。
    一、〈北方亞細亞に於ける遊牧民の社會的生活〉（上卷），羽田亨，頁 747～757。
    二、〈唐故三十姓可汗貴女阿那氏之墓誌〉（下卷），羽田亨，頁 365～384。

12. 《唐代の音樂》，岸邊成雄，東京，音樂之友社，昭和 43 年 1 月發行。
    一、〈唐代樂器の國際性〉，岸邊成雄，頁 9～42。
    二、〈南北朝隋唐にゃける河西の音樂——西涼樂と胡部新聲とについて〉，岸邊成雄，頁 241～268。

13. 〈オルホソ碑文の發見と研究〉，柴田武，東洋學報，第三十一卷第三號，東京，東洋文庫，1947 年發行。

14. 〈渾脫の舞——清戶迫橫穴第七七號墓出土の鋸齒狀木器を中心とて，

東アジアの考古と歷史下〉（岡崎敬先生退官記念論集），京都，同朋社，
1987 年 11 月出版，頁 291〜309。

15. 〈可汗浮圖城考〉（上），嶋崎昌，東洋學報，第四十六卷第二號，東京，
東洋學術協會，昭和 38 年 9 月發行，頁 151〜185。

16. 〈可汗浮圖城考〉（下），嶋崎昌，東洋學報，第四十六卷第三號，東京，
東洋學術協會，昭和 38 年 12 月發行，頁 323〜357。

17. 〈いおる bokli につじて――民族學と歷史學との間〉，護雅夫，江上波
夫教授古稀記念論集（民族、文化篇），東京，山川出版社，昭和 52 年 4
月發行，頁 299〜324。

18. 〈東突厥官稱號考序說――『突厥第一帝國』に於ける可汗〉，護雅夫，
東京，東洋學術協會，昭和 29 年 12 月發行，東洋學報（第三七卷第三
號），頁 1〜51。

19. 〈東突厥官稱號考――鐵勒諸部の俟利發と俟斤〉，護雅夫，東京，東洋
學術協會，昭和 38 年 12 月發行，東洋學報（第四六卷第三號），頁 1〜
20。

20. 〈突厥の信仰〉，護雅夫，三上次男博士喜壽紀念論文，歷史編，東京，
平凡社，昭和 60 年 8 月發行，頁 304〜319。

三、西　文

（一）專　書

1. Barthold W., *Turkestan Down to the Mongol Invasion.* Taipei, SMC Publishing Inc., 1988, P. P. 573.

2. Czaplicka M. A., *The Turks of Central Asia in History and at the Present Day.* London, Curzon Press Ltd. 1973, P. P. 242.

3. Laufer Berthold, *Sino-Iranica: Chinese Contributions to the History of Civilization in Ancient Iran.* Chicago, Field Museum of National History, 1919.

4. Liu Mau-tsai, *Die Chinesischen Nachrichten Zur Geschichte Der Ost-Türken （Ⅰ、Ⅱ Buch）.* Otto Harrassowitz, Wiesbaden, 1958, P. P. 831.

5. Meneill W. H., *The Rise of the West.* Chicago, University of Chicago Press, 1966.

6. Menges Karl H., *The Turkic Languages and Peoples-An Introduction to Turkic Studies.* Otto Harrassowitz. Wiesbaden, 1968, P. P. 248.

7. Sinor Denis, *Inner Asia.* Indiana University Publications Uralic and Altaic Series, Volume 96, 1969, P. P. 261.

8. Sinor Denis, *Introduction A L'etude De L'eurasie Centrale.* Otto Harrassowitz Wiesbaden, 1963, P. P. 371.

9. Sinor Denis, *The Cambridge History of Early Inner Asia.* Taipei, SMC Publishing Inc., 1990, P. P. 518.

10. Stein Sir Aurel, *On Ancient Central-Asian Tracks.* Taipei, SMC Publishing Inc., 1982, P. P. 342.

（二）論　文

1. Chen Ching-lung, Chinese Symbolism Among the Huns. Proceedings of the 27th Meeting of the Permanent International Altaistic Conference, Walberberg, Federal Republic of Germany, June 12th to 17th , 1984, P.62～70.

2. Chen Ching-lung, Concepts Regarding Numbers, Colors, and The Cardinal Points Among the Turkic Peoples, Proceedings of the XXV III. Permanent International Altaistic Conference: Venice, 8～14 July 1985, P.49～56.

3. Chen Ching-lung, Trading Activities of The Turkic Peoples in China. Otto Harrassowitz. Wiesbaden, Central Asiatic Journal volume xxv NO, 1～2 1981, P. 38～53.

4. Von Le Coq A., Expedition to Turfan. JRAS 1909, P.316.